U0652002

大夏书系·数学教学培训用书

课堂的魅力

——小学数学活动设计与教学

费岭峰 著

华东师范大学出版社
ECNUP
全国百佳图书出版单位
·上海·

目 录
CONTENTS

序　追寻"课"里风景

对课堂教学实践的研究及对学生学习过程的思考，是我教学生涯中颇感自豪的事情。近三十年来，不能说每节课都倾注了全力，至少大部分的课我还是认真对待的。在我看来，走入课堂，面对学生的时刻，是我最为投入的时刻，也是我最感开心与放松的时刻。是课堂让我成长，是学生伴我成长。这期间，因为一些特殊的机缘，某几节课成为了我专业成长历程中的重要节点。这些课我将终生难忘。现就其中五节课的教学研究经历谈点体会，以给我近三十年的教学生涯作个小结。

一、《平行四边形面积》：呈现青涩研究成果，明晰发展方向

说起《平行四边形面积》一课，时间得追溯到 1997 年 1 月。那时，我工作八年零六个月。《平行四边形面积》是我参加"教坛新秀"评比的考核课。整个设计是围绕课题"在小学高年级学生中培养自学能力的实践与研究"的研究思路展开的。课堂上，学生围绕"预习思考题"进行自主学习的过程，给来考核的两位市教研员留下了深刻的印象。

对于农村教师来说，在工作不到十年的时间里被推荐参加三年一届的地市级"教坛新秀"评比，本就不多，能够围绕研究课题，展示自己研究特色的就更少了。而且对于课题研究，那个时候在农村学校里还真是个新鲜事物，没有网络，有的只是为数不多的几本教学杂志，能够参考的资料几乎没有。记得，那份课题实施方案我还是手写的，在方格纸上认认真真写了 5 页。实践中，我通过布置家庭预习作业——"预习思考题"，引导学生回家完成对新知内容的预习。第二天的课堂中则以反馈预习成果为线索组织教学。《平行四边形面积》一课，正是在此背景下，按照"先预习，再教学"的教学路径设计

与实施的，最终取得了良好的教学效果，得到了市教研室两位评委老师的肯定。后来在市级"教坛新秀"展评活动中，我被推荐为获奖者代表作课堂教学展示。

在课题研究过程中，因为能经常性地进行如同《平行四边形面积》一课那样的设计、实践与思考，研究过程扎实而深入，因此后来围绕课题研究撰写第一篇论文《课前预习与学生自学能力培养》时，也便有了更多的切身体验与真实思考。文章获得了那一年市级小学数学教学论文评比一等奖、省级评比三等奖。这填补了多年来我区数学教师参加省级论文评比的获奖空白，同时也让我找到了一条以研究提升专业素养的成长之路。

二、《圆环的面积》：尝试灵活处理教材，展现专业水平

记忆中，《圆环的面积》一课是 1999 年市"高质量、高效率"教学评比时的考核课。如果从影响面的角度来看《圆环的面积》这节课，当然不如我后来所执教的许多省市级公开课，甚至一些区级公开课。因为它只是一节小范围的考核课。那个时候的"双高课"评比，不仅仅看一节课的教学，它是一项包括课堂教学、学科教学成绩、教育科研成果以及师德涵养等的综合性荣誉。《圆环的面积》这节课，只要不出大的纰漏，申报市级"双高课"一等奖，基本不会有问题。然而，它对于我来说，却有着重要的意义。可以这么说，这节课是我对课堂教学理解开始发生转变的重要节点。

设计《圆环的面积》一课前，我专程到区教研室请教了我的导师蔡海根老师。交流中，蔡老师提示我：这节课的教学设计是否可以从生活情境入手，以问题解决的思路来引发学生探究的欲望？这给了我很大的启发。而在此之前，我已经在学校的教学视导中，听了校内两位教师执教这节课，感觉存在着两个方面的困惑：一是作为一节圆面积计算方法的应用课，过多的计算会使教学过程枯燥、单调，对学生缺乏吸引力；二是因为在计算中涉及圆周率的运算，造成计算烦琐，容易出错，执教老师将大量的时间花在计算上，使得整节课容量不足，思维含量明显偏低。

鉴于以上分析与思考，我在设计时，以突出问题解决和发展思维为目标，将本节课的着力点放在两个方面：一是将数学知识的学习置于生活问题的解决背景中，培养学生的解决问题意识；二是弱化计算要求，合理取舍学习材

料，将呈现解题思路，说明思考过程作为重点，突出学生思维能力的培养。因为有了这样的定位，课堂中，我大胆取舍学习材料，除了例题学习时让学生经历了一个完整的列式计算的过程之外，后续练习中大量采用"只列式，不计算""根据问题选择恰当的算式"等方式，关注学生分析问题的过程，倡导算法多样化，突出学生灵活处理问题的能力培养。课后，两位评委老师给出了这样的评价：教材处理合理，重难点处理得当，教学过程注重学生的数学思考，学生的思维能力得到了真正的培养，教学效果相当好。

可以这么说，如"情境生活化""算法多样化"等后来在新课程实施中特别强调的改革点，在 1999 年的时候我已经在尝试探索，课堂改革的前瞻性不言而喻。后来，我很自然地获得了当年度的市"双高课"评比一等奖。同年，因教学业绩突出，被评为市首批学科教学带头人，随后又被评为浙江省优秀教师。

三、《商的近似值》：明确专题研究视角，发展研究素养

《商的近似值》一课是我在参加市首批学科带头人培训班时执教的公开展示课。那时，我正在开展"小学数学教学活动化的实践与探索"这一市级课题的研究工作。对课堂教学的关注视角，也正从教师"教"的视角，转向学生"学"的视角，突出数学学习过程中的活动，强调学生学习的真正发生。

在《商的近似值》一课的设计中，从数学问题产生到解决，基本由学生自主完成，学生真正经历了一个数学问题"产生—抽象—解决"的过程，并且借助这个过程，完成了对截取商的近似值的必要性的理解，习得了取商的近似值的方法，同时，还收获了碰到问题可以自己尝试解决的基本活动经验。后来，基于本节课教学实践的反思性文章《"商的近似值"教学谈》发表于《中小学数学》。这也是我在全国性教育专业期刊上发表的第二个教学案例。

同时，本节课以"数学活动的'经历'"来完成数学学习任务的典型特征，也为后来的"小学数学活动教学研究"这一省级重点课题的开展，提供了一个"经历型"数学活动的典型案例。这节课的设计思路，在"小学数学活动教学研究"课题的研究课中多次出现，如《射线与角》中对"射线的认识"的教学，《分数的意义》教学中对分数意义的探究过程，《圆柱的认识》教学中对"圆柱特征的验证活动"的设计，等等。最后，正是因为有了这样的扎实研究

的过程，"小学数学活动教学研究"这一课题的研究成果，荣获了浙江省教育科研优秀成果二等奖、浙江省名师名校长课题成果鉴定优秀成果奖、浙江省基础教育科研论文评比二等奖。显然，本节课的教学，为我很好地开展活动教学研究奠定了良好的基础。

四、《连除的简便计算》：理性思辨教学过程，凸显课堂风格

从《商的近似值》到《连除的简便计算》，经过了五年时间。其间我也从农村小学调到了市属实验小学，市区级公开展示的机会不多，更多的是靠自己自觉地进行课堂教学实践与思考。2007年2月，我被推荐执教嘉兴市"南湖之春"展示课。能够执教"南湖之春"展示课，是一种荣誉，但同时也有着比较大的压力。选择怎样的内容作展示，很让我花费了一番心思。最终确定《连除的简便计算》这节人教版配套教材中新增加的内容作为展示内容，意在探索新增内容的教学策略，为一线教师提供必要的参考。

在确定了这节内容之后，我做了两件事情：一是反思分析了以往所听的关于"运算律"的教学课，重点思考如何才能突破以往"运算律"教学"观察现象—提出猜想—举例验证—归纳定律"这一教学模式；二是深入解读教材内容与有关参考书，把握教学重点和难点，确定教学关键。

当时，关于此教学内容重点思考了"规律的得出仅仅通过验证，够吗？""理解'连除性质'的支点在哪里？""完整认识'连除性质'有可能吗？"等三个问题；提出了"使学生知道并完整理解'除法性质'的内涵""使学生能结合除法的运算，合理选择简便方法进行简算，提高学生灵活运用数学知识解决实际问题的能力"等两个层次的目标；设计了"以解决问题入手，启发学生思考为什么两种算法都能解决这个问题""唤起学生对'平均分'的回忆，通过数形结合的方式引导学生理解两种算法相等的道理""引导学生结合图式，总结归纳除法的性质""组织练习，在基本练习和变式练习中完善对除法性质的整体理解"等四个环节。

应该说，这种以意义理解为核心的教学设计思路，很好地解决了课前提出的三个问题。整个教学过程也因为有了自己的深入思考，突出的是自身的理解，所以在当时展示本课时，还是比较踏实的，实施起来也比较到位，给听课老师们带去了不一样的精彩，得到了听课老师们的一致肯定。活动后，在市教

研室朱国荣老师的推荐下，这节课又参加了浙江省"农远工程"教学光盘的录制，在全省范围内推广；同时又被省教研员斯苗儿老师选中，参加了由中国教育学会小学数学教学专业委员会组织的录像课评比，获得了第五届全国小学数学优化课堂教学录像课评比一等奖。2012年11月，此课又在"浙江小学数学十年改革获奖课例展示会"上作展示，受到了来自全国各地的听课老师们的好评。有老师在短信交流中是这样说的："我非常期待费老师怎样分析100÷4÷7与100÷（4×7）相等，结果费老师以数形结合的方式非常形象地呈现这种关系，让我意想不到。"又有老师是这样评价的："从生活场景提炼出连除算式的转化，又引入除不尽的情况引起孩子们的认知冲突，然后具化到长方形面积来证明，再小结建立起连除简算的模型，整个过程非常完美！"

回顾近三十年的教学生涯，从《连除的简便计算》教学中，我终于寻到了一种适合自己的教学设计思路，也基本形成了自己的教学风格：注重数学活动，引导学生有深度地思考。这种"突出'意义'理解的重要作用，重点发展学生数学思维能力"的设计思路，在后来的许多课中都有所体现，如《长方形面积》《分数乘分数》《连除解决问题》《用面积知识解决问题》，等等。基于对这些课例的研究撰写的一系列文章，也在《小学数学教师》《小学教学》《教学与管理》等专业刊物上公开发表，在省内外产生了不小的影响。

五、《加法初步认识》：保持实践研究姿态，实现华丽转身

2010年8月，因工作需要，我被调入区教研室工作。离开了学校，以专家研究者的身份如何进行课堂教学实践与探索，是我踏上教研员岗位一开始就思考的问题。《加法初步认识》一课的教学实践与探索，为我提供了一种切实可行的实践思路。

那是2011年9月，在执教《加法初步认识》的一周前，我对所教班级的学生进行了一次小调查，关注两个方面：一是一年级孩子加法技能的掌握状况调查，主要针对10以内的加法运算，因为这是幼儿园所要求的；二是了解一年级孩子对加法意义的感知和理解状况。第一个方面通过问卷测试直接完成，第二个方面则选取班中一个大组的孩子进行访谈完成。测试结果与课前假设基本吻合：此阶段的孩子10以内加法计算基本没有问题，全班44位学生每人完成8道题，只有3位学生各错1题，正确率高达99.15%；反之，这一阶段的

孩子对加法意义的感知理解则又相当薄弱，访谈的 11 位学生中，9 位学生无法理解，达81.8%，大多数学生还不清楚"加法"作为一种运算所承载的意义。于是，我在本节课的教学目标与重难点的定位上均指向了意义理解和感知"加法模型"的建构。实践后，又进行了相应的后测，并与前测对比，反思本节课的教学效果。

显然，《加法初步认识》的实践意义，在于帮助我确立了作为教研员进行课堂教学实践探索的基本方式，树立了从"经验取向"走向"实证取向"的教学研究实践路径。这种"微调查"的方式，也在我后续《倍的认识》《周长的认识》《角的认识》以及《找规律》等多节课的教学实践中采用，至此初步形成了基于教学微调查的课堂教学研究方式。而根据实践经验撰写的论文《教学微调查初探》发表于《上海教育科研》，这也表明了此种教学研究方式在学术层面上得到认可。

从《平行四边形面积》到《加法初步认识》，是我课堂教学实践与探索之路上的见证。对我而言，每节课都有着重要的意义。十多年的课堂教学实践与探索的经历，不仅让我感受到了课堂教学的无穷魅力，也让我真正体会到了从一名普通教师成长为名师的幸福。虽然在这个过程中，有些课存在着诸多的不足，但终究体现的是自我历练的过程，是刻下过自身成长印迹的。追寻"课"里风景，终将成为我工作生活的重要组成部分。

导言　活动之于课堂教学的价值

关注学生在课堂上的"活动"，就是在关注学生学习的过程。

"活动"一词的英文形式为"activity"，它源于拉丁文"act"，基本含义为"doing"，即"做"。最早是在西方哲学层面上提出"活动"这一概念的。比如古希腊哲学家亚里士多德在《范畴篇》中将活动划分为理论活动、制作活动、实践活动。马克思则"把人的活动理解为感性的、能动的社会实践"[①]。当然，在中国哲学史上，没有特定的"活动"概念，更多地将与"知"相对的"行"作为"活动"的体现。不过，在《现代汉语小词典》中对"活动"一词又有解释：活动是指"为达到某种目的而采取的行动"[②]。综观哲学史上对"活动"一词的理解，其核心在于表达"活动是人对于外部世界的一种特殊的对待方式，是个体生存的基础和发展的特别方式，也是通过对周围现实的改造实现人的需要或目的的过程"[③]。也就是说，人的活动是有目的的，也是需要有策略的。

对于儿童而言，活动同样是其感知世界、认识世界的主要方式。活动在儿童生理和心理发展过程中有着至关重要的作用。因此，古今中外，许多的教育家非常关注儿童发生在学习过程中的"活动"，肯定"活动"在儿童成长与发展中的作用。意大利著名教育家蒙台梭利就曾经说过："儿童对活动的需要几乎比对食物的需要更为强烈"，"对一个可能使出他全部精力的活动，他将感

---

① 田慧生，李臣之，潘洪健．活动教育引论［M］．北京：教育科学出版社，2000：25—76.
② 中国社会科学院语言研究所词典编辑室．现代汉语小词典（1983年修订版）［M］．北京：商务印书馆，1988：241.
③ 田慧生，李臣之，潘洪健．活动教育引论［M］．北京：教育科学出版社，2000：3.

到一种本能的冲动，因为这正是自然使他的能力得以完善的道路"。①蒙台梭利的这段话便在一定程度上揭示了活动对儿童发展的重要性。我们知道，杜威是西方活动教育理论的集大成者，其教育思想全部内涵体现为"做中学"，而支撑其"做中学"思想的便是"经验论""活动论"和"儿童发展论"。在"活动论"中，其主张活动至少包括某种质和量的有形的做，认为"为了学习，必须动手做些事情"②。我国古代教育家荀子也曾指出："不闻不若闻之，闻之不若见之，见之不若知之，知之不若行之。学至于行之而止矣。"可以看出，荀子也十分强调感性认识和"行"在认识过程中的地位和作用。我国当代著名教育家陶行知先生也说："行是知之始，知是行之成。"陶先生改自明代思想家王阳明《传习录》的这句话也明确表达了实践是知识积累的开始。

至"九五"期间，我国已有教育专家对"活动"在课堂教学中的作用进行了相关的研究。比如田慧生、李臣之、潘洪健等一些学者，在他们编著的《活动教育引论》一书中，对活动教学的意义、目标、功能以及教学策略、要求等作了理论上的阐述。一些体现活动教育思想的"活动课程"在研究的基础上应运而生：学科活动课（包括小学数学活动课）、综合实践活动课等。此后，诸如《小学教学新模式典型课例——活动教学》（"小学教学新模式典型课例"丛书之一，中国档案出版社）、《小学数学实践活动方案设计》（"中小学教师继续教育工程"丛书之一，南海出版社）等一些围绕活动课程的资源、设计等研究与实践的成果相继产生。当然也有如《数学活动与学生发展》（罗忧红、张梅玲主编，科学出版社）等一些研究教学活动的实践成果出现。

这样的研究，虽然重心落在课程建设、活动设计上，但围绕"活动"思考教学、设计教学、实践教学的理念，已经开始将教师从关注"教"的层面，引向了关注学生"学"的层面了。而这样的研究视角，也正是进入21世纪后，课程改革所倡导的。在课程改革进入深水区后，无论是"先学后教"，还是"翻转课堂"等一些新型的课堂教学模式，都是基于"以学定教"的理念来实践的，其核心视角都在于关注学生的"学习"，落脚于学生的"学习"。

与课堂教学模式的变革一样，关注学生在课堂上所经历的"活动"，其实

① 田慧生，李臣之，潘洪健.活动教育引论［M］.北京：教育科学出版社，2000：25—76.
② 同上。

质同样强调关注学生的学习过程，研究学生的学习过程。只不过，课堂模式的变革是于外在形式上，改进传统课堂教学的不足，实现学生学习效果的最大化。而关注承载学生学习目的的"活动"，则是进入到学生学习的内核中，在对学生学习过程中的某些具体点上，从学习机理的角度进行思考、实践与改进。因为从传统教学过程来分析，学生的学习过程中同样有"活动"。只不过，传统教学意义上的"活动"的被动性和片面性特征还是比较明显的。在课堂学习中，被动性表现为学生是在被告诉、被教导、被演示的情况下被迫参与的活动，学生作为活动主体的地位没有得到落实，学生活动的自主性、能动性和创造精神得不到充分发挥；片面性则表现为活动过程中活动组织者只重视学生在间接经验获取过程中的内在观念活动，忽视甚至排斥学生以获取直接经验和感性体验为目的的物质操作活动和实践活动，简单地说，即为重"知"轻"能"。

新课程理念指导下的教学变革，进一步阐述了学生的主体地位与教师的主导作用的涵义，强调学习是学生自主实践与自我体验的过程，教师的角色需要从传统教授者的角色转向学生学习活动的组织者、协助者、参与者的角色定位。无论是什么学科，课堂教学时，应始终突显学生的主体地位。因此，基于新课程理念在课堂教学中所发生的"活动"也应赋予其新的内涵，需要活动主体在活动过程中是自主参与的，是以自身的学习兴趣和内在需要为基础的，是以主动探索、自主实践、自我发现以及过程历练为典型特征，且有技能获取、经验形成与思维发展等外在和内在行为发生的。也就是说，新课程实践至今，发生在课堂教学中学生所经历的活动有着促进学生素养发展的诸多的实践意义。

一、注重实践，有利于引导学生通过自身的体验获取经验

实践性是活动的基本特征。活动的核心是"doing"，即"做"。当将其作为儿童学习的主要行为表征时，体现为"做中学""学中做"的特点。因此，在活动过程中，活动主体会有主观能动的，有意识、有目的地按一定的学习方法亲自动手"做"的行为发生，比如观察聆听、分析思考、动手操作、合作交流以及猜测验证，等等。

同时，学生在课堂学习过程中所经历的活动，其实践性特点会有显性和

隐性两个层面的行为和心理表征发生。首先，在显性层面表现为活动主体借助一定的物质手段，实现多种感官的感知、体验，获取相应的活动经验，这将反映客观事物和客观环境在活动过程中的作用状况，有利于组织者或活动主体自我调整活动进程，从而形成体现个性特色的活动方式。其次，活动实践的隐性层面会以活动主体的心理映象或符号存在的心理表象、观念、情感、知识体系、学科结构等的变化进程，反映活动主体的主观感受与情绪变化，也有利于活动主体内在心理的自我调整，形成具有自我特色的心理体验和活动经验。

二、要素开放，有利于建构活动主体实现主体性的学习环境

相对于传统教学中的"活动"，新课程理念下的课堂更具开放性，学生学习过程中的"活动"同样更具开放性，主要体现在：活动过程、师生关系以及活动结果等诸多要素的开放。活动过程的开放，主要反映在活动的全程是一个动态发展的进程，是适时变化的。我们知道，新课程理念下的课堂教学，不仅重视预设，更加注重生成。而预设与生成时常是相伴相成，会产生矛盾的。有时生成的正好是预料中的，有时则不是。于是，课堂上学生所经历的活动也就成为了一个动态的过程，当预设的活动要求过低，课堂教学流于平淡、僵化，缺乏挑战性，不利于学生发展时，需要及时改变预设内容，调整活动的要求或者目标定位。当然，活动过程的开放性，更多表现为有一定的调整空间，具有拓展的可能性，有利于活动主体即时反思和调整学习策略。

所谓关系的开放，是指活动中教师与学生关系的可转换性。因为强调学生在活动中的主体作用，所以师生首先得在人格上建立一种相互尊重、民主平等、情感和谐的人际关系，从而使活动中的两者在角色上根据需要进行转换。教师可以是学习内容的提供者、知识理解的授受者、问题解决的引领者，也可以成为学生意见的倾听者、疑难问题解决的帮助者、学习过程的受益者。

而结果的开放，主要是指活动成果的开放。表现为结论的不定性和思维过程的多样性。因为在实际的学习过程中，许多活动并不是以获取统一结论为目的的，而是以经历过程、获取情感体验、形成活动经验为根本的，此时对于活动结果而言，便是不确定的，也是无法得出统一结论的。同时，在实践中，我们又时常会发现，学生的学习个性往往对活动结论的获取过程有较大的影响。如有些学生喜欢从整体入手研究问题，却容易忽视细节对活动过程的影

响；而有些学生则喜欢关注对象的局部，缺少对对象整体的把握；有些学生在学习过程中，善于用语言来表述自己的所思所想；而有些学生则不善言辞，只能用感官行动来表达自己的见解。不同的学习个性往往会影响学生获取统一结果的过程，同时也会导致思维发生与发展过程的不同。

显然，正是这些活动要素的开放，使得活动从内容到形式，再到活动进程，能最大限度地为学生的学习服务，建构更为良好的学习环境，从而使活动主体作出自我调整与完善，自主完成知识的建构，实现活动过程的主体性功能。

三、体现整体，有利于促进学生学习素养的和谐发展

活动的整体性特征并不难理解，其主要包括两个方面的含义：一是活动的结构具有整体性。心理学家研究表明，人的活动一般由外部活动和内部活动两部分构成，"活动既包括物质的、实践的，又包括智力的、精神的操作；既包括外部的，也包括内部的过程"①。所谓外部活动，主要是指活动主体的感知、操作、言语等感性的实践活动，常见的有听讲、观察、操作、交流以及练习，等等。外部活动往往是活动的显性特征，其目的"不在于改造外部客观世界，而在于通过外部活动，掌握人类的历史经验，进而促进认知结构的形成，它的方向是向'内'的"②。活动构成中的内部活动，是伴随在活动进程中所反映出来的心理活动，主要包括"知、情、意"三个方面。"知，即为对学习客体的把握程度；情，则是指活动进程中表现出来的情绪体验，如动机、兴趣等；意，则为活动过程中的方向性把握与行为坚持方面的状态。"③

二是活动的过程具有整体性。"孤立的、纯粹的外部活动和内部活动在学习过程中是不存在的，外部活动有内部活动的参与，内部活动也有其外部的表现形式。"④因此，从活动的进程来说，外部活动和内部活动的发展是相辅相成的，很多时候，外部活动反映着活动主体内部活动的状态，而内部活动支撑着外部活动的质量。正是基于外部活动与内部活动的相互调整、促进，活动主体

---

① 宋宁娜.活动教学论［M］.南京：江苏教育出版社，1996：71.
② 田慧生，李臣之，潘洪健.活动教育引论［M］.北京：教育科学出版社，2000：81—82.
③ 同上.
④ 同上.

将外部的感知、操作活动经过内部心理活动的转化，实现活动经验的概括化、抽象化等结构化的过程。

四、思维发生，有利于引导学生实现自主思考

有研究表明，奠基人一生发展的"核心能力"之一，便是"思维能力"。[①]"思维能力"与"实践能力"又构成了"21世纪型能力"的两极。[②]学生在课堂上的学习必定需要有思维的发生，才能促使其思维能力不断发展。现在，新课程理念下的课堂中，学生所经历的活动，是开放的、自主的，是外部活动和内在心理活动共同存在的，所以活动主体有思维的发生是必然存在的。

我们说，基础教育阶段的学生正是处于思维能力发展的关键期。而思维能力的培养，很少是靠口耳相传、讲解传授的，更多是由主体自我历练、自我体验、自我感受、自我领悟才能有所发展的。课堂教学中学生所经历的活动，正为其创造了这样的机会：通过活动实践，发展思维能力。

五、自主建构，有助于学生实现知识与能力的协同生长

活动的建构性是活动主体在活动过程中体现出来的自主、能动、创造的特性。我们说，新课程理念下的课堂教学中学生所经历的活动，在打破"教师是已知者，学生是未知者；教师教，学生学"的不平等的活动方式的基础上，创设一种师生平等、相互探讨、协助探究的活动场景，让学生通过自由的探究活动获取知识，发展个性，提高能力。它强调了学生作为活动主体，经历着的是"主动的、有思维积极参与的、充满改造和创造精神的、能满足学生自身多方面发展需要的活动"，特别是能够促进学生思维发展需要的活动，经历着一个从"显性"特质的活动向"隐性"思维层面转化的过程。其本质具有指向活动对象的合目的性的主动建构、积极探索、不断改造的过程。换言之，课堂教学中学生经历活动时，需要有主动探索、主动变革、主动建构的过程，而这也是活动的真正价值。杜威曾指出："教育并不是一种'告诉'和被告知的事情，

---

① 王红，吴颖民. 放慢知识的脚步，回到核心基础［J］. 人民教育，2015（7）：18—21.
② 辛涛，姜宇. 全球视域下学生核心素养模型的构建［J］. 人民教育，2015（9）：54—58.

而是一个主动和建设性的过程。"① 皮亚杰也认为，"复制的真理只能算半个真理"，真正理解一个概念和理论，就需要主体对它们有重新的发现和创造，而不是简单地接受、重复与记忆。② 毛泽东在《实践论》中指出："通过实践而发现真理，又通过实践而证实真理和发展真理。从感性认识而能动地发展到理性认识，又从理性认识而能动地指导革命实践，改造主观世界和客观世界。实践、认识、再实践、再认识，这种形式，循环往复以至无穷，而实践和认识之每一循环的内容，都比较地进到了高一级的程度。"③ 这同样也表明了实践活动具有建构的特性。正是在这样的过程中，活动主体通过自我经历、自我实现，最终完成知识与能力的协同生长与建构。

---

①［美］杜威．民主主义与教育［M］.王承绪，译．北京：人民教育出版社，1990：42.

②［瑞士］皮亚杰．皮亚杰教育论著选［M］.卢濬，选译．北京：人民教育出版社，1990：100.

③毛泽东．毛泽东选集·第1卷［M］.北京：人民出版社，1991：273.

第一章

数学活动的内涵及其基本特征

活动是儿童感知世界、认识世界的主要方式，在其生理和心理发展过程中有着至关重要的作用。数学作为一门"研究数量关系和空间形式的科学"，儿童在"研究数量关系和空间形式"的过程中，同样离不开相应的活动。数学活动应该成为儿童数学学习的重要过程。那么，什么是数学活动？数学活动应该具备哪些基本特点呢？本章重点讨论这两个问题。

第一节　数学活动的内涵

根据活动"为达到某种目的而采取的行动"的定义，我们可以这样来定义数学活动：数学活动是为了达到学习数学知识、习得数学技能、发展数学思维、提高数学素养而采取的行动，具有很强的目的性。在传统的小学数学课堂教学中，教育目标的单一性与教学方法的封闭性，使得数学活动的目标更多定位在知识学习与技能习得层面，较少涉及数学思维主动发展层面，更是缺少对学生在数学活动过程中的自主性和情感、态度、价值观等整体素养提升的关注。

新课程理念下，数学活动的内涵已经有了极大的丰富。学生通过相应的数学活动，不仅要有知识、技能的习得，更需要有数学思想的体验与获取，有数学基本活动经验的形成。正因为如此，体现新课程理念的主要文本《全日制义务教育数学课程标准》（以下简称《课程标准》），无论是"实验稿"，还是"2011 年版"的修订稿，都在进一步明确了数学课程"知识技能目标"（也就是"结果目标"）的同时，提出了数学课程的"过程目标"，并且通过"经历""体验""探索"三个行为动词，阐述了"过程目标"的具体定位。在《课程标准》的"附录"中，还对这三个行为动词作了具体的解释[①]：经历，即指"在特定的数学活动中，获得一些感性认识"；体验，则指"参与特定的数学活动，主动认识或验证对象的特征，获得一些经验"；探索，指的是"独立或与他人合作参与特定的数学活动，理解或提出问题，寻求解决问题的思路，发现对象的特征及其与相关对象的区别和联系，获得一定的理性认识"。

[①] 中华人民共和国教育部 . 义务教育数学课程标准（2011 年版）［S］. 北京：北京师范大学出版社，2012：72.

从《课程标准》对"过程目标"三个行为动词的解释中不难看出，以每个行为动词为水平的"活动目标"达成过程，都是需要通过相应的数学活动，即"特定的数学活动"去实现的。这表明，在新课程理念下，基础教育阶段的数学教学不但要完成向学生传授知识、训练技能的任务，还要注意引导学生参与到"特定的数学活动"中去，探索知识的发生发展过程，突破以往数学学习单一、被动的学习方式，关注学生的实践活动和直接经验，引导学生真正参与到数学学习过程中去，通过自己主动的活动获得情感、能力、智力的全面发展，形成良好的数学素养。

总之，数学活动是以数学学习为基础的，并且贯穿在以促进数学素养形成为目的的数学学习的全程中，"将'数学活动'简单等同于某种具体的数学活动，无论这是指外部的操作性活动，即所谓的'动手实践'，或是指归纳与演绎这样的逻辑思维活动，乃至别的什么活动，都是不够恰当的"①。

---

① 郑毓信.数学教师的三项基本功［M］.南京：江苏教育出版社，2011：189.

第二节　数学活动的基本特征

　　活动的基本特点，一个是"动"，手动，体动，脑动；另一个是"活"，即生长性，或者说生命力。[①]一个具有生命力或生长性的事物，必定有过程的经历，感官的体验，以及相应的收获。当然，对于数学活动而言，它不但需要具备一般活动的特征，更要体现其学科属性，反映数学学习本身的特点。通过研究，我们发现一个有效的数学活动，一般具备缘于数学、思维发生、经验形成以及数学建构等四个方面的基本特征。

一、缘于数学

　　我们知道，新课程背景下，许多学科都关注了学生学习过程的活动性。不同学科在实际课堂教学中，均有相应的活动承载着学生的学习。那么，数学学习中的活动如何体现数学学科特性，从而做到与其他学科的活动有所区别呢？

　　首先，数学活动姓"数学"，活动的起因、过程以及结局都应该是基于数学学习的。因此，围绕数学学习展开是数学活动最基本的特点。

　　曾听说过一个关于"射线"的教学故事：一位老师在引导学生体会射线"有一个端点，一端可以无限延伸"这一特征时，请学生想象：射线从这一端开始，另一端延伸到屏幕外，那么它到哪里了呢？有学生说到了教室的外面，有学生说冲出了教学楼，还有学生说射向了天空中。而当有学生说它穿过了云彩时，老师进行了追问：现在你想对射线说什么呢？学生便说：射线真厉害！

---

① 教育部基础教育课程教材专家工作委员会．义务教育数学课程标准（2011年版）解读［M］．北京：北京师范大学出版社，2012：261.

还有学生则模拟起了射线与云彩、与小鸟的对话……如果说，这个想象活动一开始还是与数学学习有点关系的话，那么后面的讨论则基本跳出了数学的范畴，与数学学习没啥关系了。

这当然是一个极端的例子。但也说明，在数学课堂教学中，学生的活动必须是以达成数学学习目标为出发点的，不管是观察、动手操作，还是实验、猜测等活动，始终要围绕数学知识技能的获取和数学素养的培养来进行，在活动中体现数学味，突出数学学科的本质特点。

比如在一些常识性知识的学习中，一线教师就不太容易把握活动目标的设定，往往将相关的数学活动仅仅定位于"动"，而忽略这个数学活动需要有数学知识的应用、体验，以及数学技能的习得与经验的形成。比如《认识人民币》这一节内容，很多教师在教学中会设计一个"模拟购物"的活动。这个活动对于帮助学生进一步感受"人民币在生活中的广泛作用"有着积极的作用。但在组织过程中，如果仅仅让学生如同进商场那样"购物消费"，而忽视不同币值人民币之间的"兑"与"付"的交互活动，其数学学习价值也就降低了。活动过程中，除了学生"购物消费"的环节外，适当增加一些"选钱""摆钱"与"换钱"的小环节，还是能有效地提高这个活动的数学学习价值的。如同与人教版教材配套的《义务教育教科书教师教学用书数学一年级下册》上王萌老师在设计《认识人民币》一课中所说的那样："通过'选钱''摆钱'的活动可以让学生巩固对小面额人民币的认识"，"通过'换钱'的活动丰富学生对大面额人民币的认识"。[①] 这样的"选钱""摆钱"与"换钱"的活动，既可以帮助学生进一步巩固对不同币值人民币之间的关系的认识，还可以利用人民币巩固其对 100 以内数的概念的理解。

其次，从《课程标准》中的数学学科目标分类来看，我们不仅要在数学活动"知识技能目标"的定位上体现数学学科特性，更要在"过程目标"的定位上体现数学学科特性。《课程标准》在对"过程目标"三个行为动词的解释中，特别强调了"特定的数学活动"。也就是说，在引导学生"经历、体验、探索"的过程中，发展学生的"数学思考"水平，提高学生"解决数学问题"的能

---

① 人民教育出版社课程教材研究所，小学数学课程教材研究开发中心．义务教育教科书教师教学用书数学一年级下册［M］．北京：人民教育出版社，2012：133.

力，培养学生喜欢数学的积极"情感"与严谨、有序进行数学学习的"态度"等目标的实现，并不是随便设计一个活动就可以的，而是需要根据不同的目标定位，设计有针对性的数学活动，这样才能更加有效地实现相关目标。

如在学习《小数的初步认识》时，教材情境材料由两个部分构成：一是商场的"物品价码牌"，二是测量身高。显然，教材的编写意图是借助学生丰富的生活经验（如"人民币单位""长度单位"间的进率），初步感知"小数"与"分数"之间的联系。因此，课堂学习中，教师一般会设计请学生说说这些生活中见到的小数的"意思"的活动。但事实上，如果这节内容中的数学活动仅仅停留于这一层次的目标，那是远远不够的，尚不足以体现引导学生"经历、体验、探索"等数学活动的价值。

在实际的教学中，这节课中"特定的数学活动"可以这样设计：

说小数的具体含义，即选择一些以"元"作单位的小数，请学生说一说这些小数的具体含义，唤起学生经验中对"元"作单位小数的认知；再选择一些以"米"作单位的小数，也请学生说一说具体含义。这是第一层次的活动，也是学生原有经验的反映。我们仍然可以认为，这只是一种生活经验，尚未进入到数学的范畴来理解小数。而回归到"分数"的角度来理解这些日常生活中常见的小数的意义，才是真正从数学的角度来认识小数的。

重点环节的活动一般是这样的：请学生借助"米尺"理解 1 分米与 1 米的关系，即用"米"作单位，"1 分米"如何表示。

以 1 米长的线段为材料，并画出 1 分米的长度处。让学生猜一猜，这一段有多长？当学生答出 1 分米后，请其说说是怎样看出 1 分米的，引导学生回顾把 1 米平均分成 10 份，其中的 1 份就是十分之一米。引导得出：这一段还可以看成是 0.1 米。帮助学生感悟 1 分米的一段，既可以用十分之一米来表示，也可以用 0.1 米来表示。延伸：那 7 分米呢？9 分米呢？最后归纳：几分米，当我们要用"米"作单位时，既可以写成十分之几的分数，又可以写成一位小数。[①]

通过这一活动，巧妙架设小数与分数间"贯通"的桥梁。既让学生从生活经验中提取有价值的学习材料，又很好地帮助学生初步积累"一个具体量可以

[①] 费岭峰."螺旋上升"的价值实现于教学目标的准确定位——"小数概念"教学的实践与思考［J］.教学与管理（小学版），2010（5）：43—45.

用十进分数表示时，那么它也可以用相应的小数来表示"的数学经验。这样的活动，数学学习的特征便体现得淋漓尽致。

二、思维发生

人们常说，数学是思维的体操。那是因为数学是一门语言精确，抽象性、逻辑思维性都很强的学科，其特点决定了数学学习是发展学习主体数学思维的最好途径，是其他课程难以替代的。"学数学也一定要学思维。"因此，数学活动不应该仅仅在于"动"，更要有"活"，不能只"强调'动手实践'，应更加强调'活动的内化'，注意分析这些活动对于学生数学思维的发展究竟产生了什么样的影响？"①。那么，数学活动中，学生会有怎样的数学思维发生呢？主要表现为三者，即思考的意识、思维的过程、思想的方法。

首先，关于思考的意识。

《课程标准》指出，"数学思考"是数学课程目标的重要组成部分。要通过数学教学，帮助学生在学会知识的过程中也学会思考。但"学会思考"的前提则是要有"想去思考"的欲望，即首先应该帮助学生形成思考的习惯，形成"想问题""解决问题"的意识。

从学习的进程来分析，"数学思考"可以理解为两个层次：第一个层次应该是基于信息资源的分析，产生冲动、想法或困惑，或发现问题；第二个层次才是利用信息间的关系，思考解决问题的方法、策略。这两个层次在数学思考中都很重要。然而，在我们日常的数学课堂中，常常看到学生习惯于做题，即一拿到材料，就想动笔去写，而不太习惯"想问题"。事实上，学会"想问题"是一种培养学生思考意识的重要手段。

"想问题"的一种表现，即为发现与提出问题。这也正是《课程标准》中关于"问题解决""四能"目标中的前"两能"。在新课程理念下的数学课堂中，已经专门设计了请学生"根据相关信息，提出数学问题"的活动。当然，更多教师会结合一些知识点的教学，呈现情境后先请学生根据情境信息去提一些数学问题，这当然不失为培养学生养成数学思考意识的有效办法。

---

① 郑毓信.国际视角下的小学数学教育［M］.北京：人民教育出版社，2004：178.

"想问题"的另一种表现，即是思考解决问题的策略方法。这个层次的价值不仅体现在能够想出正确解决问题的方法策略时，同样体现在通过思考产生了错误结果的行为中。比较典型的便是在"平行四边形面积计算方法的推导"活动中，学生一般会有两种不同的想法：一种是"通过拉动转化成长方形"，另一种是"通过剪拼转化成长方形"，然后借助长方形的计算方法来计算平行四边形面积。虽然我们知道，前一种方法是错误的，后一种思路是正确的，但从"想问题"的价值来分析，这两种思路具有同等的价值。因为这都是学生思考的成果，都可以作为后续研究平行四边形面积计算方法的重要素材。而且，只要学生经常去思考问题，对其思考意识的形成都是有价值的。"证实"有意义，"证伪"同样有价值。

其次，关于思维的过程。

心理学研究表明，思维有诸如直觉、顿悟、想象等一些非逻辑思维方法，但更多时候体现为逻辑思维方式。诸如分类、归纳、类比、联想等一些典型的逻辑思维方式，都是有一定的发生与发展规律的，是可以通过活动引导学生经历，进而发展的。

比如"归纳"的思维过程，是一种典型的合情推理方式。因为归纳是一种由特殊、具体的认识推导出一般、普遍的认识的方法，比较适合小学生的数学学习，所以在小学数学课堂中经常有类似的活动。比如在《运算定律》一课中，对加法交换律、结合律，乘法交换律、结合律、分配律等内容，教师都可以组织学生通过"举例子—找共同点—归纳提炼"的数学活动，引导学生学习。

当然，小学阶段的"归纳"一般采用的是不完全归纳，属于合情推理的范畴。而"合情推理的结论可能是正确的，也可能是错误的，还需要依靠演绎推理去证明或者证否"[①]。因此，在小学数学课堂教学中学生所经历的数学活动，不但要包含"观察发现、归纳规律"的活动过程，还需要有"解释规律、运用规律"的活动过程。也就是说，对于一些数学知识的理解，是需要经历"归纳"与"演绎"两个层次的思维过程的。

---

① 教育部基础教育课程教材专家工作委员会.义务教育数学课程标准（2011年版）解读［M］.
北京：北京师范大学出版社，2012：123.

比如《连除的简便计算》教学中，当学生通过对例题和自己举的一些例子观察得出初步的结论"一个数连续除以两个数（或几个数），可以等于一个数除以这两个数（或几个数）的乘积"后，再次呈现"$100 \div 7 \div 4$"这样一个第一步不能整除的算式，请学生想办法解释"$100 \div 7 \div 4$"与"$100 \div (7 \times 4)$"，从而验证规律的存在。此时，学生的解释需要借助除法的"平均分"意义去实现了。[①] 当在课堂上，学生实实在在画图，通过数形结合的方式来解释这两个算式相等时，其思维的含量绝不亚于解决问题或者几何图形面积计算公式的推导等知识的学习。在实际的教学过程中，能够经常性地设计让学生呈现思维过程的数学活动，不但对其以后的学习（诸如分数的乘除法等类似知识）有益处，更大的价值还在于学生的思维能力能够得到发展。

最后，关于思想的方法。

在《课程标准》（2011年版）刚修订出版后，义务教育数学课程标准修订组组长、东北师范大学原校长史宁中教授在《人民教育》上发表了一篇谈《课程标准》修订的文章，提到：数学思想主要有抽象、推理和模型。他说："抽象，就是把与数学有关的东西引入数学的内部，学过数学的人抽象能力比较强；推理，学过数学的人推理能力比较强；模型，学过数学的人应用能力比较强，除了直接计算以外，数学的应用主要是建立模型。"[②] 经过一段时间的讨论，《课程标准》（2011年版）所提出的"数学基本思想"主要还是选用了史教授的"三个"的说法，即：数学抽象的思想、数学推理的思想和数学建模的思想。由以上三个基本的数学思想演变、派生、发展出来的思想还有很多。比如分类的思想、集合的思想、数形结合的思想等，由"数学抽象的思想"派生出来；如归纳的思想、演绎的思想、化归的思想等，则由"数学推理的思想"派生而来；而如简化的思想、量化的思想、函数的思想、方程的思想等，则由"数学建模的思想"派生而来。

在小学数学学习中，学生数学思想方法的获得是一个长期的过程，往往渗透在各个基于不同知识内容学习的数学活动中。比如关于"建模思想"，在

---

① 费岭峰.回归本源，为学生的数学理解找到支点——《连除的简便计算》教学实践与思考［J］.小学数学教师，2007（7-8）：56—63.

② 史宁中.注重"过程"中的教育——《义务教育数学课程标准》修订的若干思考［J］.人民教育，2012（7）：32—37.

第一学段，甚至刚进入小学生涯不到一个月的《加法的初步认识》中，就可以设计引导学生经历、体验"数学建模的思想"的数学活动。

我们可以将《加法的初步认识》一课设计成两个层次的活动。[①] 层次一：从"境"到"式"，经历加法模型的产生与提炼过程。利用草地上小朋友的集合（图1-1）、小立方体的合并（图1-2）和例题小丑手中气球的合并（图1-3）、小鸟集合图等，体会从情境到算式的抽象表达，其教学价值在于引导学生建立起对加法运算源于生活实际中"合并"的事实认识，丰富学生的认知表象。

图 1-1

图 1-2

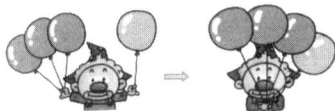

图 1-3

层次二：从"式"到"境"，体验加法模型的应用与解构过程。也就是应用某个加法的算式去想象，还原生活情境，比如当学生根据图1-4中的情境写出算式3+1=4后，顺接着上面的问题追问：像这样能用3+1=4来表示的情境你还能举些例子吗？请学生举一些生活中同样用到算式3+1=4表示的情境。学生在举例中，虽然会有一些比较刻意的例子（比如：我去超市买了3支铅笔，又买了1支铅笔，一共买了3+1=4支铅笔；我的铅笔盒里有3支铅笔，再放进1支，就有3+1=4支了），但显然学生对3+1=4这个数学模型的认识已经突破了原来仅仅作为一个算式的认识层次了。

---

① 费岭峰. 教学生"不会"的———一年级学生"加法"认识基础调查及教学实践思考［J］. 江西教育（B版），2012（8）：15—18.

动态呈现：

算式：_____

动态呈现：停车场里原有3辆小汽车，又开来了1辆。

算式：_____

动态呈现：3个小方块拼在一起，后又拼上1个。

算式：_____

图 1-4

到了第二学段，如六年级"正比例""反比例"等许多知识的学习中，同样可以设计引导学生经历、体验"数学建模的思想"的数学活动。这里就不再举例阐述了。

三、经验形成

"数学经验，是人们的'数学现实'最贴近现实的部分。"[①] 人们学习数学，很重要的一个目的是逐步形成个人的数学现实。所谓经验，《辞海》给出了三个含义："（1）经历；（2）泛指由实践得来的知识或技能；（3）哲学名词，通常指感觉经验，即感性认识，是人们在生产活动、科学实验中，通过感觉器官直接对客观事物的表象的认识。"[②] 这样的解释，其实包含了"经验"的过程性、实践性以及表象性等三个基本特质。由此我们给数学经验下个定义：数学经验是源于数学学习过程经历、基于数学实践活动基础、具有较强个体性的感受与体验。具有"动"与"活"的特点的数学活动，正是促进学生数学经验形成的有效途径。

当然，因为经验只是个体的感受与体验，它与内容具体、显性的知识、技能等有所不同。它需要有承载着学习主体"经历、体验、探索"等行为发生

---

① 张奠宙，竺仕芬，林永伟."基本数学经验"的界定与分类 [J].数学通报，2008（5）：4—7.

② 辞海编辑委员会.辞海（词语分册）[M].上海：上海辞书出版社，1977：1247.

的数学活动作支撑，且这个过程是一个长期的、不太显性的、潜移默化的累积过程，更多表现在学习方法的选择与思维过程的推进层面，并且伴随在知识理解、技能习得、思想获取的过程中发生。因此，我们说，数学经验的形成，与学习活动的目标有着直接的联系。特定数学内容的学习，需借助相应的数学经验；学习者特定数学经验的丰富，有助于相关数学内容的学习。

根据小学数学的学习内容，结合小学生的数学学习特点，学生在数学活动中可以积累知识理解的经验、技能习得的经验与问题解决的经验等三个层面的数学经验。

首先，关于知识理解的经验，强调的是"理解"。所谓理解，便是我们通常所说的"知其然，又知其所以然"。从小学数学学习内容来看，需要理解的知识内容还是比较多的，如数学概念、运算法则等，都是需要学生去理解的。这便需要学生经常去经历一些基于数学知识理解的活动，从而形成相应的"理解经验"。

比如，我们知道，长方形面积可以用"长 × 宽"求得。而当我们追究长方形的面积为什么可以用"长 × 宽"计算就可以了，"长 × 宽"的本质到底表达的是什么意思时，就涉及理解的层面了。此时的一系列数学活动，便有利于获得知识理解的经验。

层次一：直观判断，感知长方形面积的特征及大小，即观察某个特定的长方形，估测其面积的大小。

层次二：操作验证，确认长方形面积的大小，即通过面积单位的度量，体会某个特定的长方形中面积单位的个数。

层次三：归纳提炼，深入理解长方形面积与其特定长方形的"长"和"宽"的关系，即通过对应理解，总结方法。[①]

三个层次的活动，可以帮助学习者从目标、方法层面积累起平面图形面积内涵理解的活动经验，即：知道计算平面图形的面积，首先需要弄清面积计算的实质是什么；需要确认图形面积的大小，知道可借助面积单位去度量；最后清晰把握，求解平面图形的面积时，知道需要根据长度信息与面积计算之间

---

① 费岭峰.《长方形面积的计算》教学设计与分析［J］. 教学与管理（小学版），2009（12）：
55—57.

的关系，提炼运算方法。

这便是学习者在长方形面积内涵理解活动中获取的活动经验。这样的活动经验显然是其后续学习其他平面图形面积计算方法，立体图形的表面积计算方法，乃至立体图形体积计算方法时的基础。因为我们知道，在求立体图形的表面积时，其实质同样是在计算立体图形表面所包含的面积单位的个数；求立体图形的体积，其实质则是在计算物体所包含的体积单位的个数。学生有了平面图形的面积内涵理解经验之后，对这些概念内涵的理解，便可以同样采用直观判断、操作验证、归纳提炼等数学活动来完成。这也正是学生数学经验形成与发展的意义体现。

其次，关于技能习得的经验，强调的是"掌握"。在传统的数学教学中，技能的掌握最根本的方法是训练。但在新课程理念下，技能的习得已不仅仅停留在"法"的熟练上，还需要知道"法"之背后的"理"。这样的技能"掌握"才属于真正掌握。当然，要实现"法"与"理"共同的掌握，同样需要学生经常去经历一些相关的"技能习得"的活动，从而形成技能的"掌握经验"。

在一些"运算法则"内容的学习中，如"三位数乘两位数"的学习。当学生根据"每小时行 154 千米，12 小时行多少千米"的问题情境，列出了算式 154×12 后，教师请学生尝试计算。学生结合"两位数乘两位数"乘法计算方法的探索经验，很快有了结果。此时，为了让学生更好地认识笔算过程，一般需要学生解释算理，即说明每一步的算法依据。当学生以结合具体情境解释的经验来表述时，会这样说明：用因数"12"中的"2"乘154得308，表示的是 2 小时行的路程；用"1"乘154得154，表示的是 10 小时行的路程（实际是 1540），所以 154 末位上的数字"4"要与十位上的"0"对齐。而当学生以十进位制位值原则的经验来说明时，又可能会这样来表达："2"乘154得308，表示的是 308 个"1"；用"1"乘154得154，表示的是 154 个"10"，所以 154 末位上的数字"4"要与十位上的"0"对齐。

又如"分数 × 分数"教学中，学生对 $\frac{1}{5} \times \frac{1}{4} = \frac{(1 \times 1)}{(5 \times 4)} =$ $\frac{1}{20}$ 的算理，采用的是"基于分数意义，'数形'结合推演"的方式加以说明的（如图1-5）。显然，在这个过程中，学生

图1-5

经历的"数形结合"说明算理的方式，会成为后续学习分数乘法解决问题及分数除法运算的重要经验。

最后，关于问题解决的经验，强调的是"应用"。所谓应用，即指将所学知识用于解决问题。应用所学知识解决实际问题的过程一般分为三个步骤：一是信息的分析与处理；二是与相关运算或方法建立联接，并进行解答；三是对解决结果进行相应的验证，以确保问题解决的正确性。但在涉及具体问题时，却又会产生不同的经验。现以《用面积计算公式解决实际问题》一课为例，我们来看实际的课堂上一般会有哪些数学活动。

第一类为与平面图形面积计算相关的基本问题解决的活动。这类活动承载着图形面积计算方法的直接运用的目标。这样的问题一般具有信息提供简单、直接，问题指向明确等特点。如：用一个篱笆围成一块长 5 米、宽 4 米的长方形菜地，这块菜地的面积是多少平方米？解决此类问题时，学生只需将问题中的条件信息与相关图形面积计算公式中的基本元素对应起来，直接列式即可解答。其间所涉及的思维要求是最为基本，也是最为直接的。

第二类为与平面图形面积计算相关的变式问题解决的活动。这类活动因提供的问题是变式问题，所以该问题呈现的信息不能与相关图形的面积计算公式中的元素直接建立联系，需要通过一定的转化还原才能找到联接点，从而解决问题。如同样是计算篱笆围成的长方形菜地面积的问题：用一个 36 米长的篱笆，围一块一面靠墙的长方形菜地，这块菜地长和宽的比是 4∶1，这块菜地的面积是多少平方米？解决此类问题时，其所利用的经验与前一问题有着很大的不同。这样的活动经验，与解决基本问题时相比，显得更为丰富，也更为综合了。

第三类为与平面图形面积计算相关的综合问题解决的活动。这类活动提供的综合问题，虽与平面图形面积计算相关，但并不是以求得图形面积为最终目标的问题。因此，在活动过程中，需要学生有一定的甄别经验。如：用一块长 3 米、宽 2 米的钢板，切割成两条直角边均是 0.5 米的三角形钢板，可以切出多少块？再如：用一块长 3 米、宽 2 米的钢板，切割成边长为 6 分米的正方形钢板，可以切出多少块？以上两个问题中图形信息的提供不是以求解图形的面积为最终目的的，而是为解决另一个更为具体的生活问题服务的。显然，与前面的问题相比，具有更强的综合性。且在第二个问题的解决过程中，已经跳出了用面积计算方法解答的范围，这在思维要求上，突破了平面图形面积计算的思路，需要在更为广阔的思维层面上分析问题，解决问题。解决此类问题经验的形成与积累，同样是学生在数学学习过程中需要完成的，且是后续学习更需要的，是学生数学综合素养的关键内容。

这个例子也表明，学生解决问题的经验，并不是一个层次的活动就能形成的，而是需要不同层次的活动经历，甚至长期的参与，才能积累形成的。

四、数学建构

数学活动最为基本的要求是"因数学学习"而进行，过程围绕数学学习展开。但一个结构良好的数学活动，还需要一个内外结合的整体推动的过程，有利于学生有效地完成数学建构的过程。这也是数学活动整体性的表现。有研究表明，"学习要依赖有组织的整体"[①]。以现代的数学学习观分析，数学活动的建构性主要体现在数学知识、数学方法和数学素养三者之间的整体发展上。数学知识是基础，数学方法是能力的结晶和智慧的体现，数学素养则是一个人数学水平的整体反映。能够促使这三者整体发展的数学活动，必须从整体上考虑活动的设计与组织。

比如，在学习《年、月、日》这节内容时，许多一线教师会选择一个让学生"观察年历"的"特定的数学活动"。这个"特定的数学活动"如果仅仅让学生自发地去观察，然后再来交流各自的发现，往往会使呈现的观察结果是散点的，缺乏整体感。这当然有数学学习的成分，但这样的学习相对而言是低效的，或者说是尚不足以体现数学活动的真正价值的。如果我们将"观察年历"设计成一个以"大问题"讨论的数学活动，引导学生从整体的角度来研究的话，则更能体现数学学科活动的特点。

课始，提出问题：今天我们学习"年、月、日"的有关知识，你对"年、月、日"有哪些了解？当学生答出如"一年有12个月""一年有365天""一年有时是366天"这些答案时，便可以提出核心问题：有同学说一年有365天，有同学说一年有366天，那么一年到底有多少天呢？你有办法来验证吗？此时，学生因受"一年的天数到底是多少天"这个问题的影响，观察手中的学

---

① 王羽左. 学习与教学——经典研究的启示［M］. 杭州：浙江文艺出版社，2016：50.

习材料——年历时，就有了一定的方向。首先需要看出一年有几个月，还得看懂每个月的天数。而不会发现一点是一点，零散地处理信息。同时，学生的观察方式不一样，致使其解决问题的方式也可能会不一样。有学生只关注到12个月份每个月的天数，就用把12个月的天数连加起来的方法解决问题；有学生发现了一年中31天的月份有7个，30天的月份有4个，二月份的天数又比较特别，就想到用把7个大月和4个小月的天数分别算出后再加上二月份的天数的方法解决；还有学生发现一年中每个月的天数都接近30天，于是用 $30 \times 12 + 5$（或6）的方法解决。至此，我们不难理解，这个数学活动获取计算的结果并不是目的，真正的目的在于结合观察，认识一年中大月、小月的分布，感知每个月的天数，并知道平年、闰年天数的不同只与二月份的天数相关等知识，从而在整体上把握"年、月、日"之间的内在联系。[①]

这个活动所涉及的数学知识主要是"年、月、日"方面的，但由于受到"大问题"的引领、推动，去观察"年历"，并且有学生还完成了对"年历"中相关知识的结构化理解，学生在不知不觉中实现了自我认知，实现了数学知识的良好建构。

又比如一线教师比较喜欢组织学生进行"猜测"类的数学活动。我们说，数学学习中的"猜测"不应该是一种毫无根据的瞎猜，而应是基于思考的有根据的推理与判断。我们来看与"三角形分类"这个知识内容相关的一个经典练习：猜猜纸片遮住的是什么三角形？（图1-6）[②]

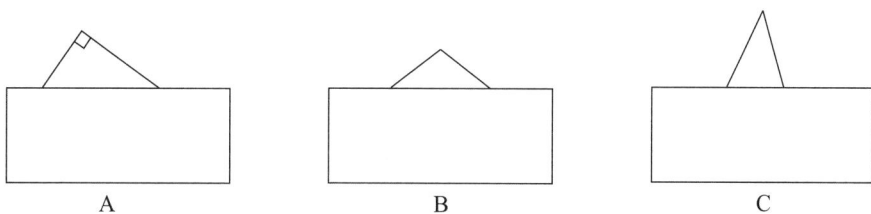

图 1-6

---

① 费岭峰.常识性内容如何上出数学味——《年、月、日》教学与思考［J］.小学教学设计（数学版），2013（2）：6—7.
② 费岭峰，胡慧良.基于数学思考的"猜"才有教学价值——对《四边形的认识》教学片段的思考与改进［J］.小学教学研究（数学版），2014（1）：38—42.

"三角形分类"练习中的"猜"，一般安排在"三角形按角分类"的知识学习之后，价值在于引导学生从图形关键要素出发进行思考，是一种有价值的数学思考。如对 A 图中的三角形的猜测，结果会是两种：一是"直角三角形"，二是"等腰直角三角形"。得出"直角三角形"这个结论是基于直角三角形的本质属性（三角形中有且只有一个直角）而来的，这是学生基于概念理解的有根据的推理，是一种逻辑思考。与此相同，B 图形"钝角三角形"结论的得到，同样有这样的思考过程。对 C 图形的猜测则比较特殊，因为根据看到的一个锐角，无法判定这是个什么三角形。此练习之所以成为"三角形分类"教学中的经典练习，是因为其在引导"猜测"过程中，学生可以把握三类三角形的本质属性，从本质属性出发展开思考，从而深刻理解三类三角形的关键要素，建构起三类三角形特定的图形表象。活动中，基于数学学科知识，又体现了数学方法的思维逻辑过程，整个数学活动则又具有显著的、丰富的数学思考内涵，对提升学生的逻辑思维能力有着重要作用。因此，这样的数学活动显然是一种有效帮助学生建构数学知识的活动。

第二章

数学活动的设计要点与教学关键

前文已经阐述了新课程理念下的数学课堂上，数学活动成为了承载学生自主学习数学的主要方式。但在小学阶段，数学活动由教师在课前预先设计仍然是一种常态。因此，教师作为学生学习活动的预设者，如何站在学习者的视角去设计既突出学习者主动学习心向的，又比较贴合学习目标的数学活动，是一个不得不面对的问题。本章就此问题进行深入的剖析与探讨。

第一节　数学活动的设计要点

数学活动的设计可以依据学习内容进行，也可以根据学生的学习特点进行。本节重点结合课堂的结构谈数学活动的设计要求。我们知道，课堂是有结构的。我们可以将学生在课堂上 40 分钟的学习，根据不同时间段中学生心理发展变化与学习内容间的关系，分成三个阶段：学习准备阶段、主体探究阶段与巩固提升阶段。现结合这三个阶段不同的学习任务和学生的学习心理状态，具体阐述数学活动的设计要点。

一、学习准备阶段的活动设计要点

学习准备阶段，也称导入准备阶段。这是一节课中学生数学学习的起始。作为学习准备，这个阶段也是有明确的学习目标的。结合实践可知，学习准备阶段的数学活动一般承载着两个方面的目的：第一，帮助学生尽快进入学习状态，并通过一定的活动收集有关信息资料，呈现相关问题，为下一阶段深入探究新知提供一定的学习材料；第二，尽可能地暴露学生的认知经验，展现学生的学习基础，从而有利于教师把握恰当的教学起点。

根据以上分析，设计学习准备阶段的数学活动一般需要体现有趣、有疑、有动、有料等四个方面的要点。

（一）有趣

数学是一门相对比较抽象的学科，但学习活动同样可以有趣。因为唯有有趣才能激发和保持学生的学习兴趣。经过十多年新课程实践的洗礼，一线教师设计有趣的学习导入的能力有了很大的提高。故事导入、谜语导入、情境导入、对比导入等方式已经在课堂导入的环节被广泛运用。而从实践来看，在学习准备阶段，以"挑战"来激发学生探究数学知识的兴趣，效果还是比较突出的。

我们曾经在一年级下册《找规律》一课的教学中，在课的开始阶段设计了一个"快速记忆图形"的数学活动：通过媒体呈现三组图形，每组图形在屏幕上出现 2 秒后消失。随即请学生说说刚才屏幕上出现的是怎样的一组图形。三组图形中，前面两组图形是按"重复排列规律"排列的，第三组则不按规律排列（如图 2-1 所示）。

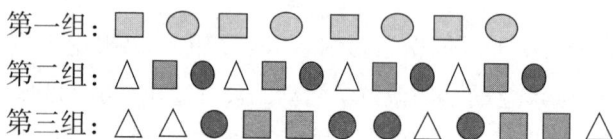

第一组：■ ● ■ ● ■ ● ■ ●
第二组：△ ■ ● △ ■ ● △ ■ ● △ ■ ●
第三组：△ △ ● ● ■ ■ ● ● ● ● ■ ■ △

图 2-1

活动后，请学生围绕"记忆的难易"，谈感受、说体会、找原因。最终得出：按一定规律排列的那两组图形容易记，没有按规律排列的那组图形不容易记。在此基础上，引导学生研究"重复排列规律"的特点。显然，在学习探究的起始阶段设计此活动，引导学生"经历"对图形重复排列规律特征感知的过程，既起到唤起学生原有经验的作用，同时也为后续说明、归纳、提炼规律做好了认知和心理上的准备，很好地体现了学习准备阶段数学活动的目标。[①]

当然，从这个"快速记忆图形"的数学活动中，我们也不难看到"挑战"激趣法的作用。因为是"挑战"，每个人的注意力都相当集中；又因为是"挑战"，每位学生都想成为记忆高手；最后还因为是"挑战"，"赢"了或"输"了便更愿意去寻找成功与失败的原因。

（二）有疑

有疑，最直接的意思，就是指有疑惑，有问题。问题和疑惑是学生进一步学习的动力。因此，有效的学习准备阶段的数学活动，必定要有引发学生认知冲突，激发学生"想探究"的元素。比如《年、月、日》这节课的学习，因为通过课始的讨论活动，学生发现了有些年份的天数是 365 天，有些年份的天

[①] 费岭峰. 先试后导，依学施教——《找规律》教学思考与实践［J］. 小学教学设计（数学版），2015（5）：8—9.

数是 366 天，所以便有了寻找"哪些年份的天数是 365 天，哪些年份的天数是366 天""为什么会产生两种情况"的答案的冲动。同样如《分数加减法》这节内容，多次实践告诉我们，学生最想研究的问题是：为什么分子加（减）分子，分母加（减）分母的方法是不对的，而"分子相加减，分母不变"的方法又是正确的呢？因此，在这节内容教学中，设计一个让学生产生这种认知冲突的数学活动，成为了引发学生深入研究的关键。

当然，所谓有疑，不仅是指有问题，同样包括有想法，有思维的触动。就如上面谈到的《找规律》这节内容的"快速记忆图形"活动，在颇具挑战性的游戏后，目的还是期望学生对图形排列规律引起关注，即这些图形有着怎样的排列规律？这既是这节内容学习的重点，同时也是引向对排列规律特征进行研究的契机。"你能不能画一组有这样的排列规律的图形呢？"因为有了"快速记忆图形"这个有点挑战意味的数学活动作为引入，顺接着的后续活动要求的提出也便变得自然了，有针对性了。

（三）有动

学习准备阶段数学活动中学生的"动"，一般指一些尝试性的操作活动，设计时一般需要简单、易行。比如我们在《毫米的认识》这节内容的开始，可以设计这样一个操作性数学活动：测量三根小棒（长度分别为 1 厘米、5 厘米2 毫米、10 厘米）的长度。因为有一根不是整厘米长，这对学生来说是一个新问题：这根小棒比 5 厘米多一些，又不到 6 厘米。看来以前学过的长度单位没有办法表示了，怎么办？于是，顺着这个由操作活动产生的问题，进入到新知的探究环节。

又如在教学《圆的周长》时，许多老师喜欢设计这样一个数学活动：为学生提供一些圆片（一般有几种不同的大小），然后由学生自主测量圆片的周长。一般来说，学生的测量结果会有一定的误差，但大多数学生还是能够完成的，是能达到为下一环节研究圆周长与其直径、半径的关系提供研究素材的目的的。

（四）有料

有料，是学习准备阶段数学活动的主要目的。如前所述，学习准备阶段的数学活动还承载着学生认知经验的呈现，帮助教师把握教学起点的功能。因此，在活动设计时，一般要有利于学生暴露自身的经验基础，呈现出不同层次水平学生的尝试性学习成果，为课堂主体探究环节提供学习素材，也要有利于教师作针对性指导。因此，所谓有料，其核心内涵便是指有显性的学习材料呈现出来，为后续深入学习服务。

前面谈到的《圆的周长》一课中，学生在课始对不同圆的周长的测量结果，就是后续研究圆周长与直径关系的重要素材。再比如《找规律》一节课的课始活动，围绕"你能不能画一组有这样的排列规律的图形呢？"这个问题，呈现了丰富的、体现了不同学生对规律理解经验的素材（如图 2-2 所示），就是学习准备阶段数学活动"有料"的典型体现。

图2-2

以上谈到了课堂学习准备阶段的数学活动设计要点。事实上，我们有时还把学习准备阶段的数学活动设计成调查、访问等形式，安排在课前进行。如学习"简单的平均数应用题"时，可由学生利用课前时间收集班中一些学生的身高、体育达标成绩等方面的数据材料；又如学习"简单的统计图表"内容时，可由学生去校外或网上调查，收集信息资料，等等。通过这些活动，既提高了学生的学习兴趣，也为课中学习准备了素材。

另外，如今正值"先学后教"模式探究的热门时期，有时学习准备阶段的数学活动，通过课前"导学稿"的方式，安排在课前由学生独立完成，也未尝不可。当然，不管是以什么方式，放在课前抑或课始环节来完成学习准备阶段的数学活动，"有趣、有疑、有动、有料"这四个方面的设计要点，还是需要教师在设计时注意和把握的。

二、主体探究阶段的活动设计要点

主体探究阶段是一节课中学生研究数学问题、解释数学现象、理解数学知识、形成知识结构的关键环节。因此，这个阶段的数学活动担负着"激励学生主动参与、主动实践、主动思考、主动探索、主动创造"[①]，帮助学生实现自主探究、主体活动，便于其采用个体研究、群体互动、合作学习等形式来完成学习任务的目的。因此，设计时必须充分考虑学生作为活动主体的适应性和认可度，必须有利于学生进行数学思考，并能积极参与到活动中去。主体探究阶段的数学活动设计要点，可以用图 2-3 来表示：

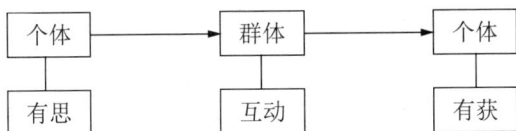

图 2-3

在课堂上，学生不只是一个人在进行学习，而是一个班 40 来人在共同学习。因此，主体探究阶段的数学活动中，应该帮助学生树立充分利用群体资源为自己更有效地学习服务的观念，在基于个体探究的基础上，结合群体间的互动、交流，吸取别人的学习智慧，完成个体的学有所获。下面具体结合一些实例对主体探究阶段三个环节的操作要点作深入分析。

（一）个体有思

这是主体探究阶段的基础环节。这个阶段的数学活动，必定需要给学习个体创造尝试的机会，独立思考的机会，使学习个体通过尝试与思考，形成反映自身经验、体现原有认知水平的初步成果，从而为接下来的群体交流作准备。没有主动思考的习得，只能是被动的。因此，个体有思在主体探究阶段的数学活动中，起着为学习"生长"提供重要的基础的作用。这在许多内容的学习中均有体现。

---

① 杨莉娟 . 活动教学浅论［J］. 教育科学研究，1999（4）：76—79.

如在平行四边形、三角形等一些面积计算内容的学习中，我们一般会设计一个让学生自主尝试计算一个图形的面积的数学活动，以便产生不同的想法。而在教学《平行四边形面积计算》时，学生尝试后通常会产生"直接用邻边相乘"和"用对应的底和高相乘"两种思路。当有了这两种思路，也便有了后续交流探讨的材料。

再如在综合实践活动课《搭配中的数学问题》中，教师用"吃早餐"的情境（2饮料，3点心）引入后，提出问题：饮料和点心只能各选1种，可以有多少种不同的搭配？学生自主活动后产生了多种想法。

有学生是用文字来写的：蛋糕和豆浆、蛋糕和牛奶、油条和豆浆、油条和牛奶、饼干和豆浆、饼干和牛奶；有学生画成了图2-4那样，还有学生则画成了图2-5或图2-6那样类似于教材上提示的方式。[①]

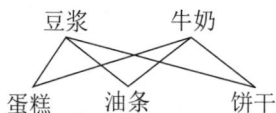

图2-4

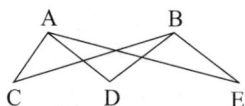

图2-5

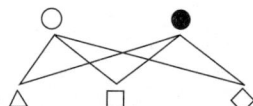

图2-6

而且这些不同画法的学生，在画的时候也是有各自的想法的。这些学生自主思考之后的成果，具有更多个性化的思考经验，特别是用"字母"或"图形"表示的蕴含着符号化思想的方法，是值得在后续交流中作进一步讨论的，因此说，个体有思是主体深入探究的关键。

（二）群体互动

群体互动是主体探究阶段数学活动的核心环节，也是最能体现集体学习特点、发挥集体学习优势的环节。群体互动要有效，展开必须得充分，其间包括师生的互动与生生的互动。

我们来看《商的近似值》这节内容学习中一个群体互动的例子。[②] 当学生自主计算 $150 \div 44$ 的时候，出现了除不尽的情况。于是讨论，商量解决办法，最后达成一致意见：取近似数（因为前面已经学过乘法计算结果的取近似数，

① 费岭峰.把握时机，适时渗透符号意识——由《搭配中的数学问题》引发的思考［J］.新教师，2015（11）：47—49.

② 费岭峰."商的近似值"教学谈［J］.中小学数学（小学版），2003（3）：33—35.

学生还是有相关的经验的）。完成后交流互动：

师：现在请大家来汇报一下，你是怎样解决的？

生：（实物投影演示）我保留的是一位小数。$150÷44≈3.4$

师：你能告诉大家是怎样想的吗？

生：因为刚才除得的商是 $3.40909……$，所以我保留一位小数便是 3.4。

师：有没有不同意见？

生：（实物投影演示）我认为 $150÷44=3.40……40$

师：很好，这是你的意见。还有不同的吗？

生：（实物投影演示）我保留的是两位小数。$150÷44≈3.40$

生：不对，我也是保留的两位小数。$150÷44≈3.41$

师：请你说明理由。

生：我们刚才除得的商是 $3.40909……$，保留两位小数应该看第三位。第三位上是 9，用"四舍五入"法应该是 3.41。

师：（展示学生的计算过程）请大家来看看这两位同学的计算过程，你们认为哪一位同学的结果有道理？

生：（齐答）保留两位小数应该是 3.41。

师：还有不同的吗？

生：我是保留整数，得数是 3。

师：还有的请同桌间相互交流一下吧。

这是一个学生自主发现问题、自主解决问题的典型例子，同时也是一个比较典型的群体互动的例子。这样的群体互动，可以使学生在展示自己独特的解决问题的方法和策略的同时，去关注别人解决问题的方法和策略。当别人的方法与自己的不同时，学生自然会产生"为什么他的方法与我的不一样""我的方法到底有没有问题"等想法。当他们确信自己的方法没有问题时，又得去思考别人的方法有没有问题，并作出评价。

当然，群体互动不是一种"乱"动，而是一个有目的、有层次的数学学习的过程。比如在《平行四边形面积计算》这节内容的学习中，当出现了"直接用邻边相乘"和"用对应的底和高相乘"这两种思路后，群体互动的目的便是完成验"正"、纠"错"，又因为是新知探究环节，故一般先完成验"正"，再来纠"错"。[①]

环节一：验"正"。

（有学生已经从方格纸验证的过程中得到了启发：在方格纸上看到，把平行四边形左边的角剪下来，拼到右边去，就得到了一个长方形，这个长方形的面积就是平行四边形的面积。）

师：你怎么知道呢？

生：这样剪拼方格数没有变。

（操作：沿着平行四边形的一条高剪开，再用方格纸验证，清晰地看到，操作后两个图形的面积没有发生变化。）

（结论：原来这个平行四边形，可以把它转化成长方形来思考，这个长方形的面积为 $7 \times 3 = 21 cm^2$，所以平行四边形的面积也就是 $21 cm^2$。）

环节二：纠"错"。

师：刚才同学在说明 $7 \times 5 = 35 cm^2$ 时，同样是把它想成了长方形，面积用"长 7 cm×宽 5 cm"来计算，那么平行四边形面积计算也就可以把相邻两条边乘起来，但这样算又为什么不对了呢？

（有学生以图 2-7 那样的方式进行说明，但又说不太清楚。教师提供相关教具，请学生演示操作：这样拉起来后，面积比原来大了。并在图上指出阴影部分是长方形面积比原来平行四边形大的部分。显然，这样的转化方法是不正确的。）

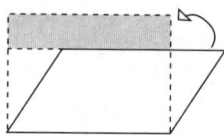

图 2-7

互动至此，学生已经明白了"高与底相乘"为什么正确，"邻边相乘"为什么不正确的道理了。

（三）个体有获

"不同的学生在数学学习上必然存在着差异，而这种差异正是良好的教学

---

① 费岭峰.探寻"转化"背后的教学价值——谈化归思想在"平面图形的面积计算"教学中的价值及实现策略 [J].小学数学教育，2013（1-2）：62—64.

资源。"①群体互动环节的展示充分、交流到位，最终目的正是利用个体学习上的差异，让不同水平的学生都能得到发展的可能，让每个个体都有所收获。当然，这个时候的收获应该是多方面的，可以是知识技能层面的，也可以是数学思维发展层面的，还可以是数学活动经验层面的。但不管是哪一个层面的，在主体探究阶段即将结束前，还是需要一定方式的总结与提炼，以便让学生对前一环节的学习作阶段性的梳理与总结。方式一般有两种，那便是"思维外显化"和"结论条理化"。

比如，因为有了验"正"和纠"错"的互动交流，学生对于"平行四边形面积计算方法"推导过程的理解，有了相应的收获。原来想法错误的学生，通过交流知道了正确的推导方法；原来思路正确的学生，也许只是一种模糊的认识，通过交流让模糊的认识变得清晰起来。更为有意义的是，学生通过验"正"与纠"错"过程的经历，对化归思想方法的理解，也有了新的认识："变"只是一种形式上的转化，"不变"是其本质内涵的体现。在平行四边形面积计算方法的探究中，把握"面积不变"是核心，也只有在保证面积不变的前提下，才能借助化归方法进行转化。这些思想或经验的形成，不必作理性提炼，只要通过学生的实践操作显现出来即可，这便是"思维外显化"的总结与提炼。

再比如一位教师在教学《吨的认识》中，设计了一次让学生"拎纯净水""背同学"等亲身体验的活动，将一个学生容易记住，但缺乏真实感受、不易掌握的数学概念，设计成一个既有趣，又能真实"经历"、切实感悟的数学活动，随后又组织学生围绕"1吨到底有多重"进行交流，最后形成了几种相对有代表性的结论：如果以1桶纯净水为标准，1吨大约有50桶那么重；如果以1个三年级小朋友的体重为标准，那么1吨大约有40个小朋友那么重；如果以成人为标准，那么20个成人的体重大约是1吨。②正是有了互动交流，使更多的学生沟通了一个相对比较抽象的质量单位"吨"与"生活物品"之间的联系，形成了属于他们自己的活动经验。而这正体现了经历数学活动后的有所得。这种梳理与总结，恰恰是"结论条理化"的结果。

---

① 朱国荣.先后有别——对一次教学反馈的思考［J］.小学数学教师，2005（6）：80—83.
② 费岭峰.经历与体验［J］.小学教学研究，2003（11）：24.

三、巩固提升阶段的活动设计要点

"活动的实质是把活动作为学生学习的基本途径，借助活动来真正确立学生在教学过程中的主体性，使学生享有更充分的思想和行为的自由，发展和选择的机会，最大限度地获得身体与心灵的解放，使学习活动主体化、主动化。"[①]通过数学活动的形式，引导学生自主完成数学学习任务，不仅包括新知探究时以活动为主要的方式，同样包括在数学课堂的巩固练习阶段设计有助于学生完成相应数学学习任务的数学活动，来实现巩固新知，深化理解，拓宽思路，延伸提高，发展素养的数学学习目标。只是这个阶段的数学活动设计，需要突出活动的整合性和拓展功能，使学生在更为丰富、多样的学习活动中实现数学能力和数学素养的综合发展。

基于实践我们提出，巩固提升阶段的数学活动设计需要把握三个方面的"结合"：基础与提升相结合、结果与过程相结合、课内与课外相结合。

（一）基础练习与综合提升相结合，恰当处理基本技能掌握与思维发展提升的关系

数学知识的学习是需要巩固的，特别是一些技能学习，更需要有相应的练习来巩固，因为"练习，包括整体练习与部分练习，能起到让动作产生联结并趋向自动化的作用"[②]。那么，在实际的数学课堂上，巩固提升环节的练习活动怎样才能处理好基础性与发展性的关系呢？我们先来看个例子。

这是一位老师在《圆的认识》一课中设计的练习，总共由两个部分组成[③]：

1. 第一组练习由两道习题组成。

（1）用彩色笔描出下面每个圆中的直径和半径。

---

① 杨莉娟.活动教学浅论［J］.教育科学研究，1999（4）：76—79.

② 王羽左.学习与教学——经典研究的启示［M］.杭州：浙江文艺出版社，2016：87.

③ 费岭峰.学生"先学"后的课堂上，教师该做些什么——对基于"课前先学"模式下的教师课堂角色定位再思考［J］.小学教学研究（教学版），2016（5）：7—9.

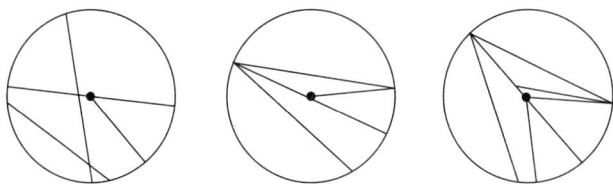

图 2-8

（2）用圆规画一个直径是 7 厘米的圆，并用字母 O、r、d 标出圆心、半径和直径。

显然，这组练习属于基本练习，学生完成后直接校对即可。处理方式应该是"快速""简洁"的。

2. 第二组练习同样有两道习题组成。

（1）找出下面圆的圆心。

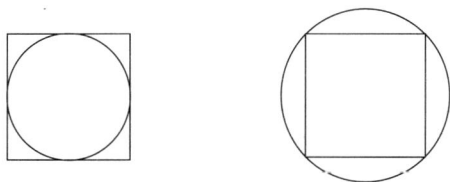

图 2-9

（2）运用圆的知识，解释生活中的现象：在抢红旗的游戏中，哪种方式更公平，为什么？

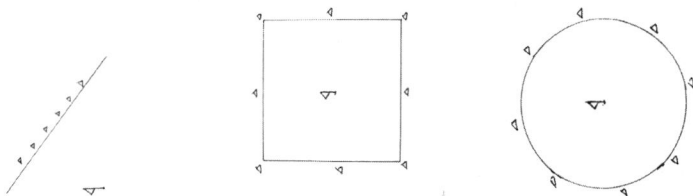

图 2-10

第二组练习则是提升练习，学生完成后需要有思考过程的交流、讨论。当学生有了第二层次的理解水平，且完成质量也比较高时，说明其对圆的特征的把握已经相当到位了。

一般而言，基础性练习的设计以习题的形式呈现，关注学生对基础知识的掌握状况，其解答要求与评价方式比较简单，一般只需要说明答案，简单说说思考过程即可。也就是我们常说的"基础练习单式化"。应该说，这样的练习在数学课堂上还是需要的。只是以数学活动的角度来分析，这样的练习过于机械，缺乏活动性。

　　对于发展性练习而言，则需要有综合性的要求。可以从材料提供的综合上着手，也可以从问题角度的延展上着手，当然还可以从思维方式的多元、解决问题方法的多样上着手。这个时候的练习，既可以从更丰富的视角上发现学生知识的掌握状态，为他们提供多元的帮助，同时在外在形式上，让活动性更强，更能体现数学活动的综合化特征。

　　如特级教师朱国荣老师在《有余数除法复习》一课中的一个练习活动[①]：

　　教师谈话交代情境：公园里租游船，每艘游船上只能坐4个人，且位置作了编号（如图2-11）：

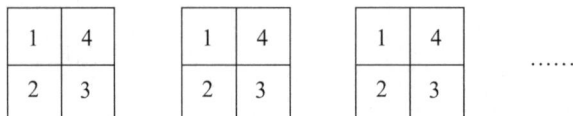

1	4
2	3

1	4
2	3

1	4
2	3

......

图2-11

　　提出活动要求：我们每位同学都有学号吧。如果我们班全体同学去，要求按学号顺序坐船，你觉得你应该坐在哪条船的几号位置？

　　学生思考后交流。先让1号同学、8号同学和30号同学反馈，体会这些学号同学的位置与号码的关系。然后变化问题要求：坐在1号位置的同学，请你站起来。此时，有一部分学生站了起来。出现的学号为：1，21，45，16，13，37，5，41，44，29，9。

　　讨论这些学号是否正确。发现16号不是。理由是：16除以4等于4，没有余数。他应该坐在第4条船的4号位置上。又有学生发现44号也不是，因为44除以4等于11，他应该坐在第11条船的4号位置上。

---

① 费岭峰．在练习中提升数学思维——朱国荣《有余数的除法复习》教学片断赏析［J］.江西教育（B版），2012（9）：39—40.

此时有学生突然说：我还知道了一种方法，这些数都是 4 的倍数加 1。

继续引导学生思考：坐在 1 号位置上的学号数是不是除以 4 以后，余数都是 1 呢？确认结果后，顺势板书成：1 号□ ÷4＝（　　）……1。

接着请学生再次思考：坐在 2 号位置上的，结果又是怎样的呢？得到：2 号□ ÷4＝（　　）……2。讨论 3 号、4 号位置，最后整理得到：3 号□ ÷4＝（　　）……3，4 号□ ÷4 没有余数。

在这个活动中，从对单个学号的研究到对多个学号的分析，从对除以 4 余数为 1 的学号的研究到对除以 4 余数为 1、2、3、0 的所有学号的特征的归纳，层层推进，思维要求逐步提升，既有解决问题的过程，更有整体把握、思考内化的过程。当对"坐在 1 号位"上的学生报出的学号进行分析时，有学生突然说："我还知道了一种方法，这些数都是 4 的倍数加 1。"这样的思维结果，本身就是学生对规律的提炼过程，是对数学知识的理解逐渐走向深刻的反映。当学生的思维达到这个水平以后，教师后续引导得出"除以 4 余数为 1、2、3、0"的规律显得充分而自然了。我们可以清晰地感受到，此时的练习活动，已经不仅仅起到熟练计算、培养技能的作用，它更具有发展思维，提高学生思维能力的价值了。

（二）结果目标与过程目标相结合，适时扩展数学学习的多元价值，为学生综合素养的发展服务

巩固提升阶段的数学活动，除了一般的以习题形式呈现之外，应该更多地以实践活动的形式来设计，才能体现出数学活动的意义。因为，只有设计更多的实践活动，才能促进学生内部与外部的共同发展，在学习基础知识、习得基本技能的同时，发展数学思维、提升综合素养。

如一位教师在《平面图形的初步认识》一课的最后设计了一个综合性的数学活动：请学生用一根绳子围成刚才学过的平面图形。学生饶有兴趣地参与到了活动中。有学生发现一个人围长方形不行，便请同桌帮忙两个人围；有学生围的是圆，发觉两个人还不行，想到了请其他同学帮助，最终在八个人的共同努力下完成了任务。显然，这个活动有着三方面的价值：首先，活动围绕图形的基本特征展开，虽然不能明显增强学生的语言表述水平，但有利于学生积累丰富的图形表象，加深对各种平面图形基本特征的认识；其次，

活动不仅仅从形式上激发了学生的兴趣，而且重视过程的思考性，有利于发展学生的数学思维，提高学生的数学素养；再次，活动关注学习方式的拓展，有利于学生体验合作的过程，增强合作意识。在活动中，教师虽然没有提出明确的合作要求，但由于所设计的操作活动需要学生通过合作才能完成，学生便自然地选择了合作，合作成为了学生的一种需要，成了完成任务不可缺少的方式。此种情况下，学生能真切地体验到合作的价值。显然，在这样一个活动中，结果目标与过程目标的结合还是相当自然的，达成效果也是不错的。

当然，在巩固练习阶段，有时候并不仅仅是对前面知识简单巩固，也应该在结合知识技能训练的同时，有进一步的知识拓展与活动经验的丰富。

比如在《9的乘法口诀》这节内容的学习中，最后一个数学活动是"根据呈现的图形，列式计算"[①]。

呈现以下图形（图2-12），请学生思考并完成。

图 2-12

请学生列式解答。

当学生列出的算式是 3×6 或 6×3 时，讨论：为什么这样列式？算的时候你又用到了哪句口诀？（可以看成是3个6相加，或者6个3相加。）

结合学生表述在图中圈出。于是得到以下两种结果（见图2-13）：

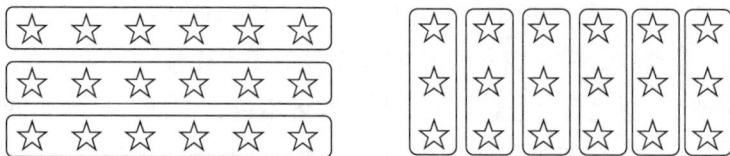

图 2-13

---

① 费岭峰."编"中"理"，"用"中"构"——《9的乘法口诀》教学设计与思考 [J]. 教学月刊小学版（数学），2015（7-8）：48—50.

当有学生列出 9×2 或 2×9 时，同样讨论：为什么还可以这样列式？算的时候又用到哪句口诀？（即可以看成是 2 个 9 相加。）请学生结合回答在图中圈出，得到图 2-14：

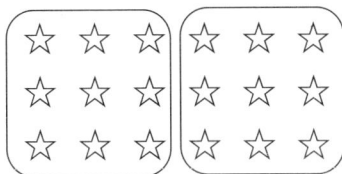

图 2-14

口诀的应用是口诀学习的根本目的。但应用并不等于套用，技能应用同样需要有思考地"用"，灵活地"用"。这一活动是本节课的第三层次的数学活动，设计中突出结合图形的算，强调口诀、算式与乘法意义的关系，是帮助学生建构"乘法口诀"数学模型的有效策略，让学生真切地感受到，每一句"乘法口诀"都可以找到对应的算式与相关的图形来表征。"口诀"是解答乘法运算问题的有效手段。

（三）课内活动与课外活动相结合，引导学生切实感受数学与生活的联系，保持数学学习的积极心理，提高解决实际问题的能力

好的数学教育不可能仅仅停留于课堂。学生在课堂上的学习仅仅是其对一门学科学习的开始，更大的价值应该体现在学习者日常的生活之中。因此，巩固提升阶段的数学活动，不但要关注学生本节课的收获，而且还得有意识地引导学生将课堂上的学习状态延伸到课外去。有时候可设计一些适合学生课外进行的数学活动，以保持学生对数学学习的兴奋度，使其切实感受数学与生活的密切联系。

比如学生在初步认识了长方体和正方体，掌握了"长方体和正方体的特征"以后，可布置一个"制作长方体、正方体"的活动，让学生利用课余时间，用一些废旧材料完成任务，一来巩固对长方体、正方体特征的理解，二来也可以为下一节课研究长方体、正方体的表面积做准备。又如在学习了"组合图形的面积计算"以后，可设计一个"计算自己家住房面积"的活动，引导学生把所学的数学知识应用到实际生活中去，经历应用数学知识解决实际问题的过程，在巩固所学知识的同时，体会到数学知识的应用价值。

以新课程理念来定位这样的活动，就是"综合实践活动"。它是新课程实施以来积极倡导的学习形式，也是帮助学生积累数学活动经验的重要载体。这样的"综合实践活动"我们可以利用课内时间与学生一起完成，但更多时候可以安排在课后，由学生利用课外时间去实践，去探索完成。

当学生独自或小组合作在课外完成"综合实践活动"的任务时，需要其自己设计活动方案，规划活动进程，包括材料的选择、数据的收集，乃至小组内成员的分工，等等。当学生经常性地经历"综合实践活动"的过程，不但能提高学生解决实际问题的能力，而且还能很好地培养他们的社会交往能力，促进其全面素养的提升。

第二节　数学活动的教学关键

　　强调数学活动，更多是强调课堂教学中学生作为学习主体地位的达成度。关注数学活动在学生学习过程中的作用，实质是将课堂教学的实践研究视角从教师、教材转向学生，转向学生的学习。当然，如同我们讨论新课程理念下教师的角色定位问题一样，我们也很有必要讨论，在突出了学生处于数学活动中的主体地位之后，教师在数学活动推进中又将起到怎样的作用？

　　曾经，在课程改革开始的时间段里，我们就强调，教师在课堂上的角色应该完成"从复制者到建构者"，"从传授者到促进者"，"从控制者到引导者"，以及"从独白者到对话者"的转变。[1]并且进一步细化为，教师要成为学生发展的促进者，要"积极地旁观"，"给学生以心理上的支持，创造良好的学习气氛"，"注重培养学生的自律行为"。[2]随后我们发现，无论是建构者也好，促进者也好，引导者也好，还是对话者也好，都没有忽视教师在课堂教学中的作用。教师仍然需要"对教材内容进行深入分析、积极建构，并把自己形成的独特理解作为一种资源传递给学生"，仍然需要"帮助学生制定适当的学习目标，并确认和协调达到目标的最佳途径"，仍然需要"创设丰富的教学环境，激发学生的学习动机，培养学生的学习兴趣"，仍然需要"创设良好的课堂教学氛围，引导学生积极参与、主动思考、善于发问，并把学生生成的教学资源导向更加开放的情景之中"，仍然需要作为学生的对话者与学生展开对话，"以真诚的、开放的心态彼此相待"。[3]

---

① 郑金洲.基于新课程的课堂教学改革［M］.福州：福建教育出版社，2003：246—250.
② 傅道春.新课程中课堂行为的变化［M］.北京：首都师范大学出版社，2002：175—176.
③ 同①。

因此，我们可以确认，教师在数学活动过程中仍然有着不可替代的作用。前文已经从数学活动的设计角度强调了教师对数学活动所作出的贡献。接下来我们再来分析在数学活动推进过程中，教师又该做好哪几个方面的事情，以确保数学活动不但能够真正体现学生的主体作用，而且还能让数学活动顺利推进。

一、把握活动目标

学习活动是有目标的，数学活动也不例外。活动目标的确定依据有两个：教材、学生。依据教材是指从知识逻辑的角度为学习者提供相应的学习目标，这是活动设计的基本出发点。依据学生是指从学习主体的角度结合学生的认知基础适当地调整教材设定的教学目标。一线教师总存在一种困惑，同样的设计，有时候这个班的学生学习起来比较轻松容易，而换一个班学生学习起来则存在一定的困难。显然，这是因为教材目标相对固定，而学习对象却存在着相当大的差异。如果仅以教材内容来定位目标，出现以上状况也就不足为奇了。

那么，对教学内容有"先行组织"权的教师又该如何来把握数学活动的目标呢？

（一）准确解读教材，把握教材内容的目标定位

数学教材上的知识内容一般是以"螺旋上升"的方式进行编排的。解读教材便需要从教学内容的系统性角度进行分析。比如关于"小数概念"的学习，与之相配套的各类教材中，第一学段三年级下册以《小数的初步认识》编入，第二学段四年级下册起系统认识小数。这样的编排，符合"按照儿童的认知规律和数学知识的内在联系"，"由浅入深，由易到难，循序渐进，螺旋上升"①的编排意图，然而要真正把教材编排意图在教学实践中体现出来，其前提在于教师对分段后各层次教学内容、教学目标有准确的把握。在实践这两个内容之前，我们首先需要深度解读相关教材，然后对这两节内容的学习目标作定位。

从教材编写的要求来看，《小数的初步认识》这节内容主要是基于生活具体量的角度来解读小数、认识小数，初步建构起小数与分数间的联系。于是便有了这样的学习目标：理解具体情境中小数的含义，知道以"元""米"等作

---

① 黄建泓. 小学数学课程标准比较研究［M］. 上海：华东师范大学出版社，2001：25.

单位表示具体量的小数各个数位上的数所表示的意义；结合具体情境，知道十分之几可以用一位小数表示，百分之几可以用两位小数表示。围绕这一目标定位，才有了课堂教学中的两个数学活动：一是结合具体量，理解以"元"为单位的小数含义；二是结合米尺直观感知小数与十进分数的关系。[①]

在四下《小数的意义》的教材编写中，则从相对理性的角度解读小数，强调一位小数、两位小数、三位小数间的数学本质联系。于是便有了以下的学习目标：在探究小数与十进分数内在联系的基础上，理解小数的意义，知道一位小数表示十分之几，两位小数表示百分之几，三位小数表示千分之几……围绕这一目标定位，课堂教学中同样设计两个数学活动：一是通过正方形纸片的操作，理解"一位小数表示十分之几"的含义；二是思考并操作如何在正方形纸片上表示出"0.01"，从而理解"两位小数表示百分之几"的含义。[②] 这两个数学活动虽然也有借助直观的材料，但因为利用了几何直观，所以较之生活情境而言，有了抽象理解的味道。显然这两节内容学习目标间的差异定位，正是在深入解读教材内容的基础上完成的。

又比如《年、月、日》这节内容，人教版教材在例1下面提出了几个问题："观察上面的年历，你能回答下面几个问题吗？一年有几个月？哪几个月是31天？哪几个月是30天？二月有多少天？一年有多少天？"这是教材编写者希望学生通过本节课学习的知识层面的基本内容。事实上，孤立起来看以上5个问题中的任何一个问题，我们都能够在年历上直接获取。然而，我们知道，这节课的教学不应仅仅让学生知道这几个问题的结果（事实上，较多的学生不上这节课，也已经知道这几个问题的答案了），还应该有这样的目标定位：以系统的方法来探究"年、月、日"之间的关系，理解并掌握"年、月、日"之间的内在联系。基于这样的教材解读与目标分析之后，我们认为，以解决"一年有多少天"这个问题为核心设计数学活动，并围绕"大问题"开展数学学习过程，其系统整体把握学习内容的定位也就更能突出学习的意义了。

---

① 费岭峰."螺旋上升"的价值实现于教学目标的准确定位——"小数概念"教学的实践与思考［J］.教学与管理（小学版），2010（5）：43—45.

② 同上。

（二）切实了解学生，找准主体学习的目标导向

学生是学习的主体，也是数学活动的主体，因此，他们也是影响活动目标定位的重要因素。唯有全面充分地了解学生，才能制定出切实有效的数学活动目标。实践中，我们可以在课前与课始两个时间段里做一些了解学生的工作，以便在后续学习活动中给学生以合适的帮助。

1. 课前微调查，了解学生的学习基础。

所谓微调查，是相对于严格意义上的调查研究而言的。与一般的调查研究相比，微调查的调查范围较小，调查手段简便易行，调查材料简洁，数据分析简单及时，突出实用性。课前采用微调查，操作时一般围绕即将教学的内容，设计相关的问题，采用简易的问卷或小型的访谈等方式进行。目的是了解学生对相关知识的理解或者掌握状况，帮助教师在课前预设时设定恰当的学习目标。

比如在执教人教版教材二年级上册《角的初步认识》一课之前进行的一次微调查[①]：随机抽取班中一个小组10位学生，从四个层次进行访谈。

层次一：呈现"角"这个文字，请学生说说在哪些地方见过"角"？
层次二：提供三个图形（图2-15），问学生是否认识。

图2-15

层次三：针对听说过"角"或者见到过"角"的学生，请其在一张梯形纸片上找出角，并指出是哪一部分。
层次四：观察一个长方体纸盒，并指出"角"。

以上四个层次的访谈，意在了解学生对"角"的不同认知水平：水平一是对"角"的生活经验的了解；水平二是平面图形"角"的直观认识；水平三是"角"的生活化经验与数学概念间的沟通水平，这也是真正达到"角的初步认

---

① 费岭峰. 突破"经验"，关注"实证"——以《角的初步认识》为例谈基于教学调查的课堂教学实践与思考［J］. 中小学数学（小学版），2014（9）：12—13.

识"的水平。

从调查可知，学生经验中对平面图形"角"的认识是模糊的，有的学生几乎一无所知。70%的学生只知道货币单位"角"，知道图形"角"的学生，也只是认为"角"就是一个尖尖的、细细的点。说明学生对"角"的认识基础中，只有生活化的经验，没有数学抽象层面上的角的认知，甚至是直观经验。因此，要引导学生从"一个点"的认识水平上升到由"'一个顶点'和'两条边'组成的图形"的认识水平，需要经历三个阶段：一是打破学生生活经验中的"一个点"的"角"的形象；二是引导学生经历从实物中抽象出"角"，完成由"一个点"和"两条边"组成的图形的直观认识的过程；三是基于学生形成的初步的平面图形"角"的基础，回归到物体（比如长方体盒子）上的"角"的认识。

于是，课中数学活动的目标定位也就了然于胸了："角"由两条边交于一点组成的直观认识水平，是学习重点，需要始终明确。而引导学生从一个点到一个完整角的抽象完善过程，则是学习难点，活动中需加以重点关注。另外，从平面图形"角"到在具体的长方体盒子（物体）上指出"角"，既是一个丰富学生"角"的表象的重要环节，又是检验学生对"角"是否真正认识的重要一步，交流时应给予充分展示。

2. 课始有尝试，把握学生的学习状况。

所谓尝试，即先试着做一做，然后再讨论。有时候我们在课前没有对学生的学习基础进行相应的了解，仅凭经验作出判断可能有失偏颇，于是我们在课堂导入环节设计一个学生5分钟尝试的环节，同样可以起到了解学生学习基础的效果。

如前面谈到的《找规律》一课的课始"挑战"激趣法中的"快速记忆图形——根据自己理解的规律画一组图形"，其实就是一个学生尝试的环节。正是有了学生的尝试，可以发现超过一半的学生（有些班达到90%以上）对"简单排列规律"是有相当丰富的感性认识的，在后续的活动中则可以更多地讨论"规律"的特征与模型的抽象。

现如今尝试已经成为了许多数学课中的常态环节。从学生的尝试中了解学生的学习水平、能力状况，成为了许多优秀教师的看家本领。比如特级教师朱国荣老师在《分数的再认识》一课中，课始设计了一个数学活动：一张纸上画了9个○，请学生任意选择一些○（可以是全部）表示出$\frac{1}{4}$。活动中，有学生用4个○表示出了$\frac{1}{4}$，有学生用8个○表示出了$\frac{1}{4}$，还有学生用1个○表示出了$\frac{1}{4}$。当然，最有价值的是如何用全部9个○表示出$\frac{1}{4}$。因为在"用9个○表示$\frac{1}{4}$"的过程中，需要有对9个○进行平均分成4份的创造性解决，每份得到2个又$\frac{1}{4}$个○时，才是9个○的$\frac{1}{4}$。而以上对不同总量的○的平均分的过程，反映了学生各自的经验认知水平。教师有了对不同层次学生理解水平的了解，在后续组织学生讨论时，只要采用有针对性的反馈，把握好反馈层次，也就能有效帮助不同水平的学生建构起"分数"的意义，从而实现该数学活动的预定目标。

当然，如同特级教师那样设计尝试性活动，并不容易，这也是我们一线教师需要不断努力实践，积极探索的工作。

二、给足探索时空

体现学生主体的数学活动的一个重要特征便是保证学生学习过程的基本独立性，给学生足够的探索时空。新课程实施十多年来，创设学生自主学习的空间，保障学生自主探索的时间，已经在一线教师中达成共识。在课堂教学的实践中，教师可以从以下两个方面着力，有效营造保证学生自主探索的时空。

（一）提供人人参与的机会，保证活动的参与面

人人参与虽说是课堂教学关注全体学生的基本要求，但说说容易，做起来却不太容易。在日常的课堂教学中，我们看到的更多的是一对一的活动，少数学生成了学习活动的主角，大多数学生只是"看客"。要保证学生在活动中的参与面是需要设计的。其中创设学生独立活动的机会，不失为有效的方法。现以《认识钟表》这节课为例来谈谈"人人参与"的活动如何设计。[①]

---

① 费岭峰.《认识钟表》教学设计［J］.教学与管理（小学版），2014（8）：54—55.

课始设计"画钟面"活动。呈现钟表的图片，请学生观赏，然后提出活动要求：这些各式各样的钟表"面"上都有些什么呢？你能画一个可以用来看时间的钟面吗？这个环节可以要求每位学生动手画。

课中设计"画时刻"活动。在学生初步认识了钟面上时针和分针的关系，并且能够初步认读时刻后，请学生根据电子钟呈现的时刻（6:00 和 12:00），在教师提供的不完整的钟面上画出相应的时刻。这个环节同样要求全体学生动手画。

课末设计"做时刻"活动。组织学生根据提供的电子时刻（3:00 和 9:00），请学生用肢体来表示出来（左手臂为时针，右手臂为分针）。这个环节也能要求全员参与。

以上活动体现着不同的学习价值：活动一，既了解学生的学习起点，也为后续讨论学习提供丰富的素材；活动二，引导学生建立电子计时与钟面计时的关系，建立钟面表象，发展空间观念；活动三，在进一步巩固电子计时与钟面计时关系的同时，强化空间感，培养学生的学习兴趣。因为每个活动环节都有全体学生参与的机会，也便有了"人人参与"的保障，同时也有了教师全面了解学生学习状态的可能。

（二）创造独立思考的条件，保证主体的参与度

独立思考既是学生思维能力发展的必要过程，也是课堂上学生思维成果交流的基础，是保证数学活动有层次、有深度推进的关键。学生在活动中的独立思考一般发生在两个节点上：一是自主探索过程中的独立思维活动，这个节点的独立思考由于各自的活动经验和认知基础差异，会表现出相当大的差异性，这种差异性也是后续交流的重要资源；二是在尝试成果交流后的思维活动，这个节点的独立思考重在反思，重在调整与认同。

仍然以《认识钟表》为例，来分析学生的独立思考状况。《认识钟表》这节内容的显性知识点是知道钟面的构成，了解钟面上时针和分针的关系，知道生活中表示时刻的记录方式——电子计时，理解电子计时与钟面计时的关系。而从思维角度来分析，这又是一个从观察到理解，从直接反映到间接反映的过程，是思维从实物形象逐步走向概念表象的过程。完成这样的过程，需要学生有深度的独立思考作保证。

活动时，学生自主探索过程中的独立思维活动，表现为在没有人帮助下

的个体思考。比如任务一中，学生在观察了一部分实物钟面后进行的尝试"画钟面"，需要其结合看到的实物钟面，独立分析钟面上的本质要素，去掉无关要素，在此基础上画出比较完整的钟面；任务二，同样需要学生独立思考短针（时针）与长针（分针）的作用，画准确相应的时刻，特别是在画"12:00"时，需要学生独立解决时针和分针重合的问题。

交流学习成果后的思维活动，则表现为同伴启发下的个体反思。期望学生同样表现得有成效，需要教师设计一些学生自我反思的环节，以保证学生自我比较、自我调整，激起学生反思性的思维活动，调整或完善自身的思维成果。如在交流所画的钟面时，请学生自我修改；当学生在做游戏时，又请学生自己调整；等等。这些活动的设计，很好地解决了学生思维过程中的偏差，这对于改善活动的效果，培养思维能力是相当有效的。

三、充分交流成果

课堂是学生学习与成长的场所，其思维能力的发展以及学习素养的提升，除了需要个体的努力之外，当然也离不开群体的互动与交流。因此，数学课堂上我们在关注数学活动中学生个体学习状态的同时，也需要在群体学习环境与师生、生生互动交流上下功夫，更好地提升活动效率，促进学生发展。从课堂实践来看，活动中的交流主要围绕学生尝试得到的学习成果来进行，包括正确的和错误的，也包括有待完善的。

下面分享一下《三角形认识》一课中关于"高"的学习活动与教学的过程（材料如图 2-16 所示）。活动要求：画出这些三角形中的高。[①] 完成后反馈交流讨论。

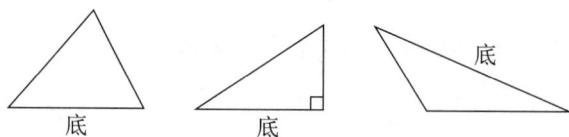

图 2-16

---

① 费岭峰，胡慧良.概念建构：一个表象建立和丰富的过程——"三角形的高"教学引发的思考［J］.教学与管理（小学版），2012（5）：35—37.

首先，针对锐角三角形交流画了 1 条高的学生作业，分为两个步骤：第一步，交流画得正确的作业，讨论两个问题：（1）为什么说画的这条线段是这个三角形的高？（关注定义解释）；（2）为什么要这样画？（强调画法）两个问题是相互补充的，目标是围绕"高"的定义中的核心要素"顶点到对边的距离"进行解释，建立起三角形"高"的正确表象。第二步，讨论画得不正确的作业，充分解读，说出错误原因，评价依据仍然是"高"的定义，从而引导学生建构起"高"的正确表象。

接着，针对锐角三角形中画了 3 条高的作业进行交流。交流过程包含两种情况：一是数量对，但画得不准确；二是数量对，画得也正确。讨论的核心问题是"为什么画了 3 条？"，意在把三角形的"高"与三角形的基本特征联系起来，完善认识。

然后，针对直角三角形中指定底边上作高的作业进行交流。先讨论交流错误情况（如图 2-17），抓住错误作业，引导辨析思考。点评错误时，始终引导学生围绕三角形"高"的定义进行分析。这样的分析过程，一来引导学生进一步理解高的定义，二来也让一些学生产生认知冲突。因为在直角三角形中，直角边上的高分别是另外一条直角边，学生只需画出一条与另一条直角边重合的线段即可，或者说根本就不需要画。因为另一条直角边完全符合三角形高的定义。因此，在学生能够判定错误情况时，呈现与另一条直角边重合的画法与没有画而直接在另一条直角边旁写上"高"的作业，顺势请学生判断，学生会有一种恍然大悟的感觉。随后以作业拓展来完善认识。直角三角形中画高的作业，不能仅仅止于画正确一条高。实践中，可以在完成了画指定底边上的"高"这个任务后，顺势引导学生思考"另外两条边上对应的高是怎样的"，使其最终认识到直角三角形也有相对应 3 组"底"和"高"，并清楚地知道某条直角边上的"高"是另外一条直角边。

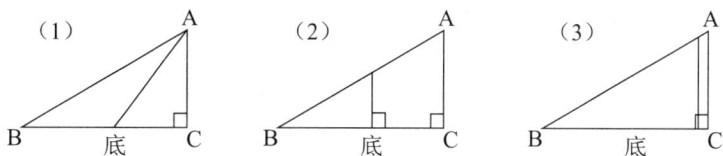

图 2-17

最后，交流钝角三角形指定底边上的高。先评改错误情况，即从钝角的顶点出发画出一条与某条短边垂直的线段，误作最长边上的高。然后交流画得正确的作业，由学生说画法，强化认识。

以上三角形"画高"的活动与教学过程，开展了"初步感知定义，建立正确的表象；辨析中逐渐理解定义，丰富表象；操作与解读中深刻理解三角形高的定义和高的特点，完善概念认识"三个层次的交流互动，遵循了概念建构的基本规律，印证了几何概念教学中表象形成与完善的重要价值，也体现了概念教学的一般规律，使其成为有意义学习的一个典型案例。

如今在新课程理念的指导下，教师有意识地关注了学生活动之后的课堂交流。但如何让活动交流更加有效，则需要注意以下两个方面：

1. 减少师生对话，增加生生互动。

新课程理念下的课堂，教师"满堂灌"的现象减少了，但"满堂问"的现象多了起来。而"满堂问"的课堂实质还是教师主宰的课堂。学生视角的课堂更应该关注学生间的对话。即教师更多地履行自己作为活动"组织者"、问题"协调者"的角色，尽可能将学生呈现的问题或材料作为"皮球"抛给学生，由学生帮助处理。主张课堂上生生互动，建设课堂学习共同体，以保证学生成为课堂活动的真正主人。实践中，我们可以采用大问题教学、小组合作学习等方式。如一位老师在《圆的认识》一课教学中，提供一个核心问题：车轮为什么要做成圆的？请学生结合这一个实际情境问题讨论交流，从而完成对"圆的特征"的认识，这不失为一种改变教师"一言堂"或"满堂问"现象的好办法。

2. 减少教师评价，增加生生评价。

很多时候，教师喜欢直接去评价学生的学习过程和结果，这样处理虽然让课堂教学时效高，但却容易强调评价的评定功能，淡化评价的"学习"功能。事实上，小学数学课堂活动中评价的价值，更应该体现在"学习"功能上。让学生去评价学生的学习过程或结果，一来评价者需要对呈现的结果有比较个性化的判定，有合理的解释；二来被评价者需要有对评价者的评价的再判定。这一来一去，就是一种学习的过程。应该说，学生在课堂上的学习，既包括任务完成的过程，也包括对别的学生的学习状况作出判断的过程。此时的评价，已经不是评定那么简单了，它已经承载了学习与发展的功能了。突出数学活动的课堂，以生生评价的方式促进学生主动学习、主动发展，值得我们教师努力思考与实践。

四、适时组织引导

所谓"教"，更多是指传授，即是已知者告诉未知者；"导"则是引导，启发诱导，即避免直接告诉，而是通过设问、质疑等方式激起学生进一步思考的兴趣，引导学生自我发现、自我感悟。事实上，一个人思维的激活需要一定的启发诱导。突出学生自主活动的数学课堂上，教师当然要减少直接的"教"，但必要的"导"仍然是不可缺少的。在学生学习的关键处，在问题讨论的争议处，在学习产生的疑惑处，以及在学习收获时的总结处，教师都有可能且必须作出适时的"引导"。

（一）关键处"导"

课堂学习是有核心目标，有重点和难点的。这些节点，便是课堂上学生学习活动的关键处。这些关键处，教师就有必要通过组织交流，或者引发深入探讨，使学生能够真正抓住重点，有效突破难点，达成活动的预期目标。

比如，在学习《分数除以整数》这节内容中，学生对"分数除以整数，可以用分数乘以整数的倒数"的理解，是存在差异的。有些学生能够说明，而有些学生则无法说明。因为这是本节课的重点，是每位学生都必须理解与掌握的，此时教师就需要给学生以引导。可建议学生用画图的方式，用数形结合的表达来理解这一核心知识点。如解释 $\frac{4}{5} \div 3 = \frac{4}{5} \times \frac{1}{3} = \frac{4}{15}$ 的算理时，可以用图 2-18 来解释。又因为"算理"的理解是重点，又是难点，所以在后续练习中，还可再次组织"看图变化的过程，列出相关算式"的练习，深入引导学生理解和掌握（如图 2-19）。

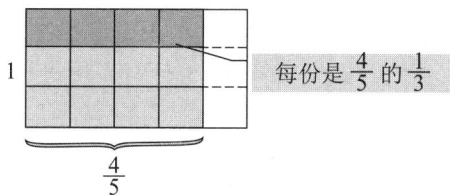

图 2-18

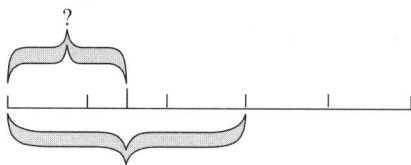

图 2-19

当学生看着图形变化的过程，既能列出算式 $\frac{3}{5} \div 2$，又能列出算式 $\frac{3}{5} \times \frac{1}{2}$ 时，这说明学生基本已理解了分数除以整数的算理了。

（二）争议处"导"

学生在课堂上敢于去争议，说明他们的思维已经被激活。此时，需要教师适时地加以引导，帮助学生通过争议后的统一，对相关知识技能理解与掌握得更到位。

比如《除数是整数的小数除法》一课中，当呈现了下面的两种算法后，学生对第一次除得的余数到底应该写成"15"还是写成"1.5"产生了争议：有同学认为该写"1.5"，有的则认为应该写"15"。因为对于学生来说，此处的写法对于计算结果是不会产生影响的，所以他们各不相让，都在坚持自己的想法。这个时候，教师如果轻易地给出结论，同意了不必写上小数点的一方，势必会造成另一方学生的反对（课堂上也确实如此，因为他们是不信服的）。

此时，如果教师顺势设计一个练习：在被除数的小数部分增加数位，让学生继续算下去，即在 11.5 的后面增加几个数字，将 11.5 变成 11.523……，组织学生继续除下去，相信认为"加小数点"的学生会产生不同的认识。因为如果每次余数都要写上小数点的话，碰到小数位数比较多的时候，会显得比较繁琐，有时还得添上许多的"0"。而数学应该是越简洁越好，在不影响结果的情况下，简约化的处理将更贴近数学的本意。这样的"导"，既能够让学生体会数学家研究出来的算法的精妙性，又能有充分的体验，为后续学习形成丰富的数学活动经验服务，既巧妙，又有效。

（三）疑惑处"导"

学习有疑惑，正是说明了学生有思考。思考是学生进一步发展的根本。新课程理念倡导学生独立思考解决问题，有疑惑先自主思考，再寻求帮助。课堂上，教师在学生产生疑惑处进行"引导"，便是一种为学生的学习提供帮助的典型体现。

比如在《角的度量》这节内容中，教材中提到了度量角的度数的工具——量角器。许多教师在教学这节内容时，把用量角器度量角的度数的方法作为学习的重点。事实上，学生对用量角器测量角的度数还是存在疑惑的。"为什么量角器可以测量角的大小呢？"有学生就曾经在课堂上提出这样的问题。这其实是学生对量角器的构造原理有了兴趣。此时，如果给学生以适当的引导，让学生了解量角器的构造原理的话，对学生使用量角器度量角的度数也是有帮助的。我们可以设计这样一个活动帮助学生理解量角器的构造。①

请学生认读量角器，然后引导讨论三个问题：表示角的大小是用什么单位的？量角器上的单位刻度在哪里？这个"1°角"又是怎么来的？其间，学生可以相互讨论，也可以查阅课本。交流时，可以用实物量角器上的数据说明，也可以借助多媒体演示"1°角"的产生过程（教师需要在课前预设好这个材料）。最后再讨论：我们知道了量角器是用半个圆制作而成的，那为什么量角器上会有两组数据？

这个活动的意图是就工具构造原理的理解以问题串的形式引发学生思考，改变了以往教学中仅仅以操作为目标降低数学理解与思考的成分，唤起学生对测量知识的理解经验。这样的学习过程，让学生经历了度量单位"1°角"的产生过程，使其更能体会度量单位"1°角"的意义，也为其用量角器正确度量角的度数积累了经验。

（四）总结处"导"

一线教师都有经验，学生学习数学时常会以解题为主，很容易忽视对方法过程、思维活动以及知识的梳理。实践中，突出学生自主活动的数学课堂上，不仅需要在学生的自主活动中有类似于"学有所得"的引导，同样需要在讨论交流时，设计一些总结提炼的环节，有意识地引导学生去总结提炼。

比如《小数点移动》这节内容的学习中，当学生以前面理解"0.1 是 0.01 的 10 倍"的方式解读了"0.01 是 0.1 的 $\frac{1}{10}$"时，便需要有对规律内涵的适度提炼。我们来看特级教师朱德江老师是怎样引导学生去思考与总结相应的规律的。②

---

① 费岭峰，胡慧良. 量角器："认读"，还是"解读"——由《角的度量》教学算片断引发的思考 [J]. 小学数学教师，2015（6）：57—59.

② 朱德江，费岭峰. 知其然，也知其所以然——《小数点搬家》教学案例 [J]. 小学教学（数学版），2013（1）：31—34.

用 PPT 呈现图 2-20，引导学生小结：你从这幅图中有没有看到"0.01 是 0.1 的 $\frac{1}{10}$"？

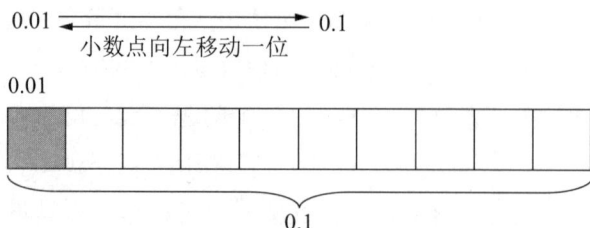

图 2-20

这是在学生以具体情境、小数意义、计数单位间的关系等方式理解了"0.01"与"0.1"之间关系的基础上呈现的，以图形直观的方式，让学生充分理解"0.1"与"0.01"之间的关系，得出"小数点向右移动一位，得到的数是原数的 10 倍；小数点向左移动一位，得到的数是原数的 $\frac{1}{10}$"的结论。老师还在引导学生以情境或计数单位解释理解"2.5"和"0.25"之间的变化规律之后，再次引导学生观察此图，此时 0.01 和 0.1 分别变成了 0.25 和 2.5（如图 2-21 所示）。朱德江老师以数学模型的方式帮助学生实现对"小数点移动"知识的结构化，让我们充分感受了数学学习的生动与深刻。

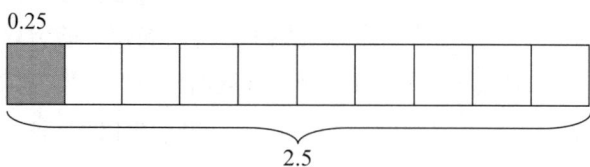

图 2-21

通过这样一个"形式化"的数学模型，帮助学生进行总结提炼，显然提升了学生的思维，使他们深刻理解不管什么数，只要是小数点向左移动一位，变化前的数便是 10 份，变化后的数即为 1 份，小数点向左移动一位，得到的数始终是原数的 $\frac{1}{10}$。如此引导学生总结规律的"导"的价值，体现得尤为突出。

第三章

"经历型"活动的设计与教学

前文已经对数学活动的内涵特征、设计要点与一些数学活动教学的关键技术进行了一定的阐述。但在实际的课堂教学中，数学知识类型的多样和数学学习目标的多元等因素，使我们在具体实施数学活动教学时，需要结合教学内容的特点与学习目标的侧重，设计不同类型的数学学习活动才能实现不同层次的数学学习目标。基于实践，我们提出了"经历型""体验型""探究型""创生型"等四种不同类型的数学活动。从本章开始，结合教学实例对这四种不同类型的数学活动作进一步分析。

第一节 "经历型"活动的内涵与特征

数学活动中的"经历型"活动，是针对于数学学习的过程而提出的。

"经历"，在《辞海》中的解释有三层意思：第一层意思解释为"历时"；第二层意思解释为"经过；指亲身经历过的事情"；第三层意思解释为一种官名。[①] 与学习相关的应该取第二层意思的解释。当然，在第二层的意思中，"经过"是从动词性质的角度来解释的，"指亲身经历过的事情"则是从名词性质的角度来解释的。在"360百科"上也能查到"经历"的相关解释，即：亲身见过、做过或遭遇过的事。这个解释与《辞海》解释中第二层意思的第二部分相类似。概括言之，我们可以这样理解"经历"的意思：经历是指某个主体经过某件事情的过程后形成的感性经验或认识。

"经历"同样是《课程标准》提出的"过程目标"的一个重要水平层次。我们把"经历"取向的数学活动，称为"经历型"活动，目的在于明确数学学习过程的重要性，放大数学学习过程，强调学生亲身经历学习的全过程，期望学生通过活动"经历"探究数学知识或解决问题的过程，从而获得一些初步的经验，形成一定的感性认识。简言之，"经历型"活动就是一种引导学生经历数学学习整个过程的活动，具有两个典型特点：

一是过程性。这是"经历型"活动的基本特点。没有过程，就没有经历。因此，在"经历型"活动的实践过程中，无论是探究数学规律，还是解决数学问题，拉长学生自主"探究"的过程或自主思考"解决"的过程，都是必不可少的环节。比如我们在前文说到过的一个案例——《商的近似值》的学习过程，便是一个比较典型地体现了"经历型"数学活动过程性特点的数学活动。

---

① 辞海编辑委员会．辞海（词语分册）[M]．上海：上海辞书出版社，1977：1245.

计算中出现了状况：150÷44，除不尽——问题产生；讨论解决办法：取近似值——提出解决问题的策略；学生尝试解决，出现了不同的结果——产生新的问题；讨论交流各自的想法，进行适当的调整——交流解决策略，形成结构性知识（取商的近似值的方法）。

在这样一个关于如何取"商的近似值"的活动中，学生经历了一个实际问题的"产生—抽象—解决"的全过程。过程中，学生始终是活动的主体，学习的主体，教师只不过做了一些组织、协调的工作。这就是"经历型"数学活动中过程性特点的典型体现。显然，因为有"经历"，有"强调过程"，通过这个活动学生获得的不仅仅是取"商的近似值"的方法，还收获了诸如碰到问题可以自己想办法，借助已经学过的知识解决的活动经验。

二是感受性。这是针对"经历型"活动对结果和过程两者关系的处理而言。新课程实施十多年来，很多老师已经树立了"过程本身也是一种课程目标"的理念。因此，强调活动过程中学生即时的感受，时时关注活动过程中即时的收获，同样是重要的。

比如在"加法交换律"和"乘法交换律"等一些学生经验相当丰富的内容的学习中，学生在理解上并不难。这一类内容的学习更多是引导学生"经历"一个规律抽象归纳的过程，让学生体会规律的抽象归纳需要"经过"哪几个基本环节，为后续学习"结合律""乘法分配律"等较为复杂的运算律奠定基础。因此，在学习过程中，让学生经历结合具体情境（如教材配图）引出 40+56=56+40，从结果看两式相等；再举例讨论其他一些类似的算式，从运算意义的角度解释相等，抽象成符号表征，即 a+b=b+a 等，引导学生在举例、解释、符号表征等环节，交流想法与感受，体会这些环节在规律抽象归纳中都是不可缺少的。充分感受是学生丰富事物知觉的重要过程，也是"经历型"活动的一大关键特点。

第二节 "经历型"活动的设计与教学要点

如果把"经历"单纯作为一个动词性质的词语来理解，那么依据新课程理念思考学生的数学学习，"经历"应该成为学生数学学习的基本方式。

"经历数与代数的抽象、运算与建模等过程，掌握数与代数的基础知识和基本技能。""经历图形的抽象、分类、性质探讨、运动、位置确定等过程，掌握图形与几何的基础知识和基本技能。""经历在实际问题中收集和处理数据、利用数据分析问题、获取信息的过程，掌握统计与概率的基础知识和基本技能。"[①] 这是《课程标准》在"总目标"的"知识技能"部分阐述的目标要求，涉及"数与代数""图形与几何""统计与概率"等三大领域的内容。其意思很明确地表达了，学生在义务教育阶段的数学学习中，"基础知识和基本技能"的学习，"经历过程"都是必不可少的环节与方式。

既然数学学习阶段的知识和技能学习都需要有"经历"的过程，那么在教学中，我们又该如何设计这种"经历"的环节？不同的知识类型，其经历的关键点又在哪里？围绕特定知识内容的"经历型"活动又该如何设计？这些问题都需要一线教师作深入的思考与实践尝试。本节就结合这些问题，以概念理解、法则建构和问题解决这三类小学数学学习阶段的基本内容为例作具体的分析与探讨。

---

① 中华人民共和国教育部. 义务教育数学课程标准（2011 年版）[S].北京：北京师范大学出版社，2012：8.

一、基于概念理解的"经历型"活动设计与教学

这里所说的概念，主要指的是定义、性质、特征或者特性等相关知识。在小学数学内容中，此类知识占了相当大的部分。我们知道，概念类知识，从知识类型"三分法"（梅耶，1987 年）来看，属于陈述性知识，是有关"是什么""为什么""怎么样"的知识。陈述性知识的学习更多是在"事物知觉基础上"作出的抽象表征，且表征的形式主要有四种：命题、表象、线性排序或者图式。[①]

应该说，在小学阶段，虽然有许多的数学概念还属于数学学习的起始阶段的初步认识，小学生通过后续学习会进一步完善、严密起来，但这并不等于说这样的概念就不需要理解。相反，在数学概念认识的初始阶段，如果能够给学生以更多的知觉机会，经历事物知觉的过程，对其后续学习严格的数学概念、完整地认识概念、理解概念，都会有很大的帮助。因此，设计帮助学生经历从"事物知觉"到"抽象表征"的活动（如图 3-1），在学生概念理解的初始阶段必然会起着重要的促进作用。

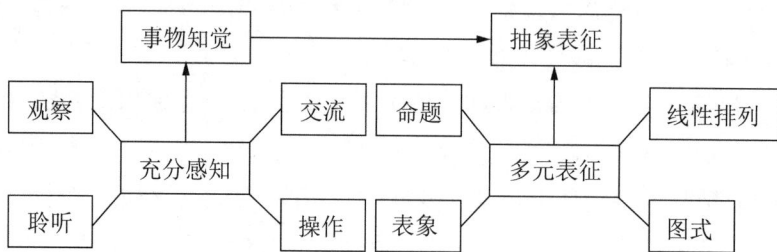

图 3-1　学生概念学习的建构模型

那么，基于概念理解的"经历型"活动怎样设计呢？教师又该做怎样的引导呢？如何帮助学生充分感受呢？以下两个方面的设计要求，教师需要予以关注。

[①] 吴庆麟，胡谊.教育心理学——献给教师的书［M］.上海：华东师范大学出版社，2003：167.

（一）关注活动经历的多层次设计，让学生对概念的形成从模糊到清晰

因为"经历"强调的是"过程"，所以在数学概念学习中，引导学生经历概念理解过程时，需要考虑数学活动的多层次设计。教师要在组织引导中抓住活动的层次，从而于纵向层面帮助学生经历概念形成的过程。比如前文谈到过的特级教师朱国荣老师执教的《分数的再认识》一课中，课始用 9 个 ○ 请学生任意选择一些○（可以是全部）表示出 $\frac{1}{4}$。这个活动既有利于教师了解学生对分数的认识经验，也有助于教师在反馈环节选择典型材料做有层次的展示交流。比如用 1 个○表示出了 $\frac{1}{4}$，作为第一层次进行交流，起到复习作用；用 4 个○表示出了 $\frac{1}{4}$，作为第二层次进行交流；用 8 个○表示出了 $\frac{1}{4}$，可以作为第三层次进行交流；第四层次则对用全部 9 个○表示出 $\frac{1}{4}$ 的材料进行交流。这个活动，仅用一组学习材料，就充分引导学生经历了"分数意义"中单位"1"从表示一个物体上升到可以表示一群物体的过程，可以说是过渡自然，思维路径清楚明晰，学习效果又比较好。

当然，基于概念理解的"经历型"活动的层次推进清晰分明，有时需要教师在一些细节环节的处理上做到位，做到"心中有目标，过程才能抓得牢"，不然就可能失去该活动应有的效果了。

曾经有老师在执教《四边形的认识》一课时，设计了一个"猜图形"的数学活动。[①]

活动要求：请你猜一猜，图中（图 3-2）遮住的是一个怎样的四边形？

课堂上，活动被安排在例 1"了解四边形的基本特征"、例 2"知道四边形中还有如长方形等特殊的四边形"等新知探究及一些基本练习之后。从呈现在屏幕上的四个备选答

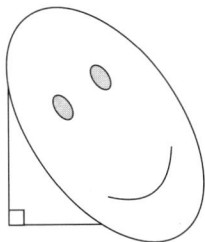

图 3-2

---

① 费岭峰，胡慧良 . 基于数学思考的"猜"才有教学价值——对《四边形的认识》教学片段的思考与改进［J］. 小学教学研究（教学版），2014（1）：38—42.

案来看，教师是把它作为了一个提升练习活动。课堂上，学生猜出了多种结果：有的说是长方形，有的说是正方形，有的说是一般四边形，还有的说是凹四边形。现场气氛颇为热烈。但总体分析，此活动由于层次感不强，对于巩固对四边形特征的认识意义不大。如果是出于引导学生进一步认识一些特殊四边形（如长方形、正方形、梯形、平行四边形等）的特殊性，活动可以调整为三次"猜"，设计成三个层次的讨论交流活动：

第一次"猜"，根据图 3-2，请你猜一猜遮住的是一个怎样的四边形？

因为此时只提供了一个直角，结果会出现多种：长方形、正方形、任意四边形（包括凸、凹四边形）、直角梯形等，使学生体会到，只根据一个"角"是无法判定一个四边形的形状的。活动时，教师也不必作太多的追问引导。

第二次"猜"，观察材料变成图 3-3。问：现在你能判断遮住的是一个怎样的四边形吗？

因为此时能够观察的材料有两个直角，一组平行对边，所以结果可能是：长方形、正方形、直角梯形等，引导学生体会，根据"角"和"边"的特点，从两个纬度来判定一个四边形的形状，较之前面有了一定的方向。

图 3-3

第三次"猜"，观察到的部分增加，变为图 3-4。

此时能够观察到的材料中有两组平行线，三个直角（其实可以判定四个角都是直角），所以结果会有两种可能：长方形、正方形。当然也有观察能力强的学生直接就认定，只有一种可能：正方形。

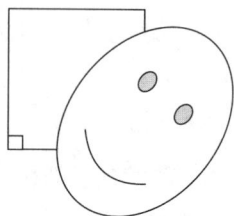

图 3-4

应该说，此活动与原活动相比较，使用价值已经有了很大的提升，学生的三次猜测，如同经历了一次概念内涵不断增加、外延不断缩小的概念形成的过程。很显然，这样的过程既是一个学生空间观念培养的过程，也是一个很好的发展学生逻辑思维能力的过程。

事实上，数学活动中，无论是活动材料的展示，还是活动成果的交流，唯有遵循一定的层次来推进，学生对概念理解的"经历"才会更有逻辑性，也才能更体现活动的价值。

（二）关注活动感受的多维度设计，让概念的理解从初识到深刻

活动的多层次推进，关注的是经历过程的深度。活动的多维度设计，关注的则是经历过程的广度。也就是说，在"经历"活动的过程中，既要帮助学生经历全过程，又要引导学生多角度参与活动，多通道经历，使其获得更为丰富的感性认识，这对深刻理解数学概念有很大的帮助。

我曾在《长方体的认识》一课中，围绕长方体的认识，设计了"搭长方体"和"给长方体糊面"两个维度的数学活动。[①]

活动一：搭长方体。

师：用小棒搭一个长方体，请你思考一下，要几个接头？几根小棒？小棒的长度有什么要求？

学生思考后（不交流），请学生观察提供的学具：提供的材料能否搭出长方体？（提供的材料中有缺接头的，也有缺小棒的。）

抓住搭不出的，说说问题在哪里？

情况一：不够12根小棒的组。（边不够）

情况二：12根小棒不能分成三组。搭出来后有"面"不是长方形。

交流分析后得出：搭一个长方体，需8个接头（即八个顶点）；12根小棒（即12条棱），每4根1组，分3组。

师：刚才4根一组的小棒分别搭在哪里了？

研究每4条棱的位置，得出相对的4条棱的长度相等。

经历"操作"活动探究12条棱的特征，真正要实现的是学生思维的提升，是学生对"长方体"这一空间图形表象的建立。活动过程中，在注重让学生经历的同时，要抓住引导学生"思考"这一关键点：搭之前的思考、观察小棒过程中的思考、对为什么需要分成3组相等长度小棒的思考，等等。经历这些问题的解决过程，正是学生建立对长方体的空间表象的重要过程。

活动二：给长方体糊面。

师：要想给这个长方体糊面，想一想，要糊几个面？（6个）要糊面，得

[①] 费岭峰，胡慧良．凸显数学学习过程的生长性［J］．教学与管理（小学版），2013（20）：36—38.

知道这些面的大小，你用什么方法来知道这些面的大小呢？（量）

师：你准备怎样量？

学生思考交流后反馈：

（1）要量 12 条棱的长度。

（2）只需要量 6 条棱的长度（问：为什么只需量 6 条棱的长度就可以了？得出：相对面的面积相等。）

（3）只量 3 条棱的长度（引导全体学生思考：为什么只量 3 条棱的长度，就可以知道所有面的大小了？）

讨论：所量 3 条棱的特点——交于一个顶点的三条棱。

说明：这样的三条棱的长度分别叫长方体的长、宽、高。

　　糊面活动也是把研究面的特征置于一个具体的问题解决中。在操作方式上，引导学生"量"只是一个假定的操作活动，其实是一个引发数学思考的过程，其真正目的是理解"面"的特征。同时，引导学生用"量"的方式思考"面"的特征，也是进一步强化学生对长方体"棱"的特征的理解。这是一个渗透了经历长方体基本性质理解的教学设计，即长、宽、高决定长方体的大小。

　　数学学习过程的生长性，不仅仅体现在知识的累加上，同样体现在经历之后活动经验的获取上，思维能力的发展上。以上两个活动，无论是"搭长方体"，还是"给长方体糊面"，都是引导学生经历研究长方体特征的活动过程，只不过视角不同、维度不同。"搭长方体"活动中，通过三个关键性问题的讨论，学生"经历"的是对长方体"棱"的特征的认识与感受；"给长方体糊面"活动中，通过一个关键性问题"怎样量"启发学生思考，学生"经历"的是对长方体"面"的特征的认识与感受，且还有对长方体"棱"与"面"之间的关系的体会。两个活动的"经历"，帮助学生真正把握了长方体的特征。

《轴对称再认识》教学实录与简析 ①

教学实录

环节一：揭题唤起回忆，图示激活经验认知

（课始直接揭题：轴对称）

师：今天我们要学的内容是轴对称。以前学过吗？

生："对称"学过，"轴对称"没学过。

师："对称"是什么时候学的？

（有的学生说是三年级，有的学生说是二年级。）

师：我记得你们应该在二年级的时候学过"对称"。那么，在你们的印象中，怎样的图形才是对称的？

生：一个图形折成两半，是相同的。然后每一半的每个部分与另一半是一样的。

师：这是他的印象。有谁还有不一样的印象吗？

生：一个对称的东西，长短相同，粗细也相同。

师：我知道你们头脑中已经有对称的印象了。现在请大家来看几幅图。你们想的对称是不是这样的呢？

（多媒体呈现材料，如图 3-5 所示）

师：这是对称图形吗？

生：是的。

师：这些图案有什么共同点？

生：分成两部分后，是一样的。

图 3-5

---

① 《轴对称》这节内容，最早在浙江省嘉兴市名师课堂教学研讨活动中作了展示，2008 年又在浙江省小学数学第十二次学科培训会上作了展示，曾受邀在省内外多地教学研讨活动中作交流。《轴对称再认识》的实录是以全国小数名师四大领域教学观摩研讨会上的教学为蓝本所作。采用教材：北师大版课标实验教材；教学对象：四年级；上课地点：吉林长春。

生：对折后，两部分是一样的。

师：你们说，这些图案对折（多媒体呈现各自的对称轴）后，两部分会一模一样，而且合起来的时候，它会完全——

生：重合！

（教师结合学生的回答，板书：完全重合。）

师：如屏幕上的几个图案，对折后，两部分折起来完全重合的现象，叫轴对称。今天我们学习与"轴对称"有关的知识。

[说明] 学生二年级的时候已经学过"对称"的知识，已经有了一定的直观经验。于是直接切入课题，唤起学生的认知经验，不拖沓。

环节二：结合平面图形讨论，初步感受轴对称的特征

师：刚才屏幕上呈现的对称图形，都是些图案。那么，在数学中有没有哪些图形也是成轴对称的呢？

（学生略作思考后，陆续举起了手。）

生：长方形两部分折起来也是对称的。

师：这位同学说的你们同意吗？

生：（齐）同意！

师：（取出准备好的一张长方形纸，呈现在黑板上后，继续问）还有吗？

生：三角形也是对称的。

（教师取出准备好的一个三边都不相等的任意三角形。有学生马上表示反对：这个是不对称的。）

师：刚才这位同学不是说了吗，三角形也是对称的啊！那为什么这个三角形就不对称了呢？

（学生思考一会儿之后，再请学生确认：谁来想办法说明这个三角形到底是对称的，还是不对称的？）

生：把它折起来，看看两部分是不是重合。

[教师请这位学生演示给全班学生看。这位学生展示了一种对折的情况，全体学生能够清楚地看到，两部分没有办法重合。教师也适时地给予了补充：我们还可以试着这样折（换了几种对折的方法）。全体学生最终确认：这个三角形不是轴对称图形。]

师：那这位同学说的三角形是对称的，说的是——

生：三条边一样长的三角形。

师：三条边一样长的三角形是什么三角形？

生：等边三角形。

师：老师这儿有一个等边三角形，请你来说明，它怎么就是对称的呢？

（教师取出准备好的等边三角形纸片，请一位学生操作确认：对折后，两部分确实能够完全重合，说明这个三角形是轴对称图形。）

师：这样的图形多吗？（学生说多）那就请你把想到的图形告诉你的同桌吧。

[学生同桌交流（用时半分钟左右）。随后老师与学生一起交流结果。]

师：我听到你们说得最多的就是——圆。是的，这个圆随便怎样对折，两部分都能完全重合。（边说，边把它呈现在黑板上。然后利用多媒体呈现一个等腰梯形。）

师：那这个图形呢？

生：（齐）梯形。

师：我们知道，这个等腰梯形也是一个轴对称图形。这说明它折起来两部分会完全重合。你觉得该折在哪个地方呢？

生：把等腰梯形的两个底角的顶点盖在一起压一下。

师：你讲得真清楚！可是现在这个梯形在屏幕上拿不下来。你能指出来，这条折痕会在哪个地方吗？

（一名学生指出折痕的位置）

师：你能告诉大家，折痕为什么会在这个位置？（学生用手在"上底"这条边上指出一个点，这个点大致在上底的中点位置）你有什么办法来确认这个位置是对的？

生：只要量一下这条边的长度，然后找到这条边的中心点。

（教师在屏幕上演示画出对称轴）

师：这条线叫什么？

生：中心线。

师：在轴对称图形中，我们把它叫作对称轴。（板书：对称轴）

[说明] 二年级时学的"对称"，材料更多是图案，而平面图形中许多都是轴对称图形。用平面图形作为学习为材料进行探究，一来进一步体会图形成轴对称的特征，二来也是引导学生"经历"深入认识平面图形特征的新视角。

环节三：想象与操作结合，初步感知轴对称的本质特征

（以屏幕上的等腰梯形为材料，先请学生想象。）

师：同学们，我们已经知道这个等腰梯形是对称的。现在请你看着屏幕想象，等腰梯形的这一边（指着对称轴左边部分）转过来，这一边与另一边肯定是完全重合的。那么，现在有一个 A 点，肯定能够在另一边找到与它重合的点。现在问题来了，这个与 A 点重合的点在哪个位置呢？

（学生思考一会儿之后，教师请学生答。）

生：在 A 点的对面。

师：这样吧，老师给你提供一些帮助（多媒体呈现方格背景图，见图 3-6），现在你能说明白了吗？

（学生小声议论后，反馈。）

生：在右边两格的地方。

师：你的意思是说，与 A 点重合的

图 3-6

点，是对称轴右边两格的这个点吧（边说边在这个点旁标注字母 A'）。我们可以标注为 A'。这个点就像 A 点的兄弟，我们就说 A' 是 A 点的——

生：对称点。

师：是的，就叫 A 点的对称点。（板书：对称点）现在，我们找到了 A 点的对称点 A'。那么，你能找到 B 点（梯形左下角的顶点）的对称点吗？

生：对称轴右边第 4 格的地方。

师：你指的是从这条边（梯形下底边）看过去的第 4 格的那个点吗？（标上 B' 点）如果有一个点 C 点在这里呢（见图 3-6），它有对称点吗？如果有，又会在哪里呢？

生：在对称轴右面 3 格的位置。

（多媒体动态演示：从 C 点出发画对称轴的垂直线段，然后延长，并取等长的距离，找到 C' 点。接着利用多媒体，呈现第 4 个、第 5 个在左侧部分的点，有的在格点上，有的则不在格点上。请学生想象这些点的对称点分别在哪些位置。有集体回答，也有个别回答。）

师：通过刚才的观察想象，你有什么想说的？

生：轴对称图形两边完全重合。

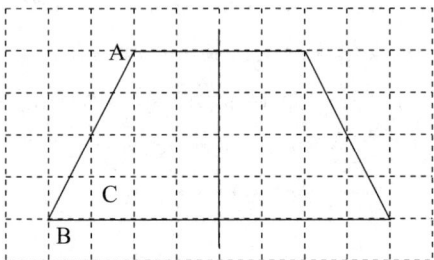

生：轴对称图形一边的点，都能在另一边找到对称点。

师：（顺着学生的回答强调）只要是轴对称图形，就像这个等腰梯形，左面所有的点都能在另一面找到它的对称点。也就是说，轴对称图形中肯定有对称轴，还肯定有一组一组的对称点。

[说明] 借助等腰梯形经历找对称点的过程，深入认识轴对称图形的特征，体会轴对称变换其实也是一种点的运动规律。

环节四：经历找对称点的活动，进一步体会轴对称的本质特征

（多媒体呈现一个长方形）

师：我们已经知道，长方形也是一个轴对称图形。如果在这个长方形中有一个 A 点（如图 3-7 所示），你能找到它的对称点吗？

图 3-7

生：能！

师：那就请你完成在练习纸上吧。

[学生自主活动（用时 1 分钟左右）。教师巡视选择典型材料。]

[反馈：讨论第一份材料（如图 3-8 所示）。]

师：这位同学，你能说说，你是怎样找到 A 点的对称点 A′ 点的？

图 3-8

生：把这个长方形折过来，这个点与它是对称点。

师：我想问一个问题，你找到了 A′ 这个点与 A 点是对称点，我没有看到对称轴啊，你想的那条对称轴在哪里呢？

（这位学生上来指出纵向位置的对称轴，教师帮忙添上这条对称轴。）

师：与这位同学想法一样的同学，请你举一下手。

师：真好！正是根据这条对称轴，我们找到了 A 点的对称点 A′。这也是我们许多小朋友的想法。现在，有一位小朋友是这样找的（呈现第二份作业材料，如图 3-9 所示），他写了两个 A′ 点。这是怎么回事？我们来听听他的想法吧。

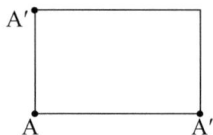

图 3-9

生：因为这个长方形可以有两条对称轴。

师：你能上来指给大家看看吗？同学们，如果你们同意他的想法，请你们给他掌声。

［这位学生结合自己的作业，指出了长方形中两条对称轴的位置（纵向和横向），其他学生的掌声响起。说明好多学生认同了他的想法。］

师：（引导深入认识）以竖着的对称轴来看，A 点的对称点就是右边的那个 A′ 点；以横着的对称轴来看，A 点的对称点就是上面的那个 A′ 点。这位同学真厉害，他在这个长方形中找到了 A 点的 2 个对称点。我们再次给他掌声。

（学生鼓掌。接着讨论第三组作业材料。）

师：还有一位同学是这样找的（见图 3-10）。老师有点不明白了，不知你是怎么想的，你能跟大家说说吗？

（这位学生口语表达不是很好，没有讲得太清楚。于是教师追问了其他学生：有谁看明白这位同学的想法了？）

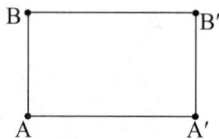

图 3-10

生：我看明白了。她是 A 点找完了，又找了 B 点的对称点。

师：这样找的话，对称轴在哪里？

生：是竖着的。

师：你真厉害，能看明白别人的做法。谢谢你！还有不同的方法吗？

［学生不再有应答。于是，教师提出新的问题：这个长方形中还有一个点（指着右上角的点），这个点是不是 A 点的对称点呢？有学生说是的，有学生说不是，产生了争议。］

师：请说明理由。

生：因为它不对称。

师：为什么？我们不是可以沿着这条线对折的吗？（对角线）

（教师请一位学生上来用实物长方形纸片演示操作，确认沿着这条线对折后，两部分确实不能完全重合，所以这个点不是 A 点的对称点。）

师：现在，我们可以确认，在这个长方形中找 A 点的对称点，能找到几个？

生：2 个。

师：为什么？

生：因为长方形只有 2 条对称轴。

［呈现一个正方形，确定左上角的点为 B 点（见图 3-11）。］

师：那我们来看，在这个正方形中，B 点的对称点又有几个呢？分别在哪里？你能指出来吗？同学们先思考一下，再与同桌

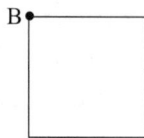

图 3-11

说说你的想法。

［学生同桌交流（用时1分钟左右）。讨论交流后反馈。］

生：B点的对称点有3个。

（教师请学生在屏幕上指出来。这位学生指了其他3个顶点。）

师：有不一样想法的吗？

生：B点的对称点应该有4个。

师：说说你的理由。

生：因为正方形有4条对称轴。

师：你能指出它们分别在哪里吗？

（这位学生用屏幕上的正方形，分别指出了横、竖与对角线4条对称轴。许多学生表示反对。因为以过B点的对称轴来看，是找不到B点的对称点的。）

师：这也是你们认为B点的对称点只有3个的理由吧。其实这个点也是B点的对称点。当把过B点的对角线作为对称轴时，B点的对称点就是它本身。（边说明，边结合正方形纸片演示。）

师：（引导作环节小结）同学们，通过刚才的学习，我们已经知道了一个轴对称图形，有对称轴和对称点，而且这些对称点与对称轴又是有着很大的联系的。当一个图形有几条对称轴时，不同的对称轴会使一个点的对称点在不同的位置。

［说明］借助长方形和正方形中对称点的对应问题，经历轴对称图形中称点与对称轴之间关系的认识过程，深刻体会轴对称的本质特征。

环节五：结合问题解决，在应用中深入体会轴对称的本质特征

师：我们已经再次认识了轴对称，知道了轴对称图形中对称点的特点。现在就用这些知识来解决一些问题吧。

活动一：在方格纸上画出轴对称图形的另一半。

［材料见图3-12。在练习纸上，学生自主完成。老师巡视收集典型作业。］

（反馈交流）

师：刚才画之前，你有先想怎么画吗？

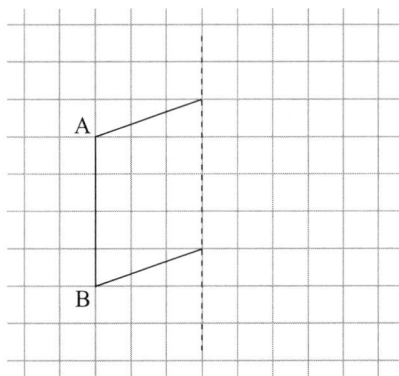

图3-12

生：（齐）想过。

师：老师现在想请几位同学上来介绍一下自己是怎么画的。谁愿意上来展示介绍就自己上来吧。

[第一位学生的作业展示（正确的作业，如图3-13所示）]

师：认为他讲的跟你的想法一样的，请给他掌声。

生：（结合自己的作业，介绍画的过程）先看A点，离对称轴3格，在另一边也去找3格，找到A′点。再用这种方法，找B′点。（学生掌声响起）

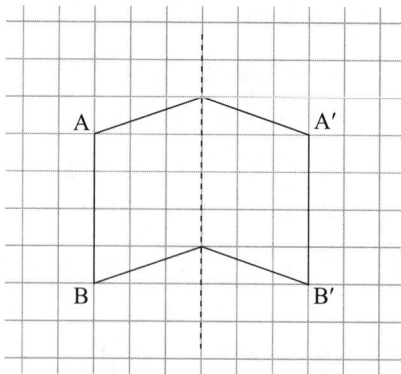

图 3-13

（第二位学生画的结果与第一位学生是一样的，但他说方法不一样。）

生：我先找了上面这条线在对称轴另一边的位置，然后找到A′点；同样的方法找到B′点，再把这两个点连起来。

（第三位学生画的结果也一样，介绍时，同样先去找A点和B点的对称点后，再连起来。）

师：（引导小结）画这个轴对称图形的另一半时，大多数同学是先找到A点和B点的对称点A′点和B′点，再用线把对称轴上的点和这两个点连起来就行了。

[讨论典型错误（如图3-14所示），教师先呈现这种结果，然后组织交流。]

师：和她画得一样的，请举手。（全班大约有7到8位学生是这样画的）。你们又是怎样想的？请介绍一下想法。

生：我先量了一下A点到对称轴的这条线段的长，然后就在另一边画一条一样长的线段。下面的也是这样量一下，再画的。然后把它们连起来。

师：这样画，你们认为可以吗？请你们想象一下，这样画，把原来那一半沿对称轴折过去，两部分会重合吗？

（有学生认为重合，有学生认为不重

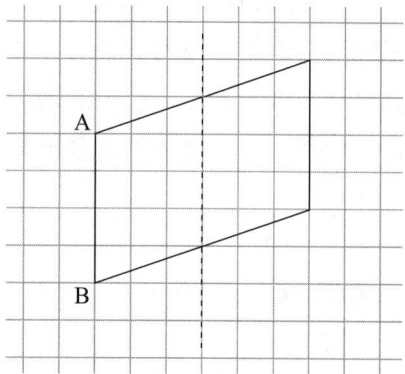

图 3-14

合，再次产生争议。）

师：（拿出实物平行四边形，通过直观操作让学生感知。）这样折过去，A点会不会出现在这个图中所画的位置？

生：不可能。

师：（再次演示，确认A点不能与现在这个图中所画的右上面的那个点重合。）也就是说，现在图中右上角的顶点，是不是A点的对称点？

生：不是。

师：这说明，这样画，有没有画出轴对称图形的另一半？

生：没有。

（当确认这样画不对之后，教师请这位错误的同学订正。这位学生正确地指出了A点对称点的位置。这个时候，教师将这个环节延伸了一下：其实这位同学画出来的图形，就是平行四边形。那么，平行四边形到底是不是轴对称图形呢？）

（有好多学生认为不是）

师：为什么？请你折折看，能找到对称轴吗？

生：找不到。

师：因为在平行四边形中找不到对称轴，可以肯定平行四边形不是轴对称图形。所以这位同学画了一个平行四边形，怪不得错了呢。

活动二：在方格背景下画出以直角三角形的某条边为对称轴的另一半图形。

师：同学们，刚才我们在方格纸上画轴对称图形的另一半，其实还是比较简单的。想不想挑战一下自己，来一个难一点的问题？

生：（齐）想！

［呈现任务：以直角三角形的某一条边为对称轴，画出它的另一半（如图3-15所示）。］

［学生自主活动（用时3分钟左右）。教师巡视指导，收集典型作业。］

（反馈交流）

师：我们来欣赏一下同学的作业。

［教师一起呈现了学生的三种作业情况（如图3-16所示），提出交流要求：说说分别是以哪一条边为对称轴的？有没有什么建议？］

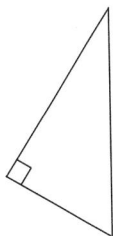

图 3-15

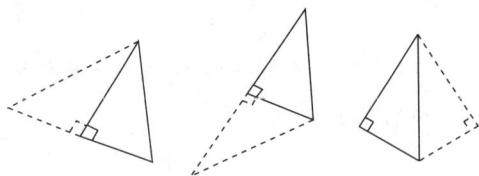

图 3-16

（一名学生上来很轻松地指出了三种情况分别依据的是哪一条边作为对称轴，教师随之引导讨论画法。）

师：老师想请这样画（第一种情况）的同学来介绍一下他画的时候是怎么想的。

生：先在另一边画一条与它一样长的线，再与上面的点连起来。

师：以这条边为对称轴画，与这位同学的想法一样的，请举手。

（将近三分之一的学生用了这种画法。随后，教师请了一位学生说说第二种画法。方法基本与第一种情况差不多。）

师：这一种画法（指第三种情况），我们来请画的同学说说想法。

（这位学生结合图示作了说明：先量出直角顶点到斜边的长度，再在另一边画同样长度的线，找到一个点，再连起来。）

师：你是找了这个点（指直角顶点）的对称点，再连起来的。同学们，我们一定要给这位同学竖大拇指。他太棒了。在没有方格纸的情况下，要找出这个点的对称点，是很难的。

生：（齐）棒！棒！你真棒！

师：和他一样画的还有吗？（发现一位学生举了手）请你来展示一下。

生：（展示作业，图中明显标上了一些数据）我是先量出了原来两条边的长度，然后在另一边画了两条同样长的线段。也就找到了对称点。

师：他的方法也是可以的。实际上，我们很多同学在解决这个问题时，都在努力地找到关键点的对称点。这样画起来就比较容易了。你们真棒！

[说明] 经历方格纸背景下和无方格背景下的画轴对称图形的另一半两个层次的实践活动，帮助学生积累丰富的轴对称图形认识经验。

环节六：小结

师：这节课我们学习了什么？

生：对称。

师：关于对称你们二年级就已经学过了，今天又有什么新的收获？

生：今天学的是轴对称。

生：我知道了轴对称有对称轴和对称点。有些对称点还不止一个。

生：我学会了在方格纸上画轴对称图形的另一半。还学会了没有方格纸，也能画。

（结课）

简 析

1. 顺应认知经验，引导学生经历基于经验生长的学习过程。

轴对称变换是一个动态的过程，这给学生的认识带来了一定的困难。然而，学生对轴对称图形又有着相当丰富的感性认识。本节课的整体观察主要体现在两个层面：一是平面图形的整体分析与判断，有利于学生以是否"具有轴对称性质"的标准对小学阶段所学的平面图形作一个整体的回顾；二是对具有轴对称性质的单个图形进行观察，进一步把握该图形的要素特征。很多学生能够清楚地知道，如长方形、正方形、等腰三角形、等边三角形、圆等平面图形是轴对称图形，因为这些图形对折后，两部分是完全重合的。

逐步抽象则表现为教师适时引导学生思考图形中的某些元素是如何来体现轴对称的特点的，如"找出等腰梯形中的对称点""找长方形中 A 点的对称点"，等等。通过这样的交流，引导学生经历了抓住轴对称图形本质特征的过程，为后面深入理解"轴对称"的性质打下基础。

2. 注重实践活动，引导学生经历图形运动特征具化的过程。

实践表明，在《轴对称》一课的教学中，让学生画出变换后的图形是有一定的难度的。然而，本节课中"画"又是学生必须经历的，"让学生动手画图可以反映学生对几何概念的理解"[①]。于是设计有方格背景的操作活动，突出对对应点的分析，强调直观，弱化抽象。同时教师在教学中，立足于引导学生对"画的过程"的反思，让学生对轴对称变换的基本特点进行再思考，从而加深

---

① 孔企平. 小学儿童如何学数学［M］.上海：华东师范大学出版社，2001：98.

对轴对称变换基本要素的认识，提高学生的数学认知水平。

当然，基本活动设计中，除了一定的动手操作之外，合理地想象也是一种基本策略。如在"以直角三角形某条边为对称轴，想象变换后的图形"的练习中，既巩固了轴对称变换的基本要点，同时也有意识地培养了学生的空间想象能力。

3. 关注数学本质，引导学生经历概念理解水平提升的过程。

作为一节"图形与变换"课，学生间的差异还是比较大的。特别是在"去方格"条件下画出轴对称图形的另一半，学生间的差异更大。于是，本节课出于对不同层次学生的发展考虑，最后把以"直角三角形"某条边为对称轴，画出轴对称图形的另一半分为两个层次进行。

层次一：以两条直角边为对称轴，画出另一半。完成这个任务相对比较容易，因为有三角形原直角作为基础。

层次二：以斜边为对称轴，画出另一半。完成这个任务则颇为不易了，需要学生先从直角顶点向斜边作垂直线段，还得量出这条线段的长度，然后在其延长线上截取同样长的距离，确定直角顶点的对称点，最后连接成另一半的图形。

层次一，画出以直角边为对称轴的另一半，只需知道对称点到对称轴的线段长度相等即可，可以作全面要求；层次二，画出以斜边为对称轴的另一半，不但需要理解对称点到对称轴的线段的长度相等，还必须理解这是两条在同一直线上的垂直线段，应用的是"距离"的概念。当然，这样的理解在小学阶段只需学生意会即可，还不需要用清晰完整的语言来表述，且无需作全面的要求。

二、基于法则建构的"经历型"活动设计与教学

本章中所指的"法则"，主要是指四则运算（包括四则混合运算）的规则。我们知道，"在定义自然数的同时也定义了加法运算。在加法运算的基础上，产生了减法、乘法和除法运算，统称为四则运算"[①]。四则运算是有规则的。比如加法，笔算时，"相同数位上的数对齐，满十进一"，这就是基于"十进制位

———————

① 史宁中. 基本概念与运算法则［M］.北京：高等教育出版社，2013：20.

值原则"基础上归纳得到的加法笔算的法则。对与《课程标准》配套的人民教育出版社编写的小学数学教科书中的内容进行初步的统计了解，关于四则运算（包括整数、小数和分数中的四则运算）的内容，在小学阶段的课时数占比为41%。可见，数的运算内容是小学阶段基础性的内容。

研究运算规则学生是怎样学习的，教师又该设计怎样的数学活动，有着极为重要的现实意义。在传统的运算教学中，更多是把"运算法则"的教学作为一种结果来讲授，然后又当作一种技能来训练。诚然，这样的教学，对于学生了解运算规则，熟练运算技能，是有一定的好处的。但对于学生结合运算规则的学习，发展数学素养则是不太有利的。新课程理念下，对运算规则学习的意义在观念和实践层面上都已经发生了很大的转变，十分强调"运算"学习应该把握运算意义、运算规则、运算规则形成的过程以及结合规则运用解决一些实际问题等四个方面的内容，恰当处理好四者之间的关系，让学生充分经历运算法则的形成过程，培养学生的数学思维能力和综合素养。以下是我们探究形成的运算法则"立体"建构的模型图（图3-17）。

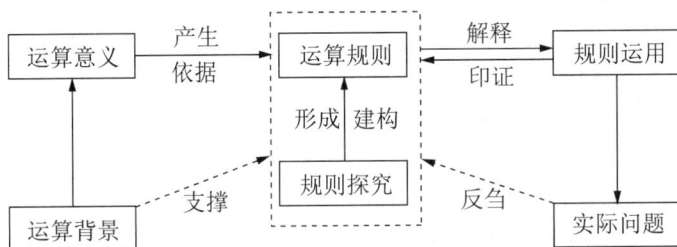

图 3-17　运算法则"立体"建构模型

从图中可以看出，新课程理念下的运算法则学习，其实是一个"立体"建构的过程。通过规则探究形成建构运算规则的过程是运算法则学习的重点内容，也就是说，运算法则的形成不仅是一个结果，还是一个基于规则探究的过程。学习运算法则，不能只停留于结果，还需要理解算理（即为什么可以这样算的道理）。法则的建构需要有从运算意义出发的产生与建构依据，也可以从形成运算的"运算背景"中去寻找相关支撑的理由。当运算规则初步形成之后，需要结合一定的练习加以解释与运用，从而印证、完善运算规则。而应用运算规则解决实际问题，有利于运算规则的进一步完善与优化。

当学生经历了以上运算法则"立体"建构的过程后，其习得的不仅仅是计算技能，还收获了更为有价值的数学理解、逻辑思考的方法与经验，当然还有解决问题的能力。因此，引导学生"经历"运算法则"立体"建构的过程，是新课程理念下法则学习有别于传统教学的最大区别。

从以上模型图还可以看出，引导学生"经历"法则建构的过程，不是单通道的，而是多通道的。因此，设计"立体"建构运算法则的数学活动，一般需要把握三个方面的要点。

（一）设计引导学生经历基于"形式探究"的规则创造过程，体会规则创造的意义与价值

有人说，运算规则就是一种规定，没有必要探究，只需告知就行了。这种认识当然是片面的。运算规则是一种规定，但这种规定是人类经过长时期的运算实践后形成的运算过程表达方式，特别是笔算过程——竖式，其作为笔算过程的外在表现形式，除了表达相应的运算算理之外，还反映了不同运算的运算特点，体现着人类解决问题的方法意识。可以说，运算规则是人类智慧的结晶，也是人类充满着思考力的体现。引导学生经历规则"探究"的过程，感受规则创造的过程，是发展学生思维能力的重要载体。

以"加法"运算为例：为什么需要用竖式计算加法呢？是因为当数据比较大（如多位数加多位数）时，口算产生了困难，也比较容易出现计算错误，此时便需要有一种既符合算理，又能比较简便清楚地表达计算过程的方法来解决。经过一段时间的实践，形成了以十进制位值原则为依据的加法竖式，"相同数位对齐，满十进一"成为了加法笔算的基本法则。

最为有趣的是"除法运算"的规则。我们知道，叠加式的竖式表达式不适合除法笔算。原因是当两个数不能整除时，也就是最底层的数不能表示除法运算的最后结果时，叠加式就显出其局限性了（如右所示的 $23 \div 5$）。而且，如果碰到数字比较复杂，需要借助乘法进行试算时，叠加式又没有合适的位置来表达试算的过程。于是，探究一种适合除法本身特点的竖式计算形式就显得很有必要了。引导学生经历这个探究过程，本身就是一个促进学生数学思考力发展的契机。

$$\begin{array}{r} 23 \\ \div\ 5 \\ \hline 4 \end{array}$$

那么，该如何设计学生经历除法竖式形成过程的数学活动呢？一般可经历两个层次：一是除法竖式的"引出"，二是连续计算时的"分层"书写。[①]"引出"即指当用与加、减、乘三种运算的竖式书写形式解决不了除法笔算问题时，学生探寻适合除法特点的竖式书写形式的过程。"分层"则是指用除法竖式计算时，多步计算中"建造两层、三层，乃至四层、五层的'楼房'"的表示过程，是理解除法笔算算理的重要步骤。学生正是在探究中，逐步明白"除法竖式为什么与加、减、乘三种运算不同""为什么会出现分层""每一层的运算分别表达了怎样的运算意义"等问题。

在人教版教材的编排中，"引出"和"分层"两个层次的内容学习被安排在两个时间段，"除法竖式的引出"安排在三年级上册"有余数除法"单元，"竖式中的多步计算"安排在三年级下册"除数是一位数除法"这一单元。结合除法的意义来思考，除法竖式学习的两个层次，均是因除法运算中的余数造成的。理解相关计算步骤中"余数"的确切含义，是把握除法竖式计算过程的关键，具体可结合内容来设计数学活动。

三年级上册"有余数除法"单元例2"一共有23盆花，每组摆5盆，求最多可以摆几组"（见图3-18）的问题，当其作为竖式计算"引出"的例题（之前教材编排引出竖式的算式是15÷3，不合适。因为这个算式学生用叠加式来表达的话，也不会碰到障碍）时，活动需设置让学生在用叠加式表达时会产生一定障碍，即没有办法处理余数问题，从而使其产生探究新的方法的心理需求，最终探索出适合于除法运算的竖式计算形式——用"'厂'字式"表达。

三年级下册"除数是一位数除法"笔算例2为："2个四年级班的学生共种树52棵，平均每个班种树多少棵？"（见图3-19）同样，当将其作为"分层"活动的关键，需要让学生碰到原有方法无法解决的矛盾冲突。如例2这样的问题，学生用一层来计算，便有困难了，因为在计算5除以2后会产生余数1，这个1又得与个位上的2合起来组成12再除以2。此时，便有了用两层计算的必要了。同理，如果再增加一道如432÷3这样的题目的话，便又有分三层来计算的必要性了。在此活动中，如果有两次"经历"，学生对"分层"方式的理解，会更加深刻。

---

① 费岭峰．"形式"探究同样有思考的价值——对除法"竖式"教学的思考［J］.中小学数学（小学版），2012（3）：10—11.

一共有23盆。

每组摆5盆，最多可以摆4组，还多3盆。

可以用这样的算式来表示：

$$23 \div 5 = 4 （组）\cdots\cdots 3 （盆）$$

余数表示什么？

$$
\begin{array}{r}
4 \\
5 \overline{\smash{)}23} \\
20 \\
\hline
3 \\
\end{array}
$$

······余数

图 3-18

2 四年级平均每班种多少树？

$$52 \div 2 = \underline{} （棵）$$

分完4捆还剩1捆，怎样分？

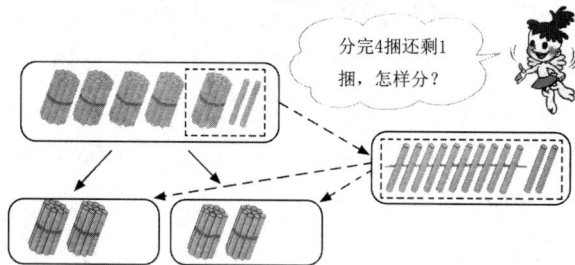

$$
\begin{array}{r}
2\,0 \\
2 \overline{\smash{)}52} \\
-4\,0 \\
\hline
1 \\
\end{array}
$$

余下1个十，
和2个一合并，
再用2除。

$$
\begin{array}{r}
26 \\
2 \overline{\smash{)}52} \\
-4\,0 \\
\hline
12 \\
-12 \\
\hline
0 \\
\end{array}
$$

$$
\begin{array}{r}
26 \\
2 \overline{\smash{)}52} \\
4 \\
\hline
12 \\
12 \\
\hline
0 \\
\end{array}
$$

图 3-19

至此，我们不难看出，结合以上两个例题的学习，除法"竖式"两个层次的学习活动，既是一个算理理解的过程，又是一个竖式形式探究的过程，其意义和价值体现得相当充分了。

（二）设计引导学生经历基于"运算意义"的法则理解过程，体会规则形成的算理背景

在运算法则的学习中，算法属于技能知识。操作技能的习得是可以通过形式模仿完成的。而形式模仿的基本原理是识记，且更多是机械识记，即通过观察获得信息重复刺激，然后将信息储存于记忆库中，必要时可以作"依样画葫芦式"的提取。然而，这不是小学数学技能教学的终极目标。新课程理念下，小学数学教学的核心理念应该是借助数学知识（包括技能知识）的学习，引导学生经历数学知识的产生与完善的过程，培养学生的数学思考能力和解决问题能力，最终形成一定的数学素养。如果学生只是机械模仿计算法则，对计算法则只知其"然"而不知其"所以然"，会大大降低法则学习的价值。事实上，从数学知识的产生和发展过程来看，运算法则的形成或归纳都是有相应的运算意义作支撑的，运算法则与运算意义间有着密切的联系。引导学生经历借助"运算意义"理解规则的过程，同样是学生思维发展的重要学习过程。

现以"分数乘分数"为例，来谈谈如何基于运算意义理解，探究形成"分数乘分数"的计算方法。

"分数乘分数"是分数运算教学中的一个重要内容，其基本算法是"分子乘分子，分母乘分母"。作为计算法则中的一个典型内容，对于形式上的模仿学生还是比较容易掌握的，且有学生不教已会。但当我们思考"为什么可以这样算"时，便会直面"分母乘分母表示什么意思？""分子乘分子又表示什么意思？"这两个算法探究及算理理解的本质问题了。

我们来看一个具体例子：计算 $\frac{2}{5} \times \frac{3}{4}$ 时，分子乘分子等于 6，分母乘分母等于 20，所以计算结果是 $\frac{6}{20}$。如果单纯从计算结果来看，学生知道了这样的算法，教师再辅之以一定量的练习，学生同样会熟练地进行相关运算。但这种机械的、接受式的、不追究程序背后所蕴含的运算意义的过程，只是一种简单的模仿与记忆，数学思考的价值不大。而当我们引导学生去思考"为什么可以这样算？""$\frac{6}{20}$ 这个结果是否正确？"这两个问题时，其教学的价值则显得完全不同了。[①]

计算 $\frac{2}{5} \times \frac{3}{4}$ 时，其运算过程中包含着这样的意思：$\frac{2}{5}$ 可以理解为把单位 "1" 平均分成 5 份，表示其中 2 份的数。$\frac{2}{5}$ 的 $\frac{3}{4}$，可以理解为把 $\frac{2}{5}$ 看作单位 "1"，再次平均分成 4 份，取其中的 3 份的数。此时，即把原来单位 "1" 的量平均分成了 20 份，最终的 6 份是 20 份中的 6 份，所以结果应该是 $\frac{6}{20}$。用数形结合的方式可以这样解读（见图 3-20）：

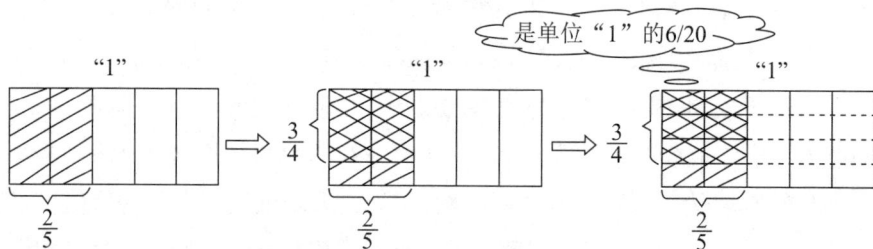

图 3-20

由此，我们不难看出，在计算"分数乘分数"的过程中，学生说理时有"分数意义"的理解作支撑。这是促使学生形成系统知识的必要过程。同时，当学生分析时，借助数形结合来说明的过程，有助于帮助学生建构起"立体"的数学。因此，在"分数乘分数"的算法教学中，引导学生探究算法背后所蕴含的运算意义和数学思想，已经不仅仅是简单地指向于掌握计算法则，更多的是激起学生的主动思考，在帮助学生找到理解"分数乘分数"算法支点的同时，促其形成系统、整体的知识结构。这一活动过程，虽然只是一个探究思考"分数乘分数"运算法则的过程，但需要学生借助一些分析问题、解决问题的方法策略，显然，已不仅仅承载了知识技能的教学，更是承载着思维能力培养的目标。

课堂上，当放手让学生自主探究，经历基于"运算意义"理解算法的过程时，虽然一部分学生会有困难，一部分学生在表述或画图时不够清晰，但终

---

① 费岭峰 . 运算法则需要"立体"建构——由《分数乘分数》教学引发的思考［J］. 小学教学设计（数学版），2012（23）：4—6.

究还是有部分学生能够想到这样一些方法的。学生对具体情境中某个分数的意义，结合情境或图式来进行分析，还是可行的。因为六年级学生已经具备了画图分析的学习能力。

（三）设计引导学生经历基于"规则运用"的合理变化过程，体会规则使用的再创造

一般而言，某种运算的法则是针对某种运算的普适性的规定，"掌握"法则即可以理解为获取了解决这一种运算的基本能力。而运算法则在具体计算过程中，会存在一定的变化。针对某种运算，有时候根据数据特点，是可以灵活处理，巧妙运用运算法则的，也就是我们常说的计算"技巧"。技能是一种技术方法的基本能力，技巧则为一种技能基础上的巧用、妙用。从这个意义上说，技巧不掌握，不会影响到问题的解决。有时候，我们可以引导学生经历从"技能"到"技巧"的发展过程，体会规则使用的再创造过程。

我们来看《与 0 有关的乘法》中的一个例子。① 计算 130×5 时，下面两种算法，左边那种是按照计算法则进行计算的，而右边那种则是采用一定的技巧进行了计算。

$$130 \times 5 = 650 \qquad\qquad 130 \times 5 = 650$$

$$
\begin{array}{r}
130 \\
\times \quad 5 \\
\hline
650
\end{array}
\qquad\qquad
\begin{array}{r}
130 \\
\times \quad 5 \\
\hline
650
\end{array}
$$

设计活动时，要不要两种方法在第一个环节就全部探讨呢？这就很值得我们去思考。关于第二种应用了运算技巧的方法，设计一个引导学生"经历"的学习活动后，再来引导发现与总结，效果会不会更好呢？

请学生尝试计算式题：120×7，1200×7。如果学生在试算过程中，仍然没有出现简写现象，则继续在第一个因数的末尾添上 0，变成 12000×7，甚至 120000×7，请学生试算。运算技巧的发现与提炼，需要激起学习者探究方法的欲望，然后有一定的经历和体验。应该说，此时的运算技巧的发现，已经不仅仅是一种简单的计算方法的探究，它已经成为了一种心理体验基础上的方法

---

① 费岭峰．螺旋上升：让教学更符合学习规律——以《与 0 有关的乘法》一课的教学为例 [J]．小学教学研究（教学版），2013（10）：4—6.

优化。此时的学习生长点，也已经不仅仅是知识层面的发现与习得，也包含了运算规则的再创造、思维层面规律的发现、表述规律方式的探究的过程，这也正是运算技巧运用的意义所在。

典型课示例

《分数除以整数》教学实录与简析 [①]

~~~~~~~
教学实录
~~~~~~~

环节一：整体认识导入

师：前面我们已经学过"分数乘法"，今天开始我们学习"分数除法"。请想一想，"分数除法"是怎样的？你们能写几道分数除法的算式吗？

生：能！

师：请写在练习纸上。

［学生独立写除法算式（用时1分钟左右）。教师巡视查看学生的作业情况，然后指名回答。根据学生的回答板书一些算式。］

生：$\frac{2}{5} \div \frac{1}{2}$，$\frac{3}{7} \div 3$。（教师板书）

生：$4 \div \frac{1}{4}$。

师：还有不一样的吗？

生：$7 \div 1\frac{2}{5}$。

生：$\frac{2}{3} \div \frac{6}{4}$。

师：你们写的分数除法是一样的吗？

---

① 对"分数运算"的深入研究始于2010年，曾在浙江省2010年小学数学"疑难问题解决"专题研训会上作了《分数乘分数》的课例解读，后陆续对"运算"学习活动作了研究。《分数除以整数》一课是嘉兴市"嘉禾·活力课堂"2015年小学数学教学研讨活动展示课，本实录便以此为蓝本所作。采用教材：人教版课标修订教材；教学对象：六年级；上课地点：浙江海宁。

生：（思考一会儿后）第一个是分数除以分数，第二个是分数除以整数，第三个是整数除以分数，第四个是整数除以带分数，第五个是分数除以带分数。

师：整数除以带分数，也就是整数除以分数。你们有没有发现，分数除法其实和分数乘法一样，就是这样的三种情况：分数除以分数、整数除以分数、分数除以整数。今天这一节课我们就来研究这样一种情况（把 $\frac{3}{7} \div 3$ 圈了起来），是——

生：分数除以整数。

（教师板书课题：分数除以整数。）

[说明] 从分数乘法引出分数除法，将"分数除以整数"的学习置于分数乘除法运算的大背景下展开，让学生感知"分数除以整数"只是分数乘除法运算中的一种类型，可以唤起学生学习方法的经验。

环节二：第一次经历分数除以整数的算理理解过程

师：我也来写一个分数除以整数的算式（板书：$\frac{3}{4} \div 2$）。你们会计算吗？

生：会！

师：你们准备怎么算？会就把这题写在练习纸上吧。

[学生独立尝试计算（用时 1 分钟左右）。教师巡视，发现典型材料。]

（反馈交流）

生：我是把 $\frac{3}{4}$ 变成小数，然后算的。即 $0.75 \div 2$，等于 0.375。

（教师把结果板书在黑板上）

师：你们明白他是怎样想的吗？

生：他是把分数转化成小数进行计算的。

师：分数转化成小数可以解决这个问题吗？

生：可以。

师：OK！还有不一样的算法吗？

生：我是这样想的，因为一个数除以 2 就等于一个数乘它的 $\frac{1}{2}$，所以我是算成 $\frac{3}{4} \times \frac{1}{2}$，等于 $\frac{3}{8}$。

（教师也把这种算法板书在黑板上）

师：从结果来看，对吗？

生：对的。

师：是这样计算的同学请举手（学生举手）。我发现好多同学都想到了把除以一个数变成乘这个数的倒数来计算。可以解决这个问题吗？

生：可以。

师：老师有个疑问了。本来是 $\frac{3}{4} \div 2$，现在怎么就变成 $\frac{3}{4} \times \frac{1}{2}$ 了呢？这两个算式怎么会相等呢？明明是除法呀，怎么就变成乘法了呢？

师：（适当停顿，再追问）你们认为这样算是可以的，那么，道理在哪里呢？你们能不能用画一幅图或者其他一些方法，来解释一下为什么 $\frac{3}{4} \div 2$ 和 $\frac{3}{4} \times \frac{1}{2}$ 可以相等？试试看吧。

［学生自主思考，画图解释（用时 2 分钟左右）。教师巡视，并与个别学生进行了交流。］

（全体展示交流）

师：老师这里有两份同学的作业。我们看一下，能不能从他们的图中看出 $\frac{3}{4} \div 2$ 和 $\frac{3}{4} \times \frac{1}{2}$ 是一样的？

［展示第一份作业（如图 3-21 所示）］

师：这里的 $\frac{3}{4} \div 2$ 在哪里呢？

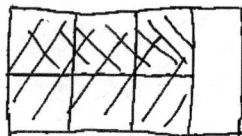

图 3-21

［教师请一位学生到屏幕前指出来。这位学生边用手指圈边说：$\frac{3}{4}$ 就是这一块（如图 3-22 所示），$\frac{3}{4} \times \frac{1}{2}$ 就是这一块（如图 3-23 所示）。］

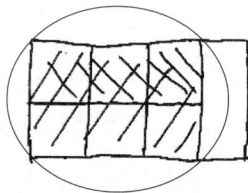

图 3-22

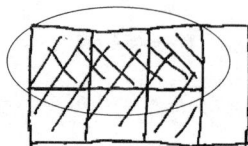

图 3-23

师：这位同学解释的是 $\frac{3}{4} \times \frac{1}{2}$。那 $\frac{3}{4} \div 2$ 在哪里呢？

生：这就是 $\frac{3}{4}$，除以2，取其中的一份就是这份（如图3-23所示）。

师：这位同学讲的你们听懂了吗？同意他说法的请给他掌声。

（学生掌声响起）

师：谁还能来讲讲这幅图是怎么表示出 $\frac{3}{4} \div 2$ 和 $\frac{3}{4} \times \frac{1}{2}$ 是相等的？

生：$\frac{3}{4} \div 2$ 就是这一块平均分成2份，其中1份就是这一块（也是边指着图边说明）。$\frac{3}{4} \times \frac{1}{2}$ 就是把单位"1"平均分成4份，取其中3份，再把 $\frac{3}{4}$ 平均分成2份，取其中的1份。

师：这些同学说的 $\frac{3}{4} \div 2$，其实是在做什么事情？

生：把 $\frac{3}{4}$ 平均分成2份。（教师在 $\frac{3}{4} \div 2$ 这个算式下面板书：把 $\frac{3}{4}$ 平均分成2份，求1份。）

师：图中能找到吗？（引导学生看图）现在 $\frac{3}{4} \times \frac{1}{2}$ 其实也是这一部分，就是求——

生：$\frac{3}{4}$ 的 $\frac{1}{2}$ 是多少。（教师在 $\frac{3}{4} \times \frac{1}{2}$ 这个算式的下面板书：$\frac{3}{4}$ 的 $\frac{1}{2}$。）

师：从这幅图中确实能看出这两个算式的意思，说明这个图画得是——

生：对的。

师：我们把掌声送给他。

（学生鼓掌！）

[展示交流第二份材料（如图3-24所示）]

师：从这幅图中，我们清楚地看到了 $\frac{3}{4} \times \frac{1}{2}$。那你们有没有看到 $\frac{3}{4} \div 2$ 呢？

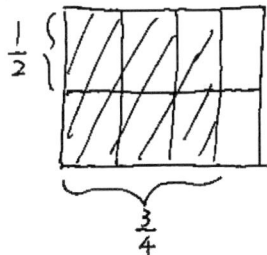

图3-24

生：能看出。

师：是的，也能看出。只是最好给其中的一份画上斜线，这样就有区别了。看来这两位同学确实很厉害，用画图的方式表示出了 $\frac{3}{4} \div 2$ 与 $\frac{3}{4} \times \frac{1}{2}$。现在请和同桌交流一下，看看他有没有表示出这两个算式呢？

［学生同桌交流（用时半分钟左右）］

师：同学们，通过刚才的画图，我们发现 $\frac{3}{4} \div 2$ 和 $\frac{3}{4} \times \frac{1}{2}$ 确实是——

生：相等的。

师：把 $\frac{3}{4}$ 平均分成 2 份，其实就是在做什么事？

生：求 $\frac{3}{4}$ 的 $\frac{1}{2}$ 是多少。

［说明］引导学生用画图等方法分析、理解分数除以整数的算理，经历算法形成的过程，积累活动经验。

环节三：第二次经历分数除以整数算理理解的过程

师：我们可以用转化成分数乘整数的倒数的方法计算 $\frac{3}{4} \div 2$ 这道题。是不是所有的分数除以整数的题目，都可以这样算呢？老师再来写几道，请你们再试着算算吧。

（板书算式：$\frac{2}{3} \div 4$，$\frac{4}{5} \div 2$，$\frac{1}{6} \div 3$）

师：请算在练习纸上。

［学生独立尝试计算（用时 2 分钟左右）。教师巡视，发现典型材料指名板演。］

（$\frac{2}{3} \div 4 = \frac{2}{3} \times \frac{1}{4} = \frac{2}{12} = \frac{1}{6}$　　$\frac{4}{5} \div 2 = \frac{4}{5} \times \frac{1}{2} = \frac{4}{10} = \frac{2}{5}$　　$\frac{1}{6} \div 3 = \frac{1}{6} \times \frac{1}{3} = \frac{1}{18}$）

师：结果和这几位同学一样的，请举手。

（大多数学生都是一样的）

师：我们来交流一下想法吧。第一题谁来说？

生：先把除以 4 化成了乘 4 的倒数 $\frac{1}{4}$，然后再做分数乘法。

师：其他两题也是这样想的吗？

生：是的。

师：同学们，为什么这些题目原来都是除以整数的，却可以转化成乘它的倒数来做？你脑海中有没有一幅图表示转化过程呢？如果有，请你选择这3道题目中的一道画一幅图来表示吧。

［学生再次自主活动（用时2分钟左右）。教师巡视发现典型材料。］

（反馈交流）

师：老师选了几位同学画的。现在请你们猜一猜，他们画的是哪一道算式的计算过程？

（1）呈现第一份材料（如图3-25所示）。

师：这位同学想解释哪一道题目？

生：$\frac{2}{3} \div 4$。

师：你怎么看出来的？

生：3份里取2份，再乘$\frac{1}{4}$。

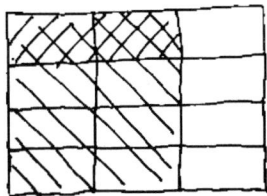

图3-25

（教师针对全体学生：你们看出来了吗？和你想的一样的，请你给我一个开心的表情。学生露出了笑脸。）

师：笑眯眯的，真好！这位同学是谁？请你告诉大家，你解释的是不是这一题？

生：是的。

师：这幅图中，$\frac{2}{3} \div 4$，你怎么看出来的？

生：$\frac{2}{3}$就是画线的部分（单斜线的部分），除以4就是把$\frac{2}{3}$平均分成了4份，然后取其中的一份。

师：那$\frac{2}{3} \times \frac{1}{4}$呢？

生：其实也就是把$\frac{2}{3}$平均分成了4份，取其中的一份。

（2）讨论$\frac{4}{5} \div 2$这一题。

师：老师还拿着一位同学解释这一题（指着$\frac{4}{5} \div 2$）的图，请你们猜猜看，这位同学是怎么画的呢？

生：我觉得他可能是把一个长方形平均分成5份，取其中的4份；再把4份平均分成2份，取其中的1份。

师：我给大家看一下，这位同学到底是怎么画的。

（展示材料，如图3-26所示。）

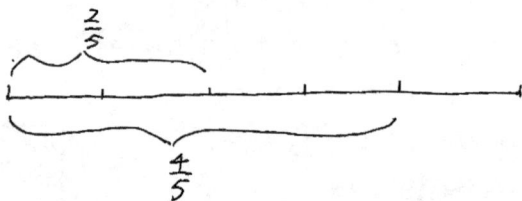

图3-26

师：咦！他跟你想的不一样。他这样画可以吗？

生：可以。

师：有没有看出 $\frac{4}{5} \div 2$ 这个意思呢？

生：$\frac{4}{5}$ 平均分成4份，取了其中的2份，就是 $\frac{2}{5}$。

师：其实就是 $\frac{4}{5}$ 的 $\frac{1}{2}$ 是多少。有没有同学不是这样想的？

生：可以用 $\frac{4}{5}$ 上面的4除以2，就是 $\frac{2}{5}$。

师：你想说的意思是用 $\frac{4}{5}$ 中的分子4除以2，没有乘它的倒数。只是用分子去除（边说边板书：$\frac{4 \div 2}{5} = \frac{2}{5}$）。这样想行吗？行，又有什么道理呢？请同桌交流一下吧。

［学生同桌交流（用时1分钟左右）。教师巡视并与个别学生进行了交流。］

（反馈交流）

师：谁来解释解释。

生：因为分数里的分子缩小到原来的 $\frac{1}{2}$，分母没变，那么结果也就缩小到原来的 $\frac{2}{5}$。

生：我觉得 $\frac{4}{5}$ 表示 $\frac{1}{5} \times 4$，$\frac{4}{5} \div 2$ 就可以理解为 $\frac{1}{5} \times 4 \div 2$，就等于 $\frac{2}{5}$。

师：他的意思指 $\frac{4}{5}$ 可以理解为 4 个 $\frac{1}{5}$，然后除以 2，算出几个 $\frac{1}{5}$？

生：2 个 $\frac{1}{5}$。

师：这样可以吗？我们只要把分数单位的个数除以整数就可以了。这个意思，你在这幅线段图中可以看出来吗？（指刚才的线段图）请上来结合线段图分享你的想法。看谁勇敢。

生：一条线段就是单位"1"。把单位"1"平均分成 5 份，每份就是 $\frac{1}{5}$。$\frac{1}{5} \times 4$ 就是 $\frac{4}{5}$。然后 $\frac{4}{5} \div 2$ 就是 $\frac{2}{5}$。

师：4 个 $\frac{1}{5}$，你们看到了吗？在哪里呢？

（学生指着线段图，边数边说。）

师：看来这样的算法也是可以的。那么，现在问题来了。另外两道题目可不可以这样算呢？

（看学生有疑惑，教师请学生先议论一下，再反馈交流。）

生：我觉得可以的。比如第一题，分子分母扩大 2 倍，再除以 4。

（教师顺着学生的说明进行板书：$\frac{2}{3} \div 4 = \frac{4}{6} \div 4 = \frac{4 \div 4}{6} = \frac{1}{6}$）

师：那另外一题呢？

生：也可以的。

（学生边说，教师边板书：$\frac{1}{6} \div 3 = \frac{3}{18} \div 3 = \frac{3 \div 3}{18} = \frac{1}{18}$。至此，练习完成。教师引导小结。）

师：分数除以整数，我们可以怎么算？

生：分数乘这个整数的倒数。

师：有的时候还可以——

生：分子直接除以整数。

[说明] 这个环节，需要学生不仅知道除以一个整数可以乘这个整数的倒数，还得理解为什么只要乘这个整数的倒数就可以了。教学中，让学生结合示

意图理解算理，引导学生经历体验数形结合的思想，积累相应的数学活动经验。

环节四：第三次经历分数除以整数算理理解的过程

师：同学们，刚才我们研究了分数除以整数，可能你们以前就会算的。而且今天通过画图理解的活动，你们知道了这样算的道理在哪里。现在，我们挑战一下，你们敢不敢？

生：（齐）敢！

活动：挑战你的智慧！

（第一组练习要求：看图的变化过程，列出算式。）

（1）第一题：多媒体动态演示把 $\frac{1}{2}$ 平均分成 3 份的过程（见图3-27），求每份是多少？（也就是求 $\frac{1}{2}$ 的 $\frac{1}{3}$ 是多少）

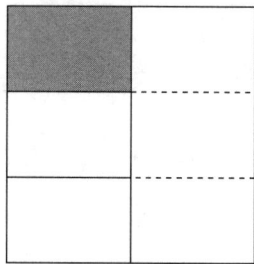

图 3-27

师：你们看清楚了吗？请列出算式。

（学生列式后，指名答。）

生：$\frac{1}{2} \div \frac{1}{3}$。

生：$\frac{1}{2} \div 3$。

师：看了刚才的过程，你们觉得是 $\frac{1}{2} \div \frac{1}{3}$，还是 $\frac{1}{2} \div 3$？

生：$\frac{1}{2} \div 3$。

师：除了这个算式，还可以怎么列？

生：$\frac{1}{2} \times \frac{1}{3}$。

师：求其中的 1 份，就是求 $\frac{1}{2}$ 的 $\frac{1}{3}$，所以是 $\frac{1}{2} \times \frac{1}{3}$，而不是 $\frac{1}{2} \div \frac{1}{3}$。

（多媒体呈现：$\frac{1}{2} \div 3 = \frac{1}{2} \times \frac{1}{3}$）

师：结果是几？

生：$\frac{1}{6}$。

师：你看到 $\frac{1}{6}$ 了吗?

生：看到了。就是那一块灰色的。

（教师呈现：单位"1"平均分成 6 份后，其中有颜色的 1 份，占了整个长方形的 $\frac{1}{6}$。）

（2）第二题：多媒体动态演示把 $\frac{5}{6}$ 平均分成 4 份的过程（见图 3-28），求每份是多少?（也就是求 $\frac{5}{6}$ 的 $\frac{1}{4}$ 是多少）

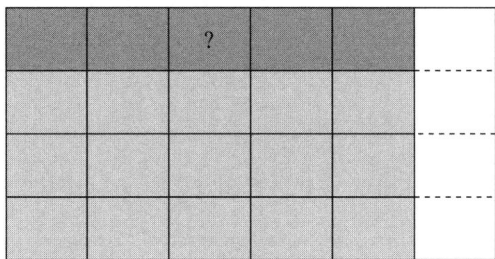

图 3-28

（学生观察动态过程后，自主列式，交流。）

生：$\frac{5}{6} \div 4$。

师：还可以怎么列?

生：$\frac{5}{6} \times \frac{1}{4}$。

师：结果是多少?

生：$\frac{5}{24}$。

师：你们看到了吗?

生：看到了。就是那些灰色的，它占整个长方形的 $\frac{5}{24}$。

（3）第三题：多媒体结合线段图动态演示把 $\frac{3}{5}$ 平均分成 2 份的过程（见图 3-29），求每份是多少?（也就是求 $\frac{3}{5}$ 的 $\frac{1}{2}$ 是多少）

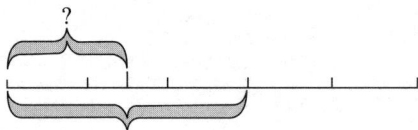

图 3-29

（学生观察动态过程后，自主列式，交流。）

生：$\frac{3}{5} \times \frac{1}{2} = \frac{3}{10}$。

师：当然也可以列成——

生：$\frac{3}{5} \div 2$。

师：结果是——

生：$\frac{3}{10}$。

（第二组练习要求：看谁算得既对又快。）

（先出题目，学生完成后，直接呈现结果，全体校对。）

$\frac{3}{8} \div 2 = \frac{3}{16}$　　　　$\frac{3}{5} \div 4 = \frac{3}{20}$　　　　$\frac{5}{7} \div 3 = \frac{5}{21}$

$\frac{8}{9} \div 4 = \frac{2}{9}$　　　　$\frac{10}{11} \div 5 = \frac{2}{11}$　　　　$2 \div 3 = \frac{2}{3}$

师：（以其中 $\frac{8}{9} \div 4$ 为例反馈算法）这题你们是怎样算的？

生：$\frac{8}{9} \div 4 = \frac{8}{9} \times \frac{1}{4}$。

师：不一样算的有吗？

生：8 直接除以 4，得到 $\frac{2}{9}$。

师：这里的最后一题，你又是怎么算的？

生：我把 2 看成 $\frac{2}{1}$，再乘以 $\frac{1}{3}$。

师：可以吗？这题以前你就是这样算的吗？

生：以前把前面这个 2 当作分子，把 3 当作分母，这样直接就写出了 $\frac{2}{3}$。

师：你们想起来了吗？是不是根据分数与除法的关系来算的？刚才这

位同学用 $\frac{2}{1}$ 乘以 $\frac{1}{3}$，用了今天学到的方法，把除以 3 看成乘它的倒数。当然也是可以算的咯！那么，问题又来了，这个过程，你能不能画一个图表示出来呢？这个问题，就作为今天这节课课后的作业带回去思考吧。

（结课）

[说明] 本节课的练习活动，一是以看图形变化过程，列出相应算式（可以列出两种算式），引导学生再次经历理解分数除以整数的算理的过程，注重数形结合思想的体现；二是以口算练习，进行基本训练，强化技能，并以 $2 \div 3$ 为例，沟通除法运算方法间的联系，形成系统性。

简　析

本节课的教学，从运算法则"立体"建构的角度来看，主要体现在三次"经历"：

1. 经历从"式"到"图"的过程，体会"形式"解构的过程。

"会算"是计算学习的技能体现，说明"为什么可以这样算"，则是数学理解能力的反映。本教学中，引导学生从会用"分数乘整数的倒数"去算，在形式上解决了"会算"的问题之后，引导学生用"画图"来解释算理，目的在于迫使学生建立丰富的、多元的"形式"表征，在"形式"解构中，体会把握"分数除以整数"的方法模型。

2. 经历"图""式"互换的过程，体会"分数意义"的支撑作用。

第二层次的"经历"，用"图"表示"式"与根据"式"来猜测"图"两个活动的设计，目的在于促使学生在"形"与"式"之间建立深刻联系，强化对"分数除以整数"的方法模型的建构。同时，在这一转换过程中，始终抓住"分数的意义"这一核心，进一步巩固学生对"分数意义"的理解，体会"分数意义"在分数问题解决中的本源作用，为后续解决与分数有关的问题打下扎实的思维基础。

3. 经历从"图"到"式"的逆向过程，体会"思维生长"的过程。

如果说从"式"到"图"是基于数学理解的数学学习的话，那么，从"图"到"式"的逆向过程，则体现了数学应用的颇多要素。因为在这一过程中，学生需要对观察到的动态信息作分析处理，在此基础上去选择合适的方法予以解决。这本身就是一个应用数学知识解决问题的过程。当然，对于这一节内容来说，也有从逆向思考的角度，帮助学生深刻理解"分数除以整数"方法模型的作用。

应该说，本节课三个活动层次的"经历"，对学生"立体"建构"分数除以整数"的运算法则起到了有效的促进作用，也充分体现了新课程理念下运算法则建构的特点。

三、基于问题解决的"经历型"活动设计与教学

本章所讲的问题解决，是针对《课程标准》（2011 年版）提出的"课程目标"中的"问题解决"来定位的，有别于传统意义上的"应用题"，也区别于《课程标准》（实验稿）中的"解决问题"。《课程标准》（2011 年版）在课程总目标中针对"问题解决"提出了"四能"要求，即"运用数学的思维方式进行思考，增强发现和提出问题的能力、分析和解决问题的能力"。[①] 且具体阐述为："初步学会从数学的角度发现问题和提出问题，综合运用数学知识解决简单的实际问题，增强应用意识，提高实践；获得分析问题和解决问题的一些基本方法，体验解决问题方法的多样性，发展创新意识；学会与他人合作交流；初步形成评价与反思的意识。"[②] 这是从课程目标来看问题解决的定位的。可以看出，问题解决在新课程理念下的小学数学教学中，是极为重要的内容目标之一。

从认知心理的角度来分析，问题解决是一种"复杂的认知过程"。与解决问题侧重于结果的目标定位相比，问题解决是一种侧重于过程的目标定位，是个体运用已有的数学知识去探索新情境中的问题结果，让问题"实现从初始状态到目标状态的顺利过渡"的活动过程，整个过程包含着知识简单应用的成分，但更是"蕴含着发现和创新的成分"[③]。基于此，我们可以这样来解

[①] 中华人民共和国教育部.义务教育数学课程标准（2011 年版）[S].北京：北京师范大学出版社，2012：8—9.

[②] 同上。

[③] 吴庆麟，胡谊.教育心理学——献给教师的书 [M].上海：华东师范大学出版社，2003：226—241.

构问题解决的一般过程："明确问题、定义和表征问题、探索可行的策略、按照策略行事、复查和评价活动效果等。"[①]与此相对应的主体在问题解决过程中的行为动作可以有："认清问题、分析问题、提出计划、解决问题和进行反思"等对应的五个步骤。[②]将学生"问题解决"的过程用模型图可作如下表示：

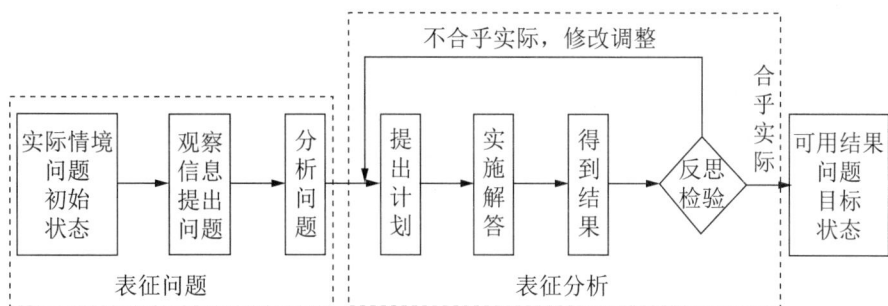

图3-30　小学生数学"问题解决"过程模型

在小学数学的"问题解决"的起始，问题的初始状态一般是实际的情境，然后观察接收信息提出比较明确的问题，也就是认清问题，接着便是分析问题，找出需要的信息，去除无关信息，即进行定义和表征问题。接下来进入"表征分析"环节，提出解题计划，探索可行性策略，设计解决方案。再就是具体展开解决的过程，这个过程中，突出个体思考，由此得到一定的结果。最后是复查、评估，也就是需要有反思的行为跟进，当然此处的反思，不仅仅是审查"答案"的对错，还有对整个解题过程的评估分析。当检验结果符合实际，也就是问题的答案正确，这个结果可用，则表示完成了问题的目标状态；如果检验结果发现不合乎实际，答案是错误的，则需要进行解题方案的重新思考，调整解题方案，再次进行解答得到结果；再检验、判断。

从图中还可以看出问题解决的关键其实就是做好"表征问题"和"表征分析"两个环节。引导学生经历问题解决的过程，其实就是引导其经历"表征问

① 吴庆麟，胡谊．教育心理学——献给教师的书［M］．上海：华东师范大学出版社，2003：226—241.

② 孔企平．小学儿童如何学数学［M］．上海：华东师范大学出版社，2001：115—116.

题"和"表征分析"的过程。

（一）经历从"信息解读—问题解决—回顾反思"的过程，体会问题解决中"程序思维"的意义与价值

从原"教学大纲"的"应用题"，到《课程标准》（实验稿）提出的"解决问题"，"立意要改变过去应用题只重视扎扎实实教'题'而忽视教学'应用'的状况，突出应用能力的培养"[①]，并且在配套的"课标实验教科书"中也作了相应的调整，不再设置专门的"应用题"教学单元，取而代之的是"解决问题"单元，这可以理解为从目标到内容策略的改变。现《课程标准》（2011年版）又将"解决问题"调整为"问题解决"，目标定位又从单一的关注数学问题的解决结果，扩展到数学问题解决的全过程，突出了对问题解决过程中"信息解读—问题解决—回顾反思"的全过程经历，强化了问题解决的程序思维，要求积累问题解决的基本活动经验。这样的理念也反映到了教材中，许多教材专门针对问题解决的目标，编制了特定的内容，有意识地引导学生利用特定内容或经典问题的解决活动，发展问题解决的能力。

比如与《课程标准》（2011年版）相配套的人民教育出版社编定的《义务教育教科书·数学》（以下简称"人教修订版教科书"）中，一是每册教材都专门编写了"问题解决"的课时内容，如第一学段一至三年级6个学期"问题解决"内容的课时数分别为7课时、8课时、10课时、8课时、10课时和7课时。二是在编写这些课时内容时，以专门的版块，有意识地把问题解决的一般思考程序作了明确的标注，以促使学生对问题解决的过程有所感知。一、二年级用"知道了什么？""怎样解答？""解答正确吗？"（如图3-31所示，二年级下册P.42"运用除法解决问题"）等三个比较形象的问题作引导，三年级开始则用"阅读与理解""分析与解答""回顾与反思"（如图3-32所示，三年级上册P.5"求经过的时间"）三组比较抽象的行为表现词作引领。

---

① 刘娟娟. 从"应用题"到"解决问题"——小学数学解决问题的教育价值与教学研究 [J]. 南京晓庄学院学报，2009（2）：43—47.

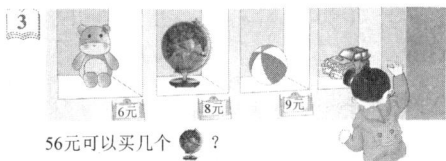

56元可以买几个 ☐ ？

知道了什么？

知道了一些商品的价钱。

问56元能买几个地球仪。

解决这个问题，需要哪些信息？

怎样解答？

一个地球仪要8元，求能买几个就是求56元里面有几个8元。

用除法计算。

56÷8=7（个）

解答正确吗？

一个地球仪要8元，7个一共8×7=56（元）。算对了。

口答：可以买 ☐ 个地球仪。

图 3-31

小明从家走到学校用了多长时间？

阅读与理解

问题是什么？
需要利用哪些信息？

分析与解答

可以直接数一数从7:30到7:45钟走了多少分。

分钟走了3个大格，是15分钟。

因为都是7时，我直接用45-30算出用了15分钟。

回顾与反思

7:30过15分钟就是7:45。解答正确。

答：小明从家到学校用了15分钟。

图 3-32

很显然，"知道了什么？"（或"阅读与理解"）是引导学生解读信息的问题，与传统应用题教学中的"审题"一脉相承，起到弄清题意，理清"条件"与"问题"的作用。当然，由于"知道了什么？"（或"阅读与理解"）问题指向的开放性，可以让学生更为全面地关注材料信息，思考材料中"问题信息"与"条件信息"的关系，更符合现实生活问题的特征，对提高学生解读信息和问题发现的能力有较大的帮助。

"怎样解答？"（或"分析与解答"）是解决问题的基本环节，也是反映学生信息解读是否准确，解决本问题能力是否具备的关键。同样由于问题具有一定的开放性，学生可以有不同的解答方法。当学生呈现不同的解决方法后，教师可组织学生讨论方法的优劣，适时进行优化。通过交流，帮助高水平认知的学生完善思维过程，引导结构化；帮助低水平的学生了解不同的思维方式，掌握一些简单的方法，从而提高解决问题的能力。

"解答正确吗？"（或"回顾与反思"）是问题解决的回顾与整理环节，在原"实验版教科书"中很少作明确要求。本次"人教修订版教科书"则从"问题解决"教学内容的开始就作出明确要求。应该说，"解答正确吗？"（或"回顾与反思"）这一环节的设置，不仅仅要求学生去检验结果的正确与否，其更为主要的意义在于引导学生从接触"问题解决"的一开始就经历完整的问题解决过程，关注问题解决活动经验的积累。

那么，我们在实际的教学中，又该设计怎样的数学活动，来体现引导学生"经历"问题解决的全过程呢？可以通过抓住三个要点加以体现。

1. 重视信息解读活动的设计，经历审题过程。

"问题解决"在学习方式和学习经验上与一般的数学事实或数学技能的学习是不尽相同的。比如了解问题内涵，明确问题与信息关系，便是"问题解决"重要而又基础的工作。因此，问题解决时学生首先需要树立对信息材料深入解读的意识。具体而言，就是从信息材料出发去发现问题、提出问题，或者从所需要解答的问题出发分析情境材料中的有价值信息。如上面说到的二年级下册"运用除法解决问题"的例子，当呈现情境材料后，可先由学生根据情境图，提出一些问题。然后从学生提出的问题中，选择与今天学习相关的问题作为进一步研究的问题。这个提出问题的过程，也是一种引导学生经历审题比较有效的方法之一。

2. 重视方法比较活动的设计，经历优化过程。

"解答问题"是"问题解决"的关键环节。因为在新课程理念指导下的"问题解决"重视解答方法的多样化，学生在解答问题过程中，可能会产生较多的问题解答方法。而不同的解答方法反映的正是学生不同的思考过程和思维水平，于是开展一些方法比较的数学活动，借助思考过程的展示交流，促进数学思维发展，同样是"问题解决"教学活动设计与教学策略选择的重要内容。比如三年级上册《求经过的时间》这节内容，当在课堂上出现了三种不同的思考方法时，便可进行思考过程的交流。事实上，这个交流过程，不一定要得到一种最好的方法，"方法优化"并不等于最后统一成一种思路，而是通过交流，让孩子在思考问题的过程中，思维更加完善，思路更加清晰有条理，从而发展逻辑思维能力。

3. 重视梳理回顾活动的设计，经历反思过程。

学生在解决问题后的反思检验意识是极其薄弱的，"只有 9.2% 的学生做练习后能进行检查；从不检查的学生占了 69.9%"[①]。甚至高中生解题后反思

---

① 方永进. 小学生数学学习中反思情况调查研究 ［DB/OL］. http://www.docic.com/p-316016533.html.

状况也不容乐观，有教师用"你在解题后进行反思吗？"这个问题进行调查，选择"有时会"或者"没有"的学生超过 65%，而选"经常"的学生不到 35%。[①] 调查表明，学生在完成问题解答后，不太习惯进行检验。"人教修订版教科书"在问题解决内容的编写中，以问题"解答正确吗？"或要求"回顾与反思"强调对问题解答结果、过程作检验与回顾，加强学生反思意识培养的目的很明显。因此，作为教学实践者，落实课程理念，做好"回顾与反思"环节的设计，同样重要。也唯有经常组织学生进行问题解决后的"回顾与反思"，才能帮助学生养成"反思"的习惯，积累起相应的回顾与反思的活动经验。

（二）经历应用知识技能解决问题的核心步骤，体会问题解决中"发现"与"创新"的乐趣

从问题解决的特征去分析，我们发现，"问题解决"有两个维度可以引导学生积累相关学习的活动经验。第一层面，引导学生经历问题解决的过程，以获取问题解决全过程的活动经验；第二层面，引导学生将学到的数学知识和技能，通过问题解决的过程及时加以应用，以检验数学知识和技能的掌握状况，这也可以看成是"解决问题"功能的体现。如果说，第一层面是经验获取目标的话，那么这第二层面也就是"结果"与"过程"目标的具体化。实践中，要让第二层面的数学活动发挥其应有的作用，关注问题设计是关键。在解决问题教学中，一个好的数学问题，一般具有两方面的特点：一是有利于学习者经历问题解决的过程，体会问题解决的程序思维，帮助其形成基本的活动经验；二是有利于学习者体会相关数学知识的应用，在经历实际问题解决过程的同时，能够充分感受到数学学习的价值。活动中，我们可以在三个方面加以重点把握。

1. 借助问题情境的现实性，引导学生经历将生活问题转化为数学问题的过程。我们已经知道，新课程实验教科书的编写，无论是材料选择还是情境创设，都在努力体现问题的现实性。如前面提到的二年级下册"运用除法解决问题"的例子中，情境图是一个小朋友在商场购物的场景，且在商品的呈现

---

① 马进.高中生数学解题后反思情况调查研究［J］.中国数学教育（高中版），2011（3）：7—8.

中，除了与例题相关的"地球仪 8 元"这个信息之外，还呈现了"小熊玩具 6元""篮球 9 元"等信息，基本是模拟了一般商场中物品的摆放，大大丰富了现实元素，使问题更具"真实性"。课堂上，教师可以将此类情境作为问题呈现的载体，引导学生从情境中发现问题，并且提出相关问题作为研究探讨的主题。这一将生活问题转化成数学问题的过程，可以唤起学生的生活经验，引导学生结合生活经验来解决问题，让学生充分感受数学与生活的密切联系，也有利于体现数学源于生活，又高于生活的学科特征。

2. 借助问题内容的活动性，引导学生经历将操作经验上升为数学经验的过程。"问题解决"过程中的"问题"并不仅仅指结构简洁完整、解答方法唯一的问题，它更应该是结构相对比较复杂，有时材料不完整、开放度较大的问题，甚至是需要学生借助动手操作等具体的活动形式来完成的问题。课堂上，教师可以经常性地发挥活动材料的特点，引导学生亲身经历，切身体验。比如"人教修订版教科书"二年级上册《用一副三角尺拼出一个钝角》这节问

图 3-33

题解决课中（如图 3-33 所示），对于这个问题的解答，教学时更应该鼓励学生去用一副三角尺"拼一拼""摆一摆"，深刻体会三角尺上各个角的特征，发现三角尺上各个角之间的关系。此操作活动的价值也会在学生的动手、动脑中真正得到体现。

3. 借助问题思维的灵活性，引导学生经历数学思考经验从单一到丰富的过程。传统教材的"应用题"设计，因结构呆板，过分强调数量关系的唯一性，思维角度单一、思考空间小、缺乏灵活性而被人批判。新课程理念下的"问题解决"，则努力避免这样的问题。与之相配套的教材中设计的问题，一般可以用多种方法解答，这不但体现了方法多元的特点，还能够让学生展示其不同的思考水平。因此，在课堂上，教师完全可以放手让学生自己探索，形成基于孩子自身理解水平的解答方法，然后组织交流，通过相应的交流活动，促进

学生数学思考经验的丰富。如"人教修订版教科书"一年级上册《小丽和小宇之间有几个人？》这节内容（如图 3-34 所示），在解答过程中，有学生可能是用数数来解决的，也有学生是借助画图来解决的，思考水平高且具有挑战意识的学生还可能是用运算来解决的。此时，教师便可以组织学生交流，分享思考过程，体会不同方法间的联系与区别。其间，方法的多元和思维能力的不同，使探索解决问题的过程反映了学生思维方式的多样性和差异性，有了交流，便让这种多样和差异成为了丰富不同层次学生的思维经验的重要资源。

图 3-34

（三）经历"简单到复杂""单一到综合"的学教过程，体会问题解决中思维能力的变化进程

以"四能"的要求来看，儿童从"发现问题"到"提出问题"，再到"分析问题"，最后"解决问题"的过程，本身便是一个复杂的思维活动，需要经历一个从直觉感知到信息加工，再到策略选择、解决问题的过程。甚至仅仅从"发现问题"到"提出问题"这一步来分析，就是一个信息"输入—转换—输出"的过程，涉及"图像语言"与"文字语言"表征方式的转换、联接。显然，这样的思维发展过程，不是通过一两节课就能培养的，而是需要一个较长时期的实践与体验才能达成。因此，将"问题解决"作为数学学习的一个具体内容时，需要遵循儿童数学学习与数学课堂教学的一般规律。

1."问题解决"活动的内容设计：遵循"从简单到复杂"的认知规律。学生"问题解决"能力的培养不是一蹴而就的，需要逐步培养；认识到"常规问题适合于学生学习数学事实，训练数学技能和技巧"，是"打基础"的。儿童对简单问题、直观形象问题、常规问题的学习是对复杂问题、抽象问题、非常规问题学习的基础。因此，在"问题解决"教学的开始阶段，注重选择一些简单问题、常规问题作为组织学生学习的材料。当学生获得了一定的问题解决经验之后，再引导其解决复杂问题、非常规问题，真正进入到"问题解决"的学习之中，取得事半功倍的效果。毕竟"轻视常规问题，想一步登天，是不切实际的幻想"[①]。

2."问题解决"活动的重点设定：把握"从单一到综合"的教学规律。"问题解决"能力的培养包含了发现与提出问题、分析与解决问题等几个方面，而且这几个方面的能力发展并不是齐头并进的。从教学目标的定位来看，也确实需要教师在教学过程中分阶段、有侧重、有指导地进行培养，在不同的学习阶段有所侧重。比如，第一学段"问题解决"教学的重点应该是"发现问题"与"提出问题"能力的培养。特别是一年级上学期更是需要将对"问题感知"能力的培养作为重中之重，教师更应该将教学的重点放在"解读信息"及"根据信息提出问题"等方面，以帮助这一时期的孩子积累起"条件信息"与"问题信息"的解读经验，培养孩子处理这两种信息的转换的能力，从而促进孩子"发现问题"与"提出问题"能力的提高。而到了中高年段，则需要将"问题解决"的教学重点移到"分析问题"与"解决问题"之上，从而切实提高学生"问题解决"的能力。

典型课示例

《用面积知识解决问题》教学实录与简析[②]

教学实录

环节一：解读信息，提出问题

师：前面我们已经学过了面积以及长方形和正方形面积的知识，今天我们就用这些知识来解决问题。

（板书课题：解决问题）

---

① 唐彩斌. 问题解决与小学数学教学——张奠宙教授访谈录［J］. 小学教学（数学版），2008（1）：4—6.

② 关于"解决问题"的研究始于2004年，研究过的课例有《求比一个数多（少）几是多少》《连除解决问题》等。《用面积知识解决问题》是应杭州市江干区邀请关于"问题解决"研讨所上的研究课。使用教材：人教版课标修订教材；年级：三年级；上课地点：浙江杭州。

（情境引入：呈现一幅学生在剪纸的图片）

师：小朋友在干吗？

生：剪纸。

师：这位小朋友在剪数字卡片。他专心吗？

生：专心。

（呈现第二幅小朋友剪数字卡片的图片）

师：这位小朋友也很专心、很认真地剪数字卡片呢。（顺势呈现一张长方形纸的图片）

师：小东也想用这张长方形的卡纸剪一些数字卡片。现在给你们几个信息——

［屏幕上呈现两个信息：一张卡纸的长是8厘米，宽是5厘米；一张正方形数字卡片的边长是2厘米。］

师：看了这些信息后，你们能提出数学问题吗？

生：一共可以剪几张数字卡片？（教师板书这个问题）

师：还能提什么问题？

生：一张长方形纸的周长是多少？

师：好的。

生：这张长方形卡纸的面积是多少？

师：老师把这个问题也写在黑板上（板书问题）。也就是说，卡纸的面积是多少？老师想问，这个问题你是根据哪些信息提出来的？

生：我是根据"这张卡纸的长是8厘米，宽是5厘米"这两个信息提出来的。

师：根据"卡纸的长是8厘米，宽是5厘米"，可以提出"这张卡纸的面积是多少"这个问题，是不是也可以提刚才这位同学说的"这张卡纸的周长是多少"的问题呢？

生：是的。

师：还能提什么问题？

生：正方纸数字卡片的周长和面积是多少？

师：你又是根据哪些信息提出来的？

生：我是根据"一张正方形数字卡片的边长是2厘米"这个信息提出来的。

师：老师把这个问题也写一下，就是"一张数字卡片的面积是多少"。（板书问题）同学们，刚才这个问题（指求卡纸面积的问题）是根据"长方形长是8厘米，宽是5厘米"提出来的，这个问题（指求数字卡片面积的问题）是根据"数字卡片的边长是2厘米"提出来的。那么，这个问题（指"一共可以剪几张数字卡片"这个问题），又是根据哪些信息提出来的呢？

生：是根据"这张卡纸长是8厘米，宽是5厘米和一张正方形数字卡片的边长是2厘米"这几个信息提出来的。

师：同意的请举手。

（所有学生都举手表示同意）

师：这个问题与屏幕上的3个信息都有关系。今天我们就来研究这个问题。这个问题你们会解决吗？

（学生思考一会儿，陆续举起了手。）

师：会的，那就请你们试着在练习纸上把解决的过程写下来吧。

[说明] 信息解读的过程，在日常教学中许多老师都会去做。但在实施时，采用的方式基本都是以"你看到了哪些信息"这样的问题来引导学生感知的。此课中，从"根据信息可以提出什么问题"出发，既让学生经历发现问题和提出问题的过程，又经历"阅读与理解"的过程，一举两得。

环节二：经历解题方法的理解过程，体会不同解题思路的意义

[学生自主探究解题方法（用时2分钟左右）。教师巡视，适时指导，并寻找典型材料。]

（反馈交流）

（1）展示第一份材料：8×5=40（平方厘米），2×2=4（平方厘米），40÷4=10（张）。

师：和这位同学算法一样的请举手（部分学生举了手）。有好些同学是这样想的。老师想请一位同学来说说这样解答的思路。

生：8×5，我先算出长方形卡纸的面积，再算出一张数字卡片的面积。长方形的面积÷数字卡片的面积，就可以算出剪几张了。

师：也是这样算的同学，你们同意吗？你们的意思是在解决这个问题时，先算出长方形的面积，也就是大图形的面积；再算出数字卡片的面积，也就是

小图形的面积；最后用大图形的面积除以小图形的面积，就可以解决了。

（板书方法：大图形面积 ÷ 小图形面积）

（这个时候，有好几位学生已经迫不及待地想发言了。）

师：我看到好些同学都举着手。你们有不同意见？

生：是的。

师：那谁来说说看，你们有什么不同意见？

生：这样算是不对的。

师：这怎么回事？

生：照这样剪，是剪不出来的。

（许多学生纷纷表示同意）

师：这到底是怎么回事？你们能不能把自己的想法，用什么办法表示出来，展示给大家看呢？想好后，先同桌交流一下吧。

［学生自主活动：有人在与同桌交流，更多的学生在试着画图。（用时2分钟左右）］

（2）展示第二份材料（如图3-35所示）。

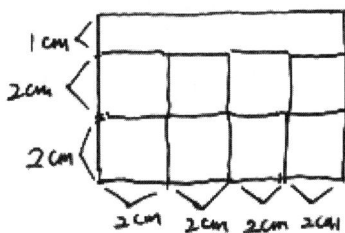

图3-35

师：用这幅图，你想告诉大家什么？

生：这里很明显就能看出来，因为数字卡片的边长是2厘米，长方形的宽是5厘米，一行只能剪2张，还多出1厘米，就不能剪了。

师：同学们看懂了他想说的意思了吗？

生：看懂了。

师：你的意思是，按照长方形纸的长是8厘米，一行我们可以剪出4张；而按照宽是5厘米去剪，一列只能剪2张。

生：是的。

师：那你认为一共可以剪几张呢？

生：8张。

师：怎么看出来的？

生：4×2=8张。

师：4在哪里？2又在哪里？

生：沿长剪一行可以剪4张（指着图中的"长"），沿宽剪一列可以剪2张（指着图中的宽）。

［教师用多媒体再次将这一过程演示一遍（如图3-36所示），且边演示边引导小结：沿长剪，也就是一行可以剪4张（板书：8÷2=4张）；沿宽剪，也就是一列可以剪2张（板书：5÷2=2张……1厘米）。4×2=8张，也就是用"行的张数 × 列的张数"算出总共剪的张数。］

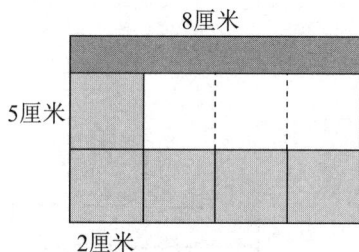

图3-36

师：同学们真厉害！这个问题原来这样想才能解决。其实一开始已经有好几位同学解决了这个问题了。

（展示两位学生一开始就算出8张的作业）

师：请给你们自己鼓鼓掌吧！

（学生鼓掌！）

［说明］这一环节重点在于引导学生呈现不同的解题思路，经历思维从不完善走向完善的过程。主要策略是数形结合，展示思维过程，让更多的学生体会到，类似于这样的问题，通过画图可以比较清楚地表达思考过程，也能够比较准确地找到问题解决的关键点。

环节三：再次经历问题解决，进一步丰富感性经验

师：刚才同学们帮助小东解决了剪数字卡片的问题。现在小北也要剪一

些数字卡片。

[呈现情境材料（如图 3-37 所示）]

小北用长方形卡纸剪数字卡片。

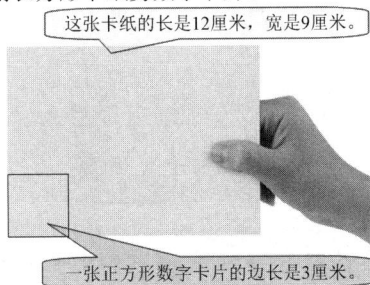

图 3-37

师：他又告诉了我们什么信息？又能解决一个什么问题呢？

生：小北用的长方形卡纸长是 12 厘米，宽是 9 厘米；要剪的正方形数字卡片边长是 3 厘米。

师：可以解决一个什么问题？

生：也可以解决"一共可以剪几张"这个问题。

师：你能解决这个问题吗？试试看吧。

[学生自主解决（用时 1 分半钟左右）。教师巡视，并作个别交流。]

（反馈分享）

（1）讨论第一份材料：12÷3=4（张），9÷3=3（张），4×3=12（张）。

师：介绍一下你的想法。

生：先算出沿长一行剪 4 张，再算出沿宽剪一列剪 3 张，4×3=12 张，就是剪的张数。

师：这样算的同学请举手。（部分学生举了手）

（2）讨论第二份材料：12×9=108（平方厘米），3×3=9（平方厘米），108÷9=12（张）。

师：把你的想法介绍一下。

生：我先算出长方形卡纸的面积是 108 平方厘米，再算出一张数字卡片的面积是 9 平方厘米，108÷9=12 张，就是剪的张数。

师：和这位同学一样的，请举手。（也有比较多的学生举了手）

（3）组织检验。

师：两种方法都算出了12张。那这12张到底对不对呢？我们有什么办法来检验呢？

生：1张的面积是9平方厘米，可以用12×9算一下总面积，再和长方形的面积比。

师：我们一起算一下，12×9=108平方厘米。这张长方形纸的面积也是12×9=108平方厘米，一样大。说明是正确的。我们也用这种方法来检验上面这题，看是不是也一样。

（师生共同计算：每张数字卡片面积是4平方厘米 × 共剪了8张 =32平方厘米。总面积是5×8=40平方厘米。）

师：咦！怎么不一样呢？

生：32平方厘米还得加上不能剪的部分。

师：这不能剪的部分，我们来看看面积是多少。（引导学生看图，很容易看到，面积是8平方厘米。）

生：是8平方厘米。

师：这样的话，32+8=40平方厘米，和长方形纸的面积也相等了。说明也是对的。

（4）比较两题的异同。

师：咦！这一次两种不同的算法，结果怎么会一样了呢？这又是什么道理呢？

（学生准备举手回答，教师提出要求：请先把你的想法与同桌交流一下吧！）

［学生同桌交流（用时1分钟左右）］

（全班反馈分享）

生：我一看就知道了！

师：你怎么看的？

生：沿长剪边长是3的正方形，正好；沿宽剪，也正好。所以一看就知道了。

师：你真牛！看长和宽与数字卡片的边长，比一下就行了。还有不同的想法吗？

生：前面这里5÷2是有余数的。这一题12÷3=4，9÷3=3，都没有余数，所以正好。

师：是这样吗？我们来看看。

［多媒体展示剪的过程（如图 3-38 所示）。观看后，引导小结。］

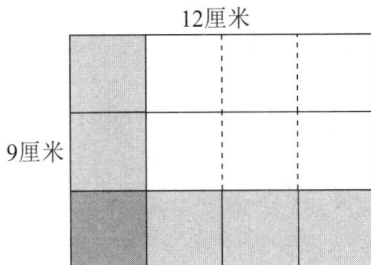

图 3-38

师：像解决这类大图形面积里面有几个小图形面积的问题，我们可以用行的数量与列的数量相乘来解决，特殊情况下还可以用大图形面积除以小图形面积来解决。像这样的问题，你在生活中见过吗？

（教师稍作停顿，给学生留一定的思考时间。学生反馈。）

生：送别人生日礼物时，大的贴纸可以剪几张小的贴纸。

师：你讲的也是剪纸的事情。蛮好！

生：造房子的时候，一个长方形墙面上贴磁砖。

师：哇！是的，造房子的时候，墙上贴墙砖，要算贴几块的时候，会碰到这样的问题的。

生：玻璃窗划玻璃，有时大的玻璃可以划几块小的玻璃。

［说明］本环节解决的问题看似与前面的问题类似，其实不然。这个问题是用两条思路都能顺利解决的。目的让学生体会，这样的问题因为有一定的特殊性，所以用"大图形面积 ÷ 小图形面积"也是可以的，经历从"一般"到"特殊"的过程。

环节四：解决生活问题，体会数学与生活的联系

师：像这样的问题，生活中其实有很多的。比如教室里面铺的地砖，也会碰到这样的问题。

［多媒体呈现一个铺地砖的情境（如图 3-39 所示）］

一共要用多少块地砖？

图 3-39

师：这是一个什么问题？讲了什么事情？

生：铺地砖问题。每块地砖的边长是 3 分米，客厅的长是 6 米，宽是 3 米。问题是：一共要用多少块地砖？

师：你们会解决吗？

生：（齐）会。

师：会解决？你们觉得应该怎样来解决？同桌先交流一下想法吧。

［学生同桌交流（用时 1 分钟左右）］

（反馈交流）

师：你准备怎么解决？

生：先算客厅的面积（教师板书：客厅面积）；然后再算一块地砖的面积（板书：地砖面积），最后用客厅面积除以地砖面积（板书：客厅面积 ÷ 地砖面积）。

师：这样可以解决这个问题吗？

生：可以。

师：这样解决，其实依据的是哪一种方法？

生：大图形面积 ÷ 小图形面积。

师：有没有不一样想法的？

生：我先算出沿长可以铺多少块地砖（板书：行的块数），6 米 =60 分米。

师：等等，你是在提醒大家什么？

生：要化单位。

师：为什么要化单位？你发现了什么？

生：这里的单位不同。

师：你想提醒大家，长度单位不同，得统一起来。那你的想法是什么？

生：6 米 =60 分米，60÷3=20 块，先算出一行可以铺多少块。（教师板书：行的块数）3 米 =30 分米，30÷3=10 块，算出一列铺多少块。（教师板书：列的块数）

师：这样可以解决这个问题吗？

生：可以。

师：那就请大家选择一种思路去解决吧。

[学生独立完成（用时 1 分半钟左右）。教师巡视，并与个别学生作交流。]

[反馈交流结果，讨论一份有错的材料：6 米 =60 分米，3 米 =30 分米，60×30=1800（平方分米），1800÷3=600（块）。]

师：看了这个过程，你们想提醒这位同学什么吗？

生：正方形的地砖面积不是 3 平方分米，而是 3×3=9 平方分米。

师：真好！这位同学你同意吗？请你改一下吧。现在同桌相互检查一下，看是否一样？如有不同，交流一下想法，有错误的，请改过来哦。

[说明] 本环节以一个实际问题作为巩固练习，一是帮助学生进一步强化此类问题的解决过程，丰富经验；二是因为这个问题的难点倒不在解题思路上，而是在单位的化聚和面积计算方法的熟练上，因此特别注意了对单位化聚部分的关注和面积计算方法的关注，强调对基础知识和基本技能的训练。

环节五：变换情境，拓宽思路，发展思维能力

（教师初步小结本课：同学们，这节课我们已经用学过的面积知识解决了一些问题。想一想，你们是怎么解决的？）

生：我知道用大图形的面积除以小图形的面积解决这样的问题。

师：碰到这样的问题，我们可以考虑先算大图形的面积，再算小图形的面积，最后用"大图形面积 ÷ 小图形面积"就可以了。

生：我知道了，用行的个数 × 列的个数，也可以解决这样的问题。

师：这么复杂的问题我们也能解决了。同学们真的很厉害！为自己的努力鼓鼓掌吧！

（学生鼓掌）

师：想不想再挑战一下！

生：想！

师：下面这个问题很难的，敢不敢挑战？

生：敢！

师：那请你们看好了。

[多媒体呈现情境材料（如图3-40所示）。分两段呈现，先呈现情境，不出现问题。]

图 3-40

师：你们看懂了吗？小西会问大家一个什么问题呢？

生：可以剪几块？

（呈现两个问题：最多可以剪多少张？又该怎样剪呢？）

师：请大家自己先试着做做看，然后再交流。

[学生自主活动（用时2分钟左右）。教师巡视，并与个别学生作交流。因时间关系，只反馈交流了一个学生的材料（如图3-41）。]

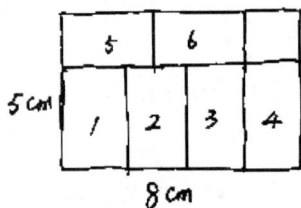

图 3-41

师：你们能看懂他的意思吗？我们请他来说一说吧。

生：我是画图解决的。沿长画，可以画4个，然后上面多出来的，可以画两个。总共是6个。

师：老师把他画的小长方形标上序号。这下你们看懂了吗？这个角上没标的是什么意思？

生：是多出来的。

师：真棒！请给他掌声。

（学生鼓掌表扬这位学生）

师：下课时间已经到了，这个问题的作业请同学们带回去自由交流，也可以给你们的数学老师看一下哦。

（结课）

[说明] 这是一个拓展延伸的环节，目的还是在于结合实际问题的解决，让学生经历问题解决的过程。当然，这个问题是有相当难度的，如果仅用算很容易会错，用画图来解决，是比较好的办法。展现的作业反映了班中是有一些高水平的学生的。这样的问题，一般班中有40%左右的学生能够解决即可，其他学生经历一下过程，体会一下解决方法，也有利于积累相关的数学活动经验。

简　析

本课中，学生基于问题解决的过程，其"经历"的意义主要体现在以下两个方面：

1.多层次经历问题解决的全过程，充分感知了"信息解读—问题解答—回顾反思"这一问题解决过程中的各个要点。

"问题解决"的核心价值，在于引导学生经历过程，体会过程中问题解决的一些基本要点，特别是对"表征问题"和"表征分析"有充分的感知和体验。本课通过四个问题的解决，围绕"问题提出""信息分析""解决问题"与"检验结果"等各个环节，充分展开探讨、体验，有层次地引导学生感受问题解决各环节的操作要点。比如"信息解读"，从第一个问题开始，特别采用"根据信息提出问题"的操作方法，改变以往直接提问"有哪些信息"的状况，让学生解读信息更有目的性和自我需求感，体会问题的真实性和生成性。再如"解决问题"环节，由于采用了"尝试—分享"的方式，学生个性化的解题方法得以呈现，活动中，又重点落实互动交流，使学生的思维在碰撞中得到发展。另外，因为有学生个性化方法的呈现，所以有了让学生的差异资源得到充分利用的可能，课堂活动变成了生生互动。

2. 经历"一般"方法到"特殊"方法的发现过程，引导学生体会不同结构问题解决方法的差异性。

很多时候，我们的学习是从"特殊"到"一般"进行的。本节课采用了从"一般"到"特殊"的活动设计。这其实也更符合问题解决的本质内涵。问题解决中的"问题"更多是真实的问题。真实的问题，更多时候属于结构不良的问题。传统的应用题教学中，因为很少出现结构不良的数学问题而通常被人诟病。新课程理念下的问题解决，倡导采用真实问题，提供结构不良问题，其目的就在于引导学生经历符合"问题解决"特征的学习活动，真正提高问题解决的能力。从本课的材料也可以看出，第一个问题与第二个问题相比，在结构上就复杂了些。所以在解决时，直接用"大图形面积 ÷ 小图形面积"是解决不了的，需要研究大图形的长、宽与小图形边长的关系，才能更准确地把握信息要素，顺利解决问题。于是，画图，以"数形结合"的方式理解信息之间的关系，准确找到解题突破口，顺利解决问题。从解题方法来说，这种方法具有一般性，因为所有类似的问题，都可以用这种方法解决。

而出现了类似第二个问题的情况，除了用这种一般方法解决之外，还可以直接用"大图形面积 ÷ 小图形面积"的方法加以解决。

基于此，我们会有更深的体会：新课程理念下的问题解决，其最大的价值不在于解决某个具体的问题，而是从解决某个具体的问题过程中，经历问题解决的全过程，形成"表征问题"和"表征分析"的基本活动经验。

第四章

"体验型"活动的设计与教学

前一章阐述了"经历型"活动的内涵与特征，并结合实例谈了"经历型"活动的设计与教学要点，本章继续以这些内容为角度接着来谈数学活动的第二种类型——"体验型"活动。

第一节 "体验型"活动的内涵与特征

  强调数学学习中的"体验",也可以认为是新课程理念指导下的小学数学课堂教学与传统数学课堂教学的最为典型的,也是最显性的区别之一。如果说,"经历"是针对于数学学习"从头到尾"的过程而提出的,那么,"体验"则是关注了数学学习过程中的"亲身经历"与感受。

  所谓"体验",360百科是这样描述的:"通过自己的感觉器官对人或物或事情进行了解、感受。""体验到的东西使得我们感到真实、现实,并在大脑记忆中留下深刻印象,使我们可以随时回想起曾经亲身感受过的生命历程,也因此对未来有所预感。"我们可以把这一描述理解为三层意思:一是有感官参与;二是实践发生;三是有比较强的感受或深刻的印象。作为《课程标准》(2011年版)提出的"过程目标"的行为动词之一,"体验"有着明确的界定:"体验,参与特定的数学活动,主动认识或验证对象的特征,获得一些经验。"[1]细细品味,我们也可以解读出三层含义:一是有"参与",二是"主动认识或验证",三是"获得经验"。"参与"是外显的行为发生,"认识或验证"是内隐的认知心理的成熟与发展,"经验"则是结果,也可以是目标。

  基于以上关于"体验"的理解,我们给数学学习中的"体验型"活动下个定义。所谓数学"体验型"活动,即是指学习主体参与数学学习的过程基础上,通过数学学习活动产生真切感受,获得相关的经验;或者在具体的情境中初步认识对象的特征,获得一些经验的活动。"体验型"活动强调能让学生切身感受知识的某些特征,或者深入获取活动经验,从而建构起完整认识的数学

---

① 中华人民共和国教育部.义务教育数学课程标准(2011年版)[S].北京:北京师范大学出版社,2012:72.

活动，也是数学实践者从关注数学学习与学生原有经验间的差异出发，找到的一条沟通数学学习与生活经验的基本途径。"体验型"活动有三个方面的特点：

一是有主体参与。"体验型"活动是数学学习过程中，或由于学生对有关数学知识只有数学层面上的理解，缺少直接的感性经验，或由于学生直接经验不够丰富，需要增加一些感性经验时，所组织的数学活动。因此，主体参与是获取经验的必要保证。唯有主体参与进来，才会有感官的刺激，感性经验的形成。比如在小学数学内容的学习中，有许多需要学生建立"量感"的知识，如长度观念、质量观念、时空观念，等等，都需要学习主体在学习过程中对相关知识有切身的体验，才能有效地建立起相应的"量感"。比如"米"这个最基本的长度单位的认识，虽然从1983年起，被定义为"光在真空中于1/299792458秒内行进的距离"，但学生对"米"的概念理解也只不过是知道了一个长度单位，其量感还是没有的。唯有通过"体验型"活动，才能有效地帮助学生建立"米"的长度观念。活动可以设计成诸如"比一比"（拿米尺与自己身高比，让"米"与自己的身高建立联系）、"量一量"（用米尺测量桌面或者其他一些物体，让"米"与一些实际物体建立联系）、"剪一剪"（把绳子剪成1米长的一段，体会"米"在生活中的应用）、"估一估"（以"米"作单位判断一些生活中的物品的长度，强化对"米"的量感的建立）等，有助于学生亲身参与、感受"1米"有多长的活动，这样才能真正帮助学生形成"米"的观念。可以说，主体参与是"体验型"活动的最为基本的特征。

二是有主动认知。"体验"是主体参与基础上的主动认知，是认知基础上的经验获得。"体验"不同于"经历"。"经历"更多是指经过，而"体验"不但要有经过，更要有收获。因此，主动认知是"体验型"活动区别于"经历型"活动的一个重要指标。对于"体验型"活动而言，活动主体的主动认知不仅仅表现在感官行为上，还发生在心理上。它要有学习主体借助思维进行信息处理的心理变化。比如，在《认识射线》这节内容的学习中，学生对"射线"的认识活动，经历了三个环节[①]：环节一，通过观察某一光源发出的光线的特点，感知"由一点向一个方向无限伸展"的现象。环节二，把看到的现象画下来，如果说

---

① 费岭峰.学生的学习是否真的发生——"射线的认识"教学实践与反思［J］.中小学数学（小学版），2005（1）：54—56.

观察是对事物表象初步的感知，是接收信息的话，那么"动手画"则是对现象的加工和整理的过程，这是需要通过信号的转换，完成初步的抽象的。从这个意义上说，画"射线"的体验是学生知识内化过程中重要的一步。环节三："给图形取名字"，这又是一个需要学生重新审视和归纳射线特征的重要部分，也是学生对射线特征达到自我感悟的重要环节，是需要学生调动其所有的经验来解决问题的一个环节。当学生给它取一个比较贴切的名字时，这是"体验"活动效果的体现，也是学生主动认知的体现，有效地反映了学生对"从一点出发，向另一个方向无限伸展"的"新的理解、新的心理表征"。

三是有经验获得。经验获得是从"体验"活动的结果来看的。而从新课程理念来分析数学活动的经验，"并不仅仅是实践的经验，也不仅仅是解题的经验，更重要的是思维的经验，是在数学活动中思考的经验"①。因此，通过"体验"活动，主体应该有直接经验或间接经验，当然还包括思维经验的获得。比如，在前面谈到"米"的认识中，当学生在"比一比""量一量""剪一剪""估一估"等活动中，获取的更多是直接经验，对"米"这一长度观念的建立，也更多依赖于这些直接经验。当学生建立了"米"的量感之后，在学习"千米"这一比较大的长度单位时，只需要借助学生对"米"的量感，来体会"千米"的长度概念，不失为一种有效的学习方法。（虽然我们也可以到教室外面去测量一段"一千米长的距离"，让学生去感受一下，体验一下它的长短，获取直接经验，但就数学学习而言，一来在课堂上一般比较难以操作，二来也没这个必要，因为学习除了要获取直接经验，间接经验同样重要。）因为在数学上，有"1千米 =1000米"的关系在，这便是一种间接经验。此时，比如从"1米"长度的经验唤起，到"10米"长的距离的感知，再到"百米"长的距离感知等活动的设计，便是为学生更好地获取"千米"的量感作准备的，最终可以形成"1千米 =1000米"这一间接经验。

---

① 教育部基础教育课程教材专家工作委员会.义务教育数学课程标准（2011 年版）解读［M］.北京：北京师范大学出版社，2012：120.

第二节 "体验型"活动的设计与教学要点

作为数学活动的一种类型,"体验型"活动中最为主要的元素,便是"体验"活动。表现在课堂上时,需要把有主体参与的、有利于主体主动认知的并且能够获取经验的,比如动手操作、自主探索等突出学习主体亲身经历的学习活动,作为学生重要的学习活动。

前一章谈到"经历型"活动,我们发现《课程标准》在目标定位时,主要与"知识技能"联系了起来,关于"知识技能"的习得,希望通过"经历"全过程,使学生获取"从头"想问题、做问题的全过程的经验。同样结合《课程标准》去分析"体验"的目标定位,发现主要出现在"数学思考""问题解决"与"情感态度"三个维度中。如"学会独立思考,体会数学的基本思想和思维方式","体验解决问题方法的多样性,发展创新意识","体会数学的特点,了解数学的价值"[①] 等等。当然,这些目标内容更多表达的是通过"体验"活动,丰富数学思考经验的要求。但也反映了"体验"活动虽属于显性的定位,其结果却更多是以隐性的经验层面、情感态度层面的变化反映出来的。

本节结合特定知识内容的学习,从积累直接经验、形成思考经验这两个角度谈小学数学课堂学习中"体验型"活动的设计与一些教学要点。

一、积累直接经验的"体验型"活动设计与教学

直接经验,是指通过亲身实践得到的知识。直接经验在一个人成长过程

---

① 中华人民共和国教育部 . 义务教育数学课程标准(2011 年版)[S].北京:北京师范大学出版社,2012:9.

中，起着重要的作用。"在主体的认知发展中，主体参与活动、积累直接经验是主体认知发展的起点、基础和辅助手段。"① 小学数学学习中的直接经验则是指小学生通过亲身参与观察、操作、比较、抽象、分析、概括等数学活动而获得的知识、技能、思想等数学"知识"。由此，我们可以知道，小学生在数学学习活动中获取直接经验，是在强调学生自身亲力亲为参与实践的过程，通过实践习得数学知识，建构数学方法，形成数学经验。以下模型图比较好地体现了小学生直接经验形成的基本过程。

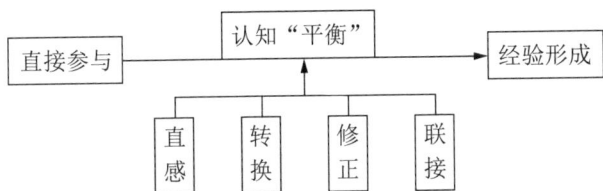

图4-1　小学生直接经验积累模型

　　直接参与是起点，也是基本条件。然后通过认知"平衡"，依托包括直感（即直接感知）、转换、修正与联接等策略方法，最终形成直接经验。而在课堂学习中，我们可以从以下两个方面来设计以积累直接经验为主要目标的数学"体验型"活动。

（一）设计有助于学生亲身参与的活动，强调主体的感官感受与体会

　　因为直接经验更多是学习主体亲历亲为获得的，学习主体直接参与到活动中是关键。那么怎样才算是直接参与到活动中了呢？主要是指学习主体需要有动眼（视）、动耳（听）、动手（触）、动脑（思）等主体感知知觉的直接介入与显性实践。因此，以此为目的的数学"体验型"活动设计，需要创造更多的让学生亲身参与的机会，发挥视、听、触等感官的直观感受作用，让学生积累起相应的直观感受与体会。

　　比如《毫米的认识》，作为一节长度单位的认识课，帮助学生积累"毫米"这一长度单位的直观感受，形成"毫米"的"量感"，是学习的重要目标。对长度单位而言，其"量感"主要表现在对长短、厚薄的感觉上。于是，在这

---

① 陈佑清. 不同素质发展中的直接经验与间接经验的关系［J］. 上海教育科研，2002（11）：26—29.

个内容的学习中，可以设计四个层次的学生亲身参与的"体验"活动，帮助学生获得"毫米"的"量感"。①

活动一："量一量"。量三根小棒（长度分别为1厘米、5厘米2毫米、10厘米），其中因为有一根小棒的长不能用整厘米表示，所以便需要有比厘米还要小的单位产生，才能比较精确地得到结果，初步感受"毫米"是一个比"厘米"还要小的计量长度的单位。

活动二："找一找"。因为知道了有比"厘米"还要小的计量长度的单位"毫米"，所以可以用这个活动，进一步感受"毫米"的"短小"。有学生从尺上找到了1毫米，直接感知了1毫米就是"尺子上1小格的长度"；再找一些比1毫米稍微长（厚）一些的物品，再次感知1毫米或者2毫米的长（厚）短（薄），比如尺子的厚度、硬币的厚度、一粒米的长度等（当然，可以捏一捏、量一量，充分感受与体验）。

活动三："画一画"。先画"1毫米"的线段，充分感知"1毫米"这个单位长度，画起来其实也是不易的，因为它太短了。再任意画，从有长有短的线段长度比较中，体会长度单位"毫米"的"短小"以及与"厘米"之间的关系，沟通"毫米"与"厘米"间的进率。

活动四："估一估"。这其实是量感建立的又一重要环节。可估刚才学生画的线段，然后测量验证，进一步体验；也可估一些物品的高、长、厚等，然后测量体验，实时验证，从而丰富直观感受，积累直接经验。

以上四个层次的"体验"活动中，学生有观察，有交流，有接触，有比较，感官参与到位，信息感知直接、立体、丰富，对学生建立"毫米"的长度观念有比较好的效果。而且这一"体验型"活动中的许多方法，如"量""画""估"等主体操作的方法，可以推广到其他计量单位的学习中，在学习方法上又有丰富的"第一手"感觉——直接经验。

当然，小学数学课堂学习中，学生亲历亲为的"体验"活动，不仅仅是指动手操作活动，也包括一些全程主动参与的"问题解决""规律探索"以及

---

① 费岭峰.量感：计量单位教学的重要内容——以《毫米的认识》教学为例［J］.小学教学设计（数学版），2014（8）：4—5.

"模型构建"等活动。比如在《商不变的规律》一课的教学中，可以设计如下一个活动。[①]

（课前导入，通过一道除法试题的计算，引出四种猜想：你们猜猜看，在这个除法算式中，被除数和除数可以发生怎样的变化，商却不变？）

生：被除数和除数都加上一个数，商不变。

生：被除数和除数都减去一个数，商不变。

生：被除数和除数都乘一个数，商不变。

生：被除数和除数都除以一个数，商不变。

（接下来由学生自主研究，发现规律。）

师：猜想不一定正确，需要通过验证才能知道猜想是否有道理，规律是否存在。现在我们需要对以上的猜想进行验证。你们准备如何进行验证？

生：举一些例子来验证。

师：怎样举例验证呢？我们以"被除数和除数都乘一个数，商不变"这一猜想来试试看吧。

（学生以小组为单位进行尝试验证，自主体验验证过程。教师巡视作适当指导后进行反馈交流。）

生：24÷6=4，现在把24乘2，6也乘2，48÷12商也等于4。被除数和除数都乘2，商不变。

生：24÷6=4，现在把24乘3，6也乘3，72÷18商也等于4。

生：24÷6=4，现在把24乘4，6也乘4，96÷24商也等于4。

师：有没有没用这个算式的同学？

生：54÷9=6，现在把54乘2，9也乘2，108÷18商也等于6。……

（教师根据学生的回答，板书。至此，只要再补充一下"乘0"这种特殊情况的讨论后，关于第一个猜想的验证过程基本完成。）

师：（小结，边说边板书）如同上面那样，在除法里，被除数和除数同时乘一个数（0除外），商不变。

[①] 吴卫东，邱向理.小学数学典型课示例——历史视角下的研究［M］.长春：东北师范大学出版社，2005：174—188.

$$24 \div 6 = 4 \qquad 24 \div 6 = 4 \qquad 24 \div 6 = 4 \qquad 59 \div 9 = 6$$

$$\downarrow \times 2 \; \downarrow \times 2 \qquad \downarrow \times 3 \; \downarrow \times 3 \qquad \downarrow \times 4 \; \downarrow \times 4 \qquad \downarrow \times 2 \; \downarrow \times 2$$

$$48 \div 12 = 4 \qquad 72 \div 18 = 4 \qquad 96 \div 24 = 4 \qquad 108 \div 18 = 6$$

因为有了对"被除数和除数同时乘一个数，商不变"这一猜想验证过程的亲身体验，学生充分经历了一次完整的验证过程，体验了验证的过程及一些注意点，积累了猜想验证的直接经验。于是在接下来对另外三个猜想分组验证时显得容易多了。

（二）设计有助于学生经验"平衡"的活动，强调直接经验的丰富与积累

以认知心理学来看人的学习，是一种主体"主动建构"的过程，经典如皮亚杰的认知发生理论。皮亚杰认为："人的认知图式是结构与建构的统一，认知图式的建构过程是'同化'和'顺应'的统一。"[1]这里皮亚杰所说的"统一"也就是"平衡"。"'平衡'是指个体通过自我调节机制使认识发展从一个平衡状态向另一个较高的平衡状态过渡的过程。"在皮亚杰看来："智慧行为依赖于同化或顺应这两种机能从最初不稳定平衡过渡到逐渐稳定的平衡。"[2]经验作为一种"知识"，在人的心理发展中，同样需要找到那种"平衡"：当个体在"体验"活动中遇到新的"刺激"时，一开始总是试图用原有的经验去同化，从而使原有的经验得到拓展，学习主体得到暂时的平衡。如果原有的经验无法同化新的"刺激"，个体便需要作出顺应，即调整自己原有经验或形成新的经验，以此达到经验上的新的"平衡"。这种现象在数学学习中时有发生。

比如《秒的认识》这节内容，作为一个"时间概念"的学习课，当然不是仅仅让学生知道 1 时 =60 分、1 分 =60 秒等一些知识点，而是应该通过"体验型"活动去建立 1 秒、1 分等的时间观念（也可以说是"时间感"）。我们来看特级教师陈昕是怎样设计相应的"体验"活动帮助学生实现这个目标的。[3]

（当学生基本掌握了钟面上秒针走过 1 小格就表示"1 秒"，走过 5 小格就表

---

① 张华 . 课程与教学论［M］. 上海：上海教育出版社，2000：467.

② 王羽左 . 学习与教学——经典研究的启示［M］. 杭州：浙江文艺出版社，2016：60.

③ 费岭峰 . 遵循认知规律　巧设学习路径——《秒的认识》教学片段赏析［J］. 云南教育（小学教师），2014（9）：30—31.

示5秒，走一圈表示60秒，就是1分钟后，学习活动进入到了"体验"环节。）

（活动一：学生体验10秒的长短。要求：不看钟面，10秒到了就举手示意。课上有的学生快了，有的学生慢了，不过也有学生是比较准的。教师引导交流：你们的钟准不准呢？）

生：我慢了。

生：我快了，7秒就举手了。

师：有没有准的？准的小朋友说说有什么好办法？

生：我在心里数嘀嗒、嘀嗒的声音。

生：我用晃动手指的办法。……

师：看来这些小朋友很有办法。那我们也用这种方法来试试看吧。

[活动二：体会15秒的长短（要求同上）。活动后交流，发现这次准时举手的学生确实多了一些。]

师：有了好办法，我们就能够比较准确地体会时间的长短了。现在我们来一次比赛，看看谁的钟最准，时间是1分。

（活动三：体验1分钟的长短。活动后，交流。）

师：你们觉得经过1分钟有什么体会？

生：过一分钟太慢了。

生：数到后面有点不太耐烦了。

师：这么长的一分钟时间能干什么？

生：跳绳。1分钟能跳一百多下。

生：1分钟里能写20几个字。

生：能踢40个毽子。

（于是，活动又进入到"1分"的实践体验环节。）

引导学生"体验"是贯穿于《秒的认识》一课的主要学习方式。以上活动中，学生正是有了充分的体验，对"秒"的时间观念的形成还是比较到位的。而老师在课堂上引导学生进行经验"平衡"的三种方式又很具有典型性，有利于促进学生"平衡"经验，丰富经验。

其一，转换。因为时间观念是一种意识层面上的感觉，"虚"的成分居多。于是，这种感觉的形成需要借助一些具有可感性的材料或事件来完成，印象会更加深刻。于是课中学生以"数滴嗒声""轻拍桌面""晃动手指"等方式来感知时间的过程，有效弥补了观念层面的空落感。这种转换的方式在后面"体验1分"的长短时，也有体现。

其二，修正。时间观念的建立并不是一蹴而就的，它是一个需要不断体验、不断修正的过程。正是这个过程，有效帮助学生从对时间单位"秒"的模糊感知，逐步走向了较为清晰的层面。课中，体验"10秒""15秒""1分"等三个层次的活动，保证了学生有调整的机会，还因为这是个多层次的活动，学生不仅形成了对"秒"的恰当认识，而且为学习时间概念积累了相应的活动经验。

其三，联接。"秒"的认识是时间概念学习中的一部分，它是在学生学习了"时、分"基础上学习的。因此，与已有的时间概念建立联系是帮助学生建立起"秒"的概念的必不可少的途径。课中，老师让"秒"的学习与"分"的进一步体会同步推进，这既为"秒"的认识提供了必要的支持，同时也让学生对"分"的感知更为丰富，为学生系统掌握时间概念打下了扎实的基础。在知识层面上，自然地形成了对 1 分 =60 秒等知识点的概括；在观念层面上，又让学生以"1 分"为对象来进一步体会"1 秒"的短暂，设计相当巧妙。

当然，以上三种方式，更多还是以自身原有经验作基础，在原有经验基础上进行拓展，形成了"秒"的认识的直接经验，可属于经验"同化"的典型例子。接下来我们来看一个经验"顺应"的例子。

这是一节空间方位学习课:《认识东南西北》。[①]事实上，对于三年级的学生来说，在一个具体的生活场景中，只要找到某一个参照物，如"太阳从东方升起"，"树的年轮密的方向是北面"等，学生还是能够辨认"东、南、西、北"四个方向的，他们在生活中已经积累了一定的直接经验。然而，当需要把一个生动的立体的场景绘制在一个平面上，要求学生以数学的眼光来认识"东、南、西、北"四个方向时，却存在着一定的困难。因为在这个过程中，需要学生经历两个层次的转化：一是从生活场景中的"前、后、左、右"的相对性，转化到书面表达时纸面上的"上、下、左、右"的相对性；二是从生

---

① 费岭峰，胡慧良.学生是怎样建构数学模型的——听《认识东南西北》一课引发的思考 ［J］，云南教育（小学教师），2012（11）：14—15.

活场景中"东、南、西、北"的顺时针旋转方式辨认，转化到书面表达"东、南、西、北"的顺时针旋转确定方向时方法的应用。关于这些方面的直接经验学生是缺乏的。

那么如何帮助学生积累起从生活场景到平面表达的直接经验呢？延长探索书面表达"东、南、西、北"四个方向的"图示"的过程，在充分唤起生活中对"东、南、西、北"四个方向的辨认经验后，经历一个对书面表达的自我探索过程的体验，是实现这个目标的基本途径。

活动可以这样设计：结合课本例1说说生活场景中的"东、南、西、北"，如教室里的"东、南、西、北"以及"东、南、西、北"各个方向上的物品；结合经验想象校园中的"东、南、西、北"以及不同方向上的建筑物；体验以自身为标准，说说处在自己"东、南、西、北"方向上的同学；等等。当学生积累了比较丰富的感性经验后，提出要求：确定以自身为观察中心，再以某个方位为标准，在纸上标明其他三个方位的位置。学生完成后，组织学生交流。一般会出现如下情况（不足四种也可）：

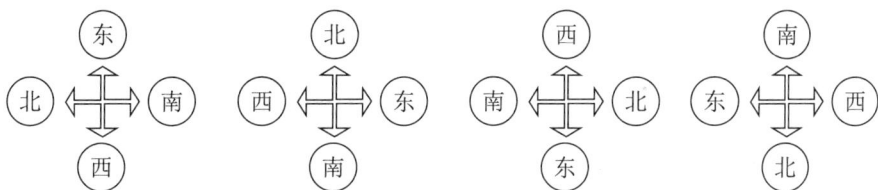

图 4-2

对于这些结果，不能简单地反馈"对"或者"错"，而需要引导学生对这些图例作对比解读，请学生整体观察后说一说，方位图中隐藏着怎样的规律，旨在让学生发现：无论哪一幅图中，"东与西""南与北"均是相对的；"东、南、西、北"四个方向可以以顺时针方向来辨认，即当我确定了"东"之后，顺时针辨认依次为"南""西""北"；同理，当我确定了方位"南"之后，顺时针辨认依次为"西""北""东"等。这是一种从空间方位认识的经验转换到平面表达的过程，从经验的特征来分析，属于一种新的表征方式，学生原有的经验中是没有这样的表征方式的。于是，当学生接受了这种表征方式时，其实质也是在经验上作出了"顺应"，即调整自己原有经验认知，形成了新的经验。

《周长的认识》教学实录与简析 [①]

教学实录

环节一：以生活情境引入，感受"一周"，初步体验"一周的长度"

[呈现图片（图4-3），组织谈话。]

师：图中阿姨在干吗？

生：锻炼。

生：在量自己的腰。

师：她在测量自己的腰围。同学们知道什么是腰围吗？

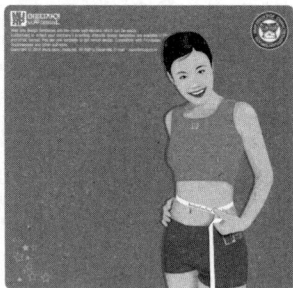

图4-3

生：就是腰一圈的长。

师：是的，就是腰部一周的长度。（板书：一周的长度）猜猜老师的腰围大约是多少？

生：50厘米。

生：70厘米。

师：想不想具体知道？

生：（齐）想！

师：怎么办？

生：（齐）用尺量。

（教师取出软尺，请一名学生上来测量。）

师：他应该怎样量？

生：围一圈。

（一名学生操作，其他学生观察，并适时提醒。终于量得结果。）

---

① "周长"内容的研究，自2012年开始。曾在嘉兴市名师送教活动中展示，也曾在成都、重庆等地"基于课标的小学数学'图形的认识与测量'教学操作指南研讨会"上展示。《周长的认识》的实录是以永康教师进修学校邀请的教学展示活动中的观摩课为蓝本所作。采用教材：北师大版课标修订版教材；教学对象：三年级；上课地点：浙江永康。

师：要测量腰部一周的长度，我们量一圈的长就行了。量的时候，两个手不能过头，也不能不碰到。

[说明] 从生活事例引入，感知一周。并通过测量腰围，体验"一周的长度"的特点。

环节二：以平面图形为研究对象，感知图形的"一周"及"一周的长度"

1. 描平面图形"一周的长度"。

（结合前面谈话中聊到的"腰围就是腰部一周的长度"的话题，呈现三个学生前几节课认识的平面图形：长方形、正方形、平行四边形。提出问题：这些图形有没有"一周的长度"？）

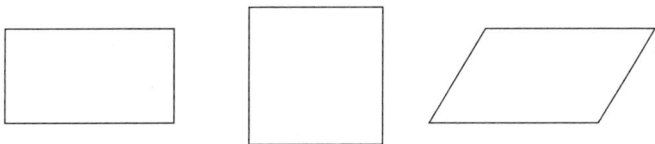

图 4-4

生：有！

师：你能指出在哪里吗？

（学生纷纷举手，指名答。）

生：就是图形黑的边。

生：就是外面边上的一圈。

（请一位学生在长方形中演示。学生指着长方形的边描了一遍。教师顺势用红颜色的线条将学生描的部分表示出来。）

师：想法和这位同学一样的请举手。

（全班确认后，再请第二位学生指出正方形和平行四边形两个图形"一周的长度"。同样用红颜色的线条描出，并全班确认。）

2. 揭示"周长"的概念。

师：像这样图形一周的长度，就是图形的周长。（板书：图形一周的长度，是图形的周长。）

（组织学生结合概念，回到刚才的平面图形中，指一指这些图形的周长。）

师：这个长方形的周长在哪里？

生：（边演示，边答）就是红色的线条的长度。

（全班学生再次一起描画长方形一周的长度，体验"周长"。同桌交流说说、描描正方形和平行四边形的周长。）

[说明] 从生活事物的"一周"到平面图形的"一周"，认知上还是有不同的。利用学生刚学过的四边形，通过"描"来直观感受，体验"一周"，完成了第一次对周长的体验。

环节三：描画图形周长，再次体验"一周的长度"，完善对"周长"的理解

（呈现学习材料，见图 4-5。）

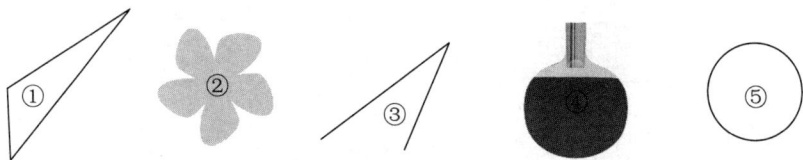

图 4-5

师：以上图形有没有周长？如果有，请用彩色笔描出它的周长。

[学生在练习纸上独立完成（用时 2 分左右），教师巡视并收集典型材料。]

（反馈）

1. 呈现所有图形全部"描"的作业。

师：这位同学认为这些图形都有周长，所以全部描了。

生：不对。

师：哪里不对？

生：第三个图形没有周长，不能描的。

（请没有描第三个图形的学生示意一下，全班三分之二的学生没有描。）

师：第三个图形为什么没有周长？

生：（边指着图形，边说）因为它没有一周。如果要有一周，这里必须是合拢的。

师：谁听懂他说的意思了？

生：一周就是全部围起来。而这个图形下面有空隙，所以没有周长。

师：（顺势引导概括）"一周"的意思是从一个点出发，绕一圈后回到这个点。这个图形没有一周，所以就没有周长。

2.分析其他图形。

师:(指着三角形)这个图形描得正确吗?请你介绍一下是怎样描的。

(学生沿着三角形的三条边描了一遍)

师:和他一样描法的请给他掌声。

(全班鼓掌)

(师指着花朵,请学生介绍"描"的过程。全班学生一起跟着描画,体会"花朵图案"一周的长度,即是这个图形的周长。同桌交流剩下两个图形的周长描画过程,再次体验周长即这个图形一周的长度。交流中没有异议。)

3.引导小结。

师:我们通过"描"一个图形的周长,发现像"角"这样的图形是没有周长的。那么什么样的图形才有周长呢?

生:从一个点开始描过去,绕一圈后,能够回到这个点的图形有周长。

师:这样的图形,我们叫它封闭图形。因此,在这里我们得加上两个字——

(补充完整板书:"封闭"图形一周的长度,是图形的周长。)

[说明] 小学低年级学生处于具体形象思维水平阶段,对他们而言,建构一个几何概念时,必须借助生动具体、内涵丰富的活动。上述学习活动中,学生结合学习材料,描图形的周长,又动手又动脑,体验比较到位。同时,又借助学生认知错误,从正反两面帮助学生建构、完善周长的概念,过程既生动活泼,又具有浓浓的数学味。

环节四:测量图形"周长",体验周长的"长度"含义,深刻理解"周长"意义

(大屏幕隐去②、③、④号图形,留下①号三角形和⑤号圆。)

师:通过刚才的学习,我们知道"周长"是封闭图形一周的长度。如果我现在想知道这两个图形的周长到底是多少,你们有办法吗?(停留,让学生思考)试试看吧。

[学生自主活动(用时2分左右),教师巡视。学生测量三角形的周长基本没有问题,对圆的周长的测量,大多数学生则有点为难。]

师:如果有困难,小朋友们可以讨论讨论的啦。

1. 反馈三角形周长的测量情况。

（呈现第一位学生的作业：直接在三角形的边上写了"9厘米"。请这位学生作介绍。）

生：（边操作演示，边说明）我先量第一条边是4厘米，再量第二条边是3厘米，最后量第三条边是2厘米。一共是9厘米。

（呈现第二位学生的作业：在每条边的边上分别写了量出的长度4厘米、3厘米、2厘米，旁边写了个9厘米。请其介绍。）

生：我也是先把每条边量出来，再把它们加起来，就是9厘米了。

师：这两位同学都是把三条边的长度分别量出来后，再把它们加起来。为什么要加起来呢？

生：周长是它一周的长度，不是一条边的长度啦。

生：三条边的长度加起来，才是它的周长。

2. 反馈圆周长的测量情况。

师：同学们用尺子很容易就量出了三角形的周长。那么圆的周长你又有什么办法呢？

生：可以用软尺去量。

（教师请这位学生用前面交流时量腰围的软尺，上来操作演示，全班同学认可。）

师：有没有不一样的想法呢？

生：在中间画个"十"字，先量出一段的长度，再量一段的长度，然后把4段加起来。

（有学生反对，认为一段一段也是曲线，不能用尺来量。）

生：先拿一根线，绕着圆摆一圈，然后只要量这一圈线的长度就行了。

师：（故作疑惑）你们有没有听懂这位同学的意思？

（班中大多数学生表示能够听懂，还有部分学生有疑惑。于是教师取出一根线请这位同学上来演示量法。学生操作演示，全班学生很直观地了解了这种方法的可行性。）

师：这种方法操作起来有点难，但想法可行。你们佩服吗？

生：（齐）佩服！

师：老师也佩服这位小朋友。原来是一条曲的边，用线一围，只要量拉直的线的长度，用"化曲为直"的方法就可以量出圆的周长了，真了不起！

生：我还有一种方法。只要在中间画一条线段，量出这条线段后，再加一条就可以了。

（教师请这位学生上来演示，并请其他学生评价。好多学生认为这样量出来的不是周长，它比周长短。教师告知学生，这样量出来的确实不是圆的周长。但这个数据也是圆里面很重要的一个数据，以后学习中会知道的。）

师：看来在这个圆里还有着许多的奥秘，今天我们就先研究到这儿。

3. 选择身边的物品，测量某个面的周长。

师：通过刚才的学习研究，现在你们知道什么是图形的周长了吗？

生：周长就是一个图形一圈的长度。

生：封闭图形一周的长度。

师：请你选择身边的一个物品，描一描它某个面的周长。

（学生自主活动后，反馈交流。）

[说明] 就教学目标而言，周长的测量与计算依然是学生进一步建构周长概念的过程。要求三年级学生尝试求圆的周长是一个富有挑战性的问题。引导学生解决这一问题，既可以让学生对周长概念的认识更加完善，还能让学生初步认知化曲为直的数学方法，为后续学习积累活动经验。

环节五：根据确定的周长，在点子图上画图形，以逆向活动体验周长的内涵

师：同学们已经知道什么是图形的周长了。现在老师想请你们帮忙设计一个周长是 10 厘米的图形，你们想怎样设计？

[学习材料：在点子图上画一个周长是 10 厘米的图形。学生独立完成（用时 3 分钟左右），教师巡视，选择典型材料。等每位学生至少画出一种图形后进行交流反馈。]

1. 选择展示。

（1）作业材料一（图4-6）：

师：请这位学生说明想法和画法。

[这位学生演示，其他学生跟着他一起数（数时以线段为标准数）。确认 10 个 1 厘米，周长是 10 厘米。]

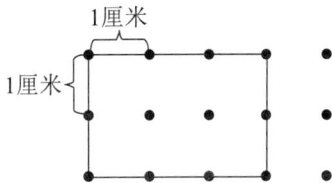

图4-6

（2）作业材料二（图4-7）：

生：这个和刚才那个差不多，只是把刚才那个竖过来放。

师：请这位学生带着大家一起数，确认是10个1厘米，周长是10厘米。

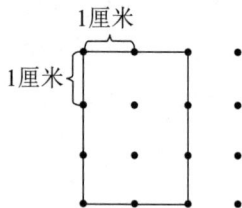
图 4-7

（3）作业材料三：一位学生画出了两种（图4-8）。

师：（对第一种画法进行数数确认）10个1厘米，周长同样是10厘米。

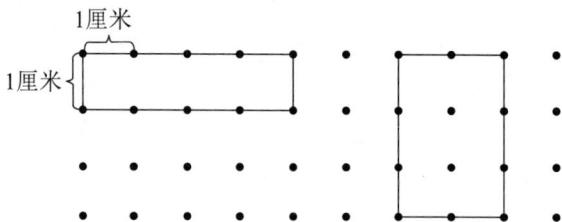
图 4-8

（4）作业材料四：有一位学生画了4种，其中一种方法如图4-9所示。

师：这位同学画的这个图形的周长也是10厘米，你们同意吗？

（有同意的，也有不同意的。）

师：怎么办？

生：（齐）数一数。

（于是师生一起数。学生通过数线段后确认，也是10厘米。表示同意。）

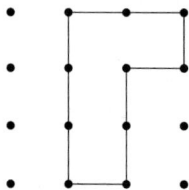
图 4-9

2. 自由展示。

师：还有没有画得不一样，周长也是10厘米的？自己上来展示吧。

［有一位学生展示他的方法（如图4-10）。教师请其他学生评价，大家都认为"不对"。］

师：为什么不对？这不也正好是10段吗？（带着学生一起数，确认是10段。）

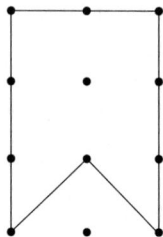
图 4-10

生：这里有两段是斜的。

师：这个图形的周长肯定比 10 厘米要——

生：长。

师：同学们想画得有创意一些，这是好事但结果得正确。

3. 小结归纳。

师：在画一个周长是 10 厘米的图形中，你们有什么发现？只要怎样画就行了？

生：只要画出 10 段 1 厘米的。

生：围起来还得是一个封闭图形。

师：这里的两个图形（图 4-11），它们的周长是不是都是 10 厘米呢？

（学生通过数线段后，确认周长都是 10 厘米。）

[说明] 在格子图上画一个周长是 10 厘米的图形，这又是一个富有思维空间的好问题。学生尝试画出图形的过程，是对周长概念深刻理解和初步运用的过程，还在活动中渗透了"周长相等，图形的形状、大小不一定相同"的规律，有利于培养和发展学生的空间观念。

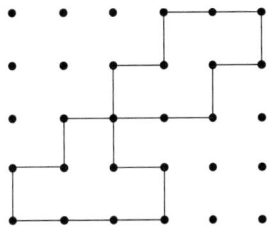

图 4-11

（结课）

简析

以"体验型"活动的视角来分析这节课，可以归结为两个特点：

1. "体验"贯穿了本节内容学习的整个过程，为学生积累直接经验提供了足够的支撑。

"周长"看似一个直观概念，其实仍是一个抽象的数学概念。"封闭图形一周的长度"，理解时有两个点需要有相当的经验支撑：一是一周，二是长度。首先，对于"一周"学生理解起来还是有点难度的。从实际的课堂中可以发现，学生在描一周时，还是有错误的。所以必须让学生充分经历，去体验图形一周指的是什么。课中的活动，始终围绕"一周"在做文章，由学生亲身体验"一周"的概念。描述周长、描周长、量周长、根据周长画出图形等四个全体参与的活动，都充分体现了教师在帮助学生建构"周长"概念时，有操作、有感受，有收获，而这些正是数学概念建构必须经历的过程，体验的过程。

2. "体验"的层次由浅入深，为学生逐步形成完善的数学概念提供了学习路径上的保障。

认识图形的学习活动，一是需要遵循数学概念学习的基本规律，二是需要遵循儿童数学学习的基本规律。数学概念的建构，不仅仅要求知道相关概念的文字描述，更需要体现在认知完善与思维发展的过程中，因此，直接感受与数学理解相映成趣，是一节图形要素概念课重要的增色元素。再则体验、感悟"周长"的意义的四个体验活动是层层推进，有条不紊的：基本图形感知"一周的长度"、根据周长概念判断并描画有关图形（或图案）的周长、测量两个基本图形的周长、根据周长画出相关图形等，活动的挑战性在不断增加，思维要求在不断提升，体验的收获也在越来越丰富，这正是小学数学课堂学习活动设计时需要考虑的重要因素。

二、形成思考经验的"体验型"活动设计与教学

此处的"思考"是指"数学思考"。所谓数学思考是指"运用'数学方式的理性思维'进行的思考"。"数学方式的理性思维"有丰富的内涵，包括"形象思维、逻辑思维和辩证思维，包括合情推理和演绎推理（也称'逻辑推理'），等等"。作为一个重要的课程目标，培养学生的数学思考，旨在"培养学生以数学的眼光看世界，从数学角度去分析问题的素养"[1]。关于内容，则涉及数学学习的各个领域，至于方式，主要强调"独立思考"和"合作探索"。[2]作为数学学习中的重要形式之一——"体验型"活动，当然也有承载着丰富学生数学思考经验，发展学生数学思考水平的重要功能。

"体验"不仅蕴含在观察描述、动手操作等有形的实践活动中，也蕴含在数学问题分析、思考、解决等一些隐性的思维活动中。以丰富学生数学思考经

---

[1] 教育部基础教育课程教材专家工作委员会.义务教育数学课程标准（2011年版）解读［M].北京：北京师范大学出版社，2012：122—128.
[2] 同上。

验，促进学生数学思考经验形成为目的的"体验型"活动，更需要将两者紧密结合，既注重学生学习过程中外部活动的设计，也关注学生内部活动的激发。在个体的学习实践中，数学思考经验形成是一个整体的过程，不过在心理发生与思维经验形成的过程中，则有着两条不同的路径：一条是由外部活动激活内部活动，以感性经验的丰富，促进理性经验的发展；还有一条是由内部活动产生需求而引发的外部活动的发生，其更多是理性经验的生长需要寻求感性经验的支撑时发生的。具体可用如下模型来表示。

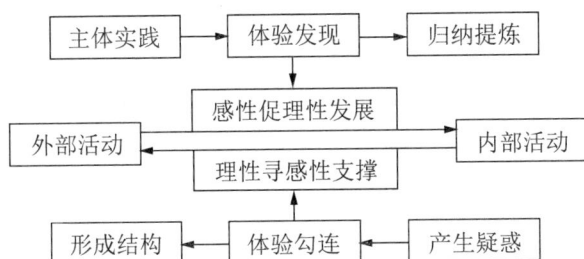

图 4-12　小学生数学思考经验形成模型图

到了实际的课堂上，同样会有两种不同的实践体验活动，对学生的数学思考经验的形成发生着不同的作用。

（一）外部活动激活内部活动的实践体验，丰富数学思考的逻辑思维经验

从"小学生数学思考经验形成模型图"来看，由外部活动引发学生内部活动，借助感性经验促进学生理性思维发展，是数学思考经验形成的路径之一。在这个过程中，外部活动的发生在先，内部活动的发展在后，且有时候外部活动的发生与内部活动的发展，是目标与结果相对应的关系，有时候则是意外生成的收获。这也体现了经验的"泛在"特性。外部活动引发内部活动，更多体现的是逻辑思维的特性。以下重点介绍两种方式：

1."做"中有"思"，获取凝聚思维的经验。

数学是一门高度抽象的学科，但数学学习过程则可以是一个从形象到抽象，从泛在到聚焦的过程。很多时候，数学知识的理解与把握，需要经历一个从许多材料中剥离出来，逐渐聚焦、抽象的过程。比如"四边形的认识"。[①]

这是"几何与图形"的一个内容，学习目标是认识四边形的基本特征，初步体验认识图形的方法策略，基本掌握两类特殊四边形——长方形和正方形的特征。课堂实践中，学生的外部活动主要由两个大活动构成：一是"分一分"，二是"搭一搭"。

我们主要来看"分一分"这个活动，分三个层次：层次一，找出四边形。通过对四边形的确认，初步得出四边形的基本特征是四条直的边和四个角。层次二，对四边形进行分类，引导学生思考从哪个角度来观察图形。以"角"的角度入手研究四边形，可以发现有些四边形的四个角都是直角，有些四个角是两两相等的；以"边"的角度来研究四边形，则发现有些四边形的边都是相等的，也有两两相等的，有些则都不相等。无论是从"角"还是从"边"的角度来分析，都会发现以前学过的长方形、正方形是一种特殊的四边形。层次三，抓住学生分类过程中的成果，作进一步梳理，引导学生分析长方形、正方形的联系与区别，体会长方形和正方形的特征。

实施过程如下：

（1）第一次"分"：找出下面图形中的四边形。

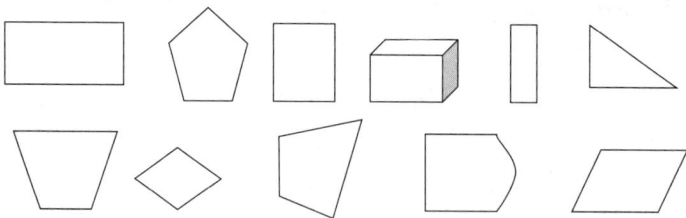

图 4-13

（观察 11 个图形，哪些是四边形？为什么？）

（学生自由观察，并把序号写在自己的本子上。反馈时，先找出四边形，然后说明哪些图形不是四边形，把不是四边形的图形隐去。）

师：这些图形（见图 4-14）都是四边形，它们有什么共同特征？

---

① 费岭峰. 在意的是"数学思考"——《四边形的认识》教学解读与思考［J］. 小学数学教师，2011（7-8）：120—128.

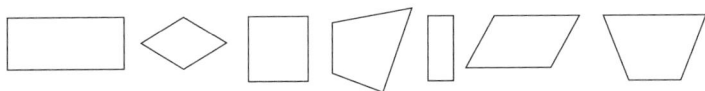

图 4-14

（得出结论：四条直的边，四个角。）

（2）第二次"分"：四边形分类。

师：这些虽然都是四边形，但它们的形状一样吗？（生答不一样）你们能把这些四边形分分类吗？请你们试试看。

（学生活动后反馈。先反馈分成两类的。）

结果一：

四个角都是直角的   没有直角的

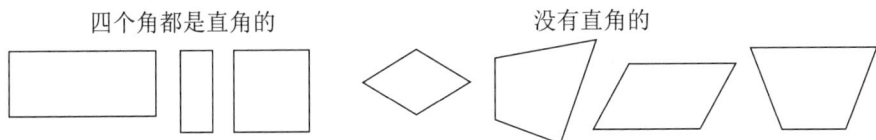

图 4-15

（师生共同确认这是根据角的特点来分的）

师：第一类中的四边形，同学们都认识吗？原来是老朋友了，这里有——（长方形、正方形）

师：长方形和正方形原来都是四边形中的一种。它们是怎样的四边形呢？（四个角都是直角的四边形）

结果二：

有相等边的   没有相等边的

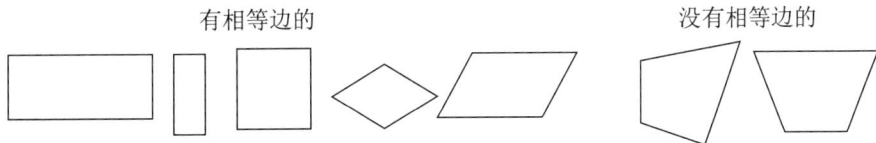

图 4-16

（师生共同确认这是根据边的特点来分的）

师：第一类的图形中，哪些边是相等的？分别是什么四边形呢？

结果三：

四条边都相等　　　　　　两条边相等的　　　　　　没有边相等的

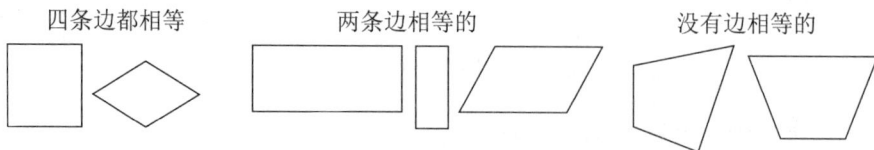

图4-17

（师生再次确认是根据边的特点来分的）

师：在四边形中，最多可以有几条边相等？分别是什么四边形？

通过以上外部活动"实践体验—特征发现—归纳提炼"的过程，促使学生内部思维活动产生了一个凝聚的过程：从包括了立体图形、五边形、不规则图形等十多种图形中，找出四边形；又从各类四边形中，认识不同的特殊四边形，明晰它们的特征。用到的方法便是从"边"和"角"进行观察、分析。这样的过程，也是从一般到特殊的过程。学生通过经历、体验，其凝聚思维的经验得到了丰富。同时，这种经验在下一个"搭一搭"的活动中再次得到了强化。课堂上，学生操作时，有学生禁不住喊出了："斜了！斜了！"这正体现了认识水平从形象上升到抽象，又从抽象转化为直观的过程中，学生数学思考经验的形成以及数学能力的发展。

2. 对话互启，获取发散思维的经验。

发散思维的内涵，可以理解为"从不同的角度想问题"[1]，它是创新思维的重要形式之一。如果说凝聚侧重思维聚焦的话，那么发散则是侧重于思维的辐射。思维聚焦是思维逻辑性的重要体现，思维发散则是创新思维的重要品质。数学学习中，同样需要有促进学生思维发散的数学活动，引导学生去经历与体验。我们来看一节具有思维发散意蕴的内容——《三角形面积计算》[2]。

当学生学习了《平行四边形面积计算》一课后，再来学习《三角形面积计算》，价值在哪里？除了理解并掌握三角形面积计算方法之外，还在于通过思维发散，体验"转化"在平面图形面积公式推导过程中的作用，积累相关的数学

---

① 迟维东. 逻辑方法与创新思维［M］. 北京：中央编译出版社，2005：194.

② 费岭峰. 三角形面积计算公式推导有没有基本方法？［J］. 小学数学教师，2012（7-8）：24—28.

活动经验。因此，本节课中，学生在对三角形计算公式推导过程中，通过思考产生的各种方法都是有价值的，值得分析与交流的。因为，这样的过程，不仅是学生各自思维成果的展现，同时也是学生间相互启发，促进思维发展的过程。

从教学实践来看，学生在三角形面积计算方法的解释过程中，一般会呈现以下几种转化的方式：

方法一：

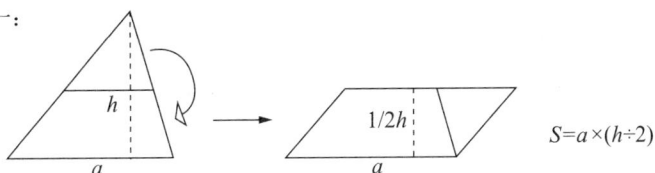

$S=a×(h÷2)$

方法二：

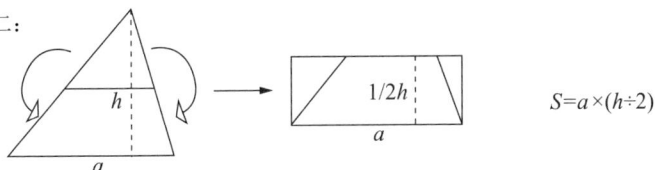

$S=a×(h÷2)$

方法三：

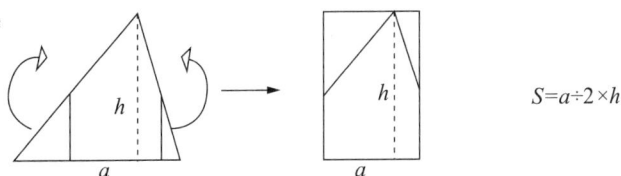

$S=a÷2×h$

方法四：

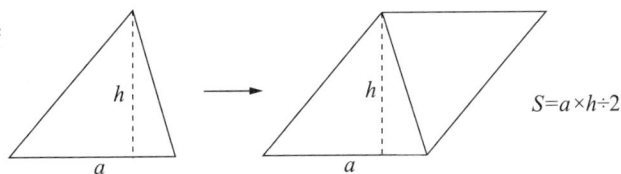

$S=a×h÷2$

方法五：

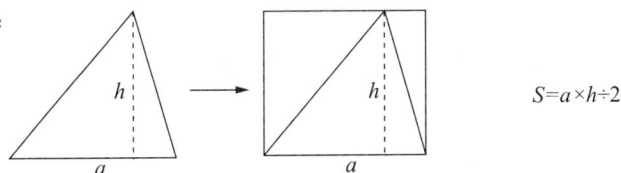

$S=a×h÷2$

图 4-18

对于以上五种方法，从思维方式上分析，方法一至方法三是以"剪拼"转化的方式把三角形本身转化为长方形或平行四边形，其学习基础是刚刚学过的平行四边形面积计算方法探究中转化的思想及转化的过程（剪拼），过程中涉及的知识点是中位线概念与旋转的相关知识。方法四和方法五则是以"拼组"转化的方式把三角形转化为平行四边形或长方形，其学习基础则是在四下"三角形"单元中学过的"图形拼组"的活动经验，过程中涉及的知识点为图形全等及平移、翻转等知识。这样的思维过程和转化的直观表象，对后续学习的影响是显著的。最为直接的当然是梯形面积计算方法的探究理解。事实上，无论是"剪拼"转化还是"拼组"转化，均可以将"梯形面积计算"问题转化为已学过的图形面积计算的问题来研究。

如"拼组"转化：

如"剪拼"转化：

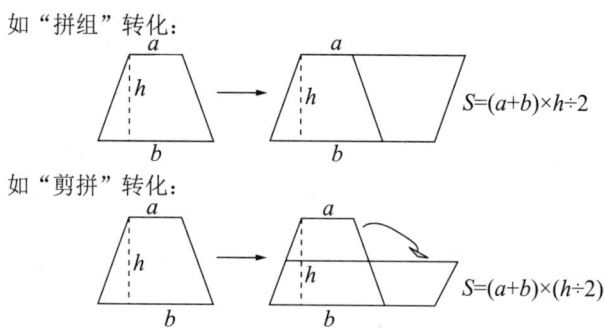

图 4-19

又从长远来看，"剪拼"转化与"拼组"转化同样是两种有着很高应用价值和思维价值的转化方式，后续学习几何知识中，许多组合图形的面积计算，经常是用"剪拼"或者"拼组"这两种方式进行化归后，推导出计算图形面积的方法的（比如圆）。因此，我们说在《三角形面积计算》这节内容学习中，通过交流互动，经历、体验思维发散的过程，对学生思维经验的形成有着极为重要的作用。

（二）内部活动引发外部活动的实践体验，丰富数学思考的形象思维经验

数学思考经验形成的另一条途径是内部活动引发外部活动。即内部活动在先，外部活动在后。实践中，这个过程一般发生在学生对学习内容产生疑惑时——需要经由外部活动的实践得到印证与支撑。具体的教学中，则会结合学习内容特点或者生成材料的不同，采用不同的方式组织推进。

1. 抓住正反例讨论，释疑解惑。

在小学数学学习中，由内部活动引发外部活动，"证实"或"证伪"是比较常用的手段。比如我们在《平行四边形面积》一课中，经常会看到老师组织这样两个活动。①

用"底 × 高"来计算平行四边形的面积，为什么是对的呢？这是一个内部思维活动，需要"证实"。在方格纸上看到，把这个平行四边形左边的角剪下来，拼到右边去，就得到了一个长方形，这个长方形的面积就是平行四边形的面积。配以外部活动——动手操作：沿着平行四边形的一条高剪开，再用方格纸验证，可以清楚地看到，操作后两个图形的面积没有发生变化。于是得出结论：原来这个平行四边形，我们可以把它转化成长方形来思考，这个长方形的面积是 $7 \times 3 = 21 \mathrm{cm}^2$（剪拼成的长方形长 7 厘米，宽 3 厘米），所以这个平行四边形的面积就是 $21 \mathrm{cm}^2$。

用"邻边相乘"为什么算出的不是平行四边形的面积呢？这又是一个内部思维活动，需要"证伪"。明确材料：刚才同学在说明 $7 \times 5 = 35 \mathrm{cm}^2$（平行四边形的两条边分别长 7 厘米和 5 厘米）时，也是把它想成了长方形，面积用"长 7 cm × 宽 5 cm"来计算，但这样算又为什么不对了呢？配以外部活动：用平行四边形学具展示平行四边形向长方形的变化过程（图 4-20）。发现：这样拉起来后，面积比原来大了。确认图上哪一部分大了？其实从图中很容易看到，阴影部分是长方形面积比原来平行四边形大的部分。显然，这样的转化方法是不正确的。

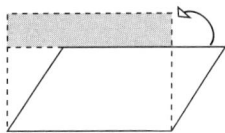

图 4-20

最终得到结论："变"只是一种形式上的转化，"不变"是其本质内涵的体现。在平行四边形面积计算方法的探究中，把握"面积不变"是关键，也只有在保证面积不变的前提下，才能借助化归方法进行转化。正因为如此，"剪拼法"是合理的，"拉动法"是不合理的。

以上"证实"与"证伪"两个活动，均是内部活动引发的，然后再配以相应的外部活动作解释。原来这个"变"与"不变"的问题，相对比较抽象，在

---

① 费岭峰. 忽视"证伪"教学的原因及对策——基于小学数学课堂教学实践的思考 [J]. 课程·教材·教法，2012（12）：55—59.

外部操作活动的帮助下，变得直观形象，易于理解了。

2. 借助"数形结合"等思想，完成理解过程。

在实际的教学活动中，内部活动需要外部活动作支撑已经成为了新课程理念下数学学习的重要过程，特别是在一些数与代数知识的学习中，因为此类知识相对比较抽象，需要有形象的材料去支撑理解，帮助学生立体建构相关的知识。如《分数乘分数》《分数除以整数》等课例中均有体现。这里再来说个例子，比如《连除简便计算》这节内容，需要举例说明时，随便写了一组算式：$100÷4÷6$ 与 $100÷(4×6)$。两个算式相等吗？为什么？通过计算，凭有余数除法的经验得到的结果，看起来是不太一样的（实质当然是相等的，但此阶段学生的知识储备还不足以支持理解），便产生困惑：根据之前发现规律，这两个算式应该相等啊，但从结果来看又似乎不相等，这到底是什么原因呢？于是，外部活动——操作分析，以"数形结合"来跟进便显得很有必要了。[①]

师：假如老师用一个长方形来表示 100，你们能表示出 $100÷4÷6$ 的过程吗？请你们与同桌交流交流吧。

［学生动手操作，尝试画出这个过程，然后全班交流（过程如图 4-21 所示）。］

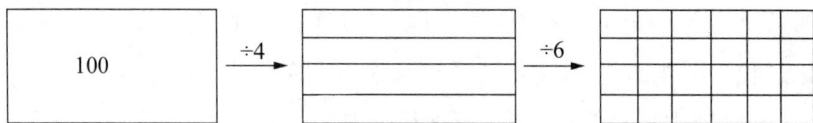

图 4-21

师：小朋友们在这个长方形上知道了 $100÷4÷6$ 的意思，那么 $100÷(4×6)$ 又表示什么呢？

（学生观察图示，并在图中作适当的操作指明，得出结论：这两个算式都是把 100 平均分成 24 份，求每份是多少，所以是可以相等的。）

学习过程中，学生的内部活动是生"疑"，然后寻找相应的外部活动，进行实践探索，最后解释了过程，解决了问题。"几何直观""数形结合"等方法

---

① 费岭峰. 借助几何直观　理解本质内涵——《连除简便计算》教学设计与实践思考［J］. 云南教育（小学教师），2013（11）：29—30.

手段，以直观形象的过程，帮助学生理解性质的本质内涵，在为学生建构起了连除性质的思维表象的同时，也大大地丰富了学生的数学思考经验。

3. 强调活动过程的反思，形成深刻的数学认识。

新课程理念放大学习过程，突出学习过程的重要性，这不仅在于"经历"，同样需要借助对"过程"的思考，分析自我的学习经历，准确把握数学理解的关键点，从而形成深刻的数学认识，发展数学能力。特别是在一些学生缺乏经验，需要通过过程体验来丰富思考经验的内容中，更需要经常性地组织学生对过程进行反思。

比如，"图形与变换"内容中的"平移"和"旋转"。一线教师都知道，让学生画出平移或旋转后的图形是有一定的难度的，对学生而言具有一定的挑战性。教学中，教师需要给学生以适当的指导，引导学生对"画的过程"反思，让学生对"平移"和"旋转"的基本特点进行再思考。

如 4-22 的练习（要求是：画出将梯形向上平移 3 格，向左平移 8 格后得到的图形），当学生画出了梯形平移后的图形后，教师便可以质疑：你是怎样画的？由学生说明画的过程，适时引导学生对平移的基本特点作进一步提炼。

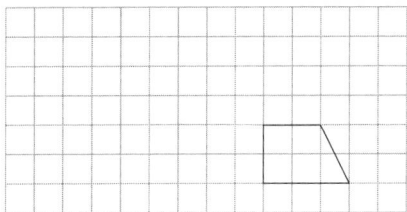

图 4-22

又如在"旋转"学习时，当学生画出了"三角形 ABO"旋转后的图形时（见图 4-23），教师可以质疑画的过程。关键在于引导学生从"线段"的旋转来解释图形的旋转：OB 逆时针旋转到 OB′，两条线段的夹角是 90 度，OA 逆时针旋转到 OA′，两条线段的夹角同样是 90 度，所以这个图形逆时针旋转了 90 度。

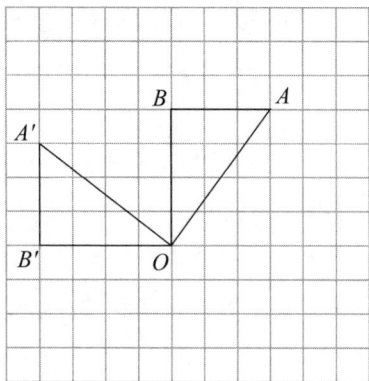

图 4-23

　　这样的质疑交流，既对学生作图过程有所回顾，同时也促使学生借助旋转的基本特点来解释旋转的过程，是对旋转的基本特点再一次理解与应用的过程。这样的过程反思，在学生的数学学习中有着重要的价值。

典型课示例

《平均数》教学实录与简析 [①]

教学实录

　　环节一：生活问题引入，体会平均数学习的现实意义

　　[呈现情境图（图 4-24），开始谈话。]

　　师：图中小朋友们在做什么？

　　生：在进行投沙包比赛。

　　师：这样的游戏，你们玩过吗？

　　生：玩过。

图 4-24

　　师：幼儿园中，老师经常会组织小朋友们玩这样的游戏的，而且还要进

①"平均数"内容属于统计量学习，平时的研究涉及相对较少。2013 年应海盐教师进修学校骨干教师培训班邀请，执教《平均数》一课。本实录就是以此为蓝本所作的记录。采用教材：人教版修订版教材；教学对象：四年级；地点：浙江嘉兴。

行比赛呢。

[多媒体呈现第一组4位小朋友"一分钟投沙包"的投中情况（如图4-25所示）]

师：第一组小东、小林、小强、小刚几位小朋友1分钟各投中几个？

生：小东投中8个，小林是7个，小强是6个，小刚是7个。

师：你是怎么看出来的？

生：数圆圈的个数就知道了。

[教师在表格中填入几位同学投中的个数：8个、7个、6个和7个。然后多媒体呈现第二组小朋友"一分钟投沙包"的投中情况（如图4-26所示）。]

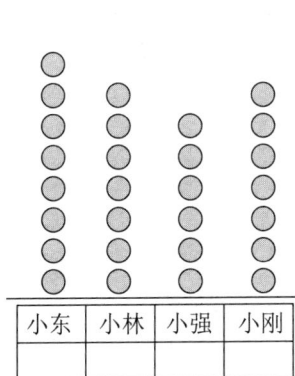

小东	小林	小强	小刚

图 4-25

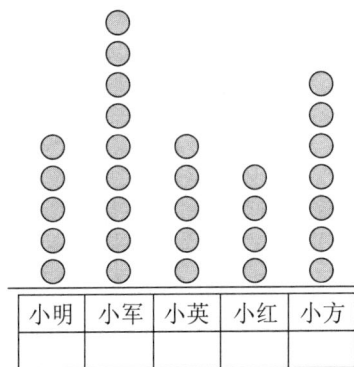

小明	小军	小英	小红	小方

图 4-26

师：第二组小朋友的投中情况是这样的。他们又分别投中了几个呢？

（全班一起数：小明5个，小军9个，小英5个，小红4个，小方7个。将结果也填入表格。）

师：同学们，现在两组小朋友1分钟投中的个数我们已经知道了。那么问题来了，哪个组要厉害一些呢？（停顿一会儿，有学生已经举手，准备回答）。请同桌先交流交流吧。

（学生同桌交流后，反馈。）

生：我觉得第二组厉害。

师：理由。

生：第二组投中的要多。

师：是这样吗？你能告诉大家第一组投中几个，第二组又投中几个吗？

生：第一组8+7+6+7=28（个），第二组5+9+5+4+7=30（个）。30比28多，所以第二组要厉害。

师：同学们，他是在用什么比呢？

生：总数。

师：用总数相比的话，第一组比第二组投中的少，所以第二组要厉害。有不一样想法的吗？

生：我认为这样比不公平。

师：为什么？

生：因为第二组人多。

师：认为用总数比不公平的同学，还有吗？请举手示意一下。

（好多学生举手示意，认为这样比不公平。）

师：那你觉得应该怎么比？

生：先算第一组平均每人投中几个，再算第二组平均每人投中几个，然后再比。

师：同学们，你们听懂他说的意思了吗？

生：（齐）听懂了。

师：那大家一起来帮忙算一算，这两个组平均每人分别投中几个。

［学生独立计算（用时1分半钟左右）。教师巡视，并与个别学生进行了交流。］

（全班反馈交流）

［教师呈现学生的作业：8+7+6+7=28（个），28÷4=7（个）；5+9+5+4+7=30（个），30÷5=6（个）。］

师：你们看明白了这位同学是怎样算的吗？

生：先算出每个组的总数，再除以人数，就是每个组平均每人投中的个数了。第一组平均每人投中7个，第二组平均每人投中6个。

师：结果一样的请举手。

（大部分学生算出了结果）

师：没有不一样的结果了。那我们想个办法来检验一下，这个结果对不对呢？谁有办法？

生：我们可以用屏幕上的图。

师：怎么用？

生：第一组中，让最多的小东，给最少的小强一个。这样大家都一样了。

［教师顺着学生的说明，演示整个过程。最后变成了一样多（每人都是 7 个）。呈现结论：平均每人投中 7 个。］

师：（追问）同学们，这个 7，是小东、小林、小强和小刚 4 个人，每人都投中的个数吗？

生：不是的。

师：那么这个 7 是怎么来的啊？

生：是算出来的。

师：怎么算出来的？

生：就是 8+7+6+7=28，28÷4=7。

师：同学们，其实从刚才的图中我们可以看出，这个 7，是小东、小林、小强和小刚 4 个人分别投中的个数。通过移多补少后得到的数。这个数在数学上叫作"平均数"。以这样的方法来看，第二组的 6，是不是这个组的平均数呢？我们同样用这种方法来检验一下。谁来指挥，怎么办？

生：把小军的给小红 2 个，给小明 1 个，再把小方的给小英 1 个。这样他们也一样多了。

［教师顺着学生的说明，也用多媒体操作演示，最后变成一样多（每人都是 6 个）。］

师：从图中我们可以看出，这个 6 是第二组的平均数。请同学们观察一下，这是不是第二组每人实际投中的个数？

生：不是的。

师：老师想问个问题，第二组每个人投中的个数中，没有一个人投中 6 个的，怎么会出现 6 这个结果呢？

生：6 是小军和小方把多的给了小明和小英、小红后得到的。

师：你的意思是说，这个 6 其实是通过移多补少得到的，所以平均数不一定是有人真的投中的。

生：是的。

师：现在用第一组的平均数 7 和第二组的平均数 6 来作比较。你们认为公平吗？

生：公平。

师：为什么？

生：用平均数来比，人多人少就没关系了。

师：同学们真的很棒，不但解决了这个问题，还很有公正、公平的想法啊。

[说明] 结合具体问题的解决，经历"平均数"产生的过程，体验"平均数"学习的现实意义，是"平均数"学习的重要目标，也是这节课的核心目标之一。通过观察、比较等外部活动，还让学生体验到"平均数"只是一个统计量，不表示某个个体的具体量。

环节二：预测平均数，体会集中趋势，深刻体验平均数的特征

师：同学们，通过刚才的学习，我们初步认识了"平均数"。其实，平均数还是一个很奇妙的"数"呢。现在我们继续来看第三组6位小朋友投沙包的命中情况（呈现材料，如下表所示）。

王 欢	黄 兴	小 希	张 强	小 刚	李 宁
5	9	10	8	9	7

师：这个组投中沙包的平均个数是几个呢？

（学生准备拿笔计算，教师提出新的要求：你能猜一下吗？看谁猜得最准。）

生：8个。

生：10个。

生：7个。

生：6个。

师：同学们猜的结果很不一样。你们认为哪个答案肯定是不对的，哪个答案有可能对？先请大家交流一下吧。

[学生同桌交流（用时半分钟左右）。再全班交流。]

生：我认为10个肯定是不对的。

师：理由？

生：这里最多才10个，其他的都比10小，平均数不可能是10个的。

师：同意他的想法的，请举手示意一下。

（超过半数的学生认同他的意见）

生：我觉得6个和7个也不太可能。

师：理由？

生：这里比7少的才一个5，其他都比7多，所以也不对。

师：有道理吗？

生：有。

师：也就是说，判断这组数据的平均数，因为最小的数是5，最大的数是10（多媒体配合演示），所以这个平均数只能在5和10之间，甚至可能比7要大。那现在就请大家算一下这个组的平均数是多少。

［学生独立计算（用时1分钟左右）］

［反馈交流学生的作业：5+9+10+8+9+7=48（个），48÷6=8（个）。学生完成后，再次引导学生用移多补少的方法进行验证，确认结果是8个。］

师：刚才为什么有同学说6个和7个也不可能？我们来把这几个数据放在数轴上，你们会有什么新的发现呢？

［多媒体呈现数轴图，然后将平均数8和六位同学的投中数据标在数轴上（如下图4-27所示）。］

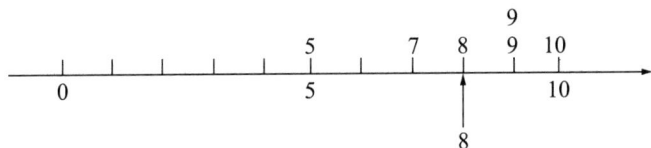

图4-27

师：你们有什么发现吗？

生：平均数8在5和10之间。

生：平均数在7和10之间。

师：这个组的平均数离5和10哪个数近？

生：靠近10。

师：这个平均数为什么靠近10一点？

生：因为8、9、10多。

生：因为靠近10的数多。

师：照你们这样的想法，那么现在第四组的投沙包命中情况是这样的（呈现第四组的投沙包命中情况表），老师也把这些数标在数轴上，请你们判断一下，这个组的平均数会离 5 近，还是离 10 近？大约是几？

[呈现数轴图（如图 4-28 所示）]

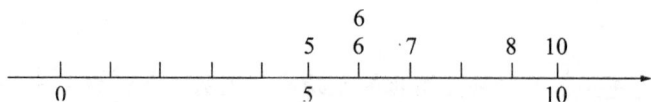

图 4-28

生：离 5 近，大约是 7 个。

师：说明理由？

生：这里有 6 个数，4 个离 5 近，所以平均数靠近 5，大约是 7。

师：同意这位同学想法的，请给他掌声。

（学生鼓掌）

师：好！我们一起来计算一下，这个组的投沙包命中的平均数是多少？

[学生独立计算后反馈结果：5+6+6+7+8+10=42（个），42÷6=7（个）。]

师：这位同学真厉害！判断得真准。

[说明] 平均数表示的是一组数据的集中趋势。在这个环节中，设计了两个层次的观察、体验、交流活动，目的就是让学生能够体会到平均数的这个特征。第一层次，猜测一组数据的平均数，体会平均数所在的区间；第二层次，判断平均数会出现在数据的哪一段，体会平均数的集中趋向与趋同特点。两个活动都由外部活动带动，激活内部思维的发展。

环节三：再次回归生活情境，解读生活中的平均数，体验平均数作为一种统计量的数据分析价值

师：同学们，平均数其实在生活中经常用到的。你们能举个生活中用到的平均数的例子吗？

生：考试的时候，老师算的班级平均分。

生：歌唱比赛时选手的平均分。

师：老师也找了几个生活中的平均数，你们能理解它们的意思吗？

材料一：我国 8 周岁儿童"平均身高"约 130 厘米，"平均体重"约 25 千克。

师：你们能看懂这两个平均数吗？

生：平均身高 130 厘米，是好多好多人平均后算出来的。

师：是不是指在我国 8 周岁儿童的身高都是 130 厘米？

生：不是的。

师：8 周岁儿童，就像我们三年级小朋友的年龄。那老师问一下，你的身高是多少？

生：128 厘米。

师：比平均身高要矮。我们班哪些同学的身高比平均身高高的，请举手示意一下哦。

（大约有超过一半的学生举手示意，认为自己的身高比 130 厘米要高。）

师：有没有 8 周岁的同学，他的身高正好是 130 厘米的？

生：（齐）有！

（有学生示意，他的身高正好是 130 厘米。）

师：哇！我们班也有啊！你还真的巧了，与全国的平均身高一样高呢！这里的"平均体重约 25 千克"，道理一样吗？

生：一样。

材料二：王老师一家 2012 年的月"平均用水量"是 12 吨。

师：这里有平均数吗？

生：有，就是平均用水量。

师：你能看懂这个平均数吗？谁来解释一下？

生：这是王老师家 2012 年 12 个月的平均用水量，不是每个月真的用了这么多的水。

师：请你思考一下，王老师家 2012 年 7 月份的用水量比 12 吨多，还是少？为什么？

生：多。因为夏天要洗澡，每天用水比较多，肯定超过 12 吨。

师：他的理由合理吗？

生：合理。

师：那根据这个平均数来判断，王老师家 2013 年 1 月份用水量大概会是多少？

生：大概是 11 吨。

生：大概是 10 吨。

师：为什么没有猜 12 吨以上的？

生：冬天的时候，不用天天洗澡，所以用水要少一些。

师：同学们真有经验，能够根据平均数来推测一些事情了。了不起！

[说明] 本环节，主要任务是解读生活中的一些平均数，结合平均数分析一些问题，也尝试解答一些问题，深刻体会平均数作为一个重要统计量的统计意义，发展学生的统计意识。

环节四：应用平均数解决问题，体会平均数的应用价值

师：同学们，今天这节课，我们认识了平均数，也知道了平均数在生活中经常用到。刚才有同学也说到了，"平均分"就是一个经常会被老师用到的平均数。现在就有一个关于"平均分"的问题。你们能试着解决吗？

材料：在不久前的期中考试中，301 班第一组 5 位同学的数学"平均分"是 90 分。如果前 4 位同学的成绩是这样的：

小 文	小 李	小 金	小 东	小 兰
98	92	94	96	？

师：我们先来猜猜看，小兰大概是多少分？

生：85 分。

生：80 分。

生：74 分。

师：为什么没有人猜比 90 分多？

生：5 个人的平均分是 90 分，4 个人的分数都是 90 分以上，小兰的分数肯定不到 90 分了。

生：如果小兰的分数超过 90 分，那平均分肯定不会是 90 分的。

师：那么小兰到底是多少分呢？因为时间关系，这个问题就留给同学们课后完成吧。

（结课）

简 析

　　对统计量的认识教学"不仅需要知道、理解与简单应用，更需要相应的体验过程"的要求，对生活经验不够丰富的小学生来说，显得过高。所以《课程标准》（2011 年版）对统计量知识内容的学习作了一定的调整，将"众数""中位数""加权平均数"等内容推迟到了第三学段学习，小学阶段只保留了"算术平均数"的内容。本节课，是对最为基本的统计量"平均数"的学习，在教学过程中，重点从两个方面引导学生经由外部活动促进内部活动的发生与发展，"体验"平均数的学习意义。

　　1. 经历平均数产生的过程，体验平均数的现实意义。

　　在一个存在人数差异的"小组投沙包数"的比较中，引导学生经历"平均数"产生的必要性，体验平均数产生的过程，体会平均数在解决此类问题中的现实意义。因为人数不同，不能用总数作为要素进行对比，当然也不能用某个个体的成绩来代表整体进行比较（课中虽然没有出现这种情况，但不排除其他班的学生不会出现这种情况。这也应该是教师设计时需要考虑的一个点）。由此引发认知冲突，必须寻找一个能够代表这两个组整体水平的新的"数"，于是，"平均数"的引出变得很有必要，也比较自然。

　　2. 经历平均数的估测与推断过程，体验平均数的统计意义。

　　我们知道，"平均数"不是一个具体量，它只是一个统计量。它的统计意义非同小可。它代表了一组数据的集中趋势，根据平均数能够推测一些数据的发展，预测未来的一些状况。但这种特征要让学生体会，不是一件容易的事情。本课学习中，设计了两个层次的活动，目的就在于引导学生体验平均数的统计意义。活动一，推测判断平均数，了解平均数的趋群性；活动二，借助生活中平均数的解读，根据平均数判断、推测一些事物发展的状态，进一步体会平均数的统计意义。

第五章

"探究型"活动的设计与教学

前面两章已阐述了"经历型"活动和"体验型"活动的内涵与特征，并结合实例针对两类活动的设计与教学要点谈了一些具体的操作策略，本章继续以这些内容为基本要点接着谈数学活动的第三种类型——"探究型"活动。

第一节 "探究型"活动的内涵与特征

　　在数学学习中强调"探究"，最大的价值在于反映学习组织者突出以学习者自主学习为核心的理念。所谓探究，从字面理解即为探索研究。《辞海》解释为："深入探讨，反复研究。"[①]360百科的解释为："在学习情境中通过观察、阅读，发现问题，搜集数据，形成解释，获得答案并进行交流、检验、探究性学习。"专家学者的解释是："探究是一种多侧面、综合性的活动。""从思维方式来看，探究是逻辑与直觉、抽象与形象、发散与辐合以及分析与灵感等多种思维的统一；从所使用的活动类型来看，探究是观察、操作、交流、符号、反思等多种类型活动的交融；从所使用的知识类型来看，面向实际生活问题的探究，往往涉及自然、社会、人文多个学科领域的知识的综合运用，等等。"[②]在《课程标准》对"过程目标"的三个行为动词之一"探索"一词的解释中，也能看出"探究"的意思："独立或与他人合作参与特定的数学活动，理解或提出问题，寻求解决问题的思路，发现对象的特征及其与相关对象的区别和联系，获得一定的理性认识。"[③]从这些解释或描述中，我们可以提炼出"探究"的三个关键要素：一是发现问题；二是行动反应；三是思维发生。

　　所谓"探究型"活动，便是以探究为核心的数学活动，以引导学生在主动参与特定的数学活动过程中，通过观察、实验、推理等一些数学实践活动，发现对象的某些特征或与其他对象的区别与联系。在小学数学学习中提出"探究

---

① 辞海编辑委员会.辞海（词语分册）[M].上海：上海辞书出版社，1977：701.
② 陈佑清.教学论新编[M].北京：人民教育出版社，2010：259.
③ 中华人民共和国教育部.义务教育数学课程标准（2011年版）[S].北京：北京师范大学出版社，2012：72.

型"活动，既是《课程标准》提出的"过程目标"的要求，也是期望引导学生在自主发现问题、探究问题、解决问题的基础上，发展数学学习能力。实践中，典型的"探究型"活动具有以下三个方面的特点：

一是明确的研究问题。问题是探究的起点，也是思维发生的起点。"探究型"活动，必然需要一个引发学生探究冲动的问题。唯如此，学习者才会主动地、持续地去寻找解决问题的办法。当然，这个问题，可以来自实际的生活情境，也可以来自数学学习经验的情境；可以由学生自己发现并提出，也可以由教师提出或引导学生提出。比如学习"百分数"时，课始呈现一些生活中的百分数。饮料包装盒上的百分数，衣服标签上的百分数，以及某些学具说明书上的百分数。随后只需稍作鼓励调动，学生自然会提出一些与百分数有关的问题，如"人们为什么要用百分数？""百分数与分数有什么区别？""百分数是什么意思？""百分数是干什么的？"……有了这些基于情境的问题作基础，这节内容的学习目标也就比较清晰了。此时，只需抓住某个相对比较关键的问题（比如：已经有了分数了，人们为什么还要用百分数？），学生的自主探究也就有了明确的方向。

再比如，当学生学习了立体图形的体积计算，掌握了诸如长方体、正方体或圆柱体积的计算方法后，那么如"不规则物体（比如马铃薯、橡皮泥等）的体积，我们又该如何计算呢"这样的问题，便是引导学生自主探究"不规则物体"的体积计算方法的好的引入。

当然，引发学生探究的问题，可大可小。切口大的问题可以作为一节课探究的核心问题，如"不规则物体"体积计算方法的探究；切口小的问题，则可以作为一个学习环节的主问题，如百分数中关于"百分数与分数比较"的问题。

二是自主的活动空间。"探究型"活动的一大价值，就是突出学生的自主学习，发挥学生自己探索问题、解决问题的主动性。因此，"探究型"活动中，应该给学生留下足够的自主活动的空间，让学生在自由、自主的活动中，悟到方法，发现规律，或者产生新的问题。就拿上面举的例子——探索"不规则物体的体积的测量"问题来说，一般的思维方式即是将不规则物体转化为等体积的规则物体来测量。对于小学生来说，解决这个问题一般可以有两个思路：一个思路是将如橡皮泥等可捏成规则图形的，捏成规则图形（如正方体、长方体等），测量相关数据，算出体积，即为原橡皮泥的体积；还有一个思路则是将其放入一个盛有水的长方体（或者正方体，当然也可以是圆柱，只要学生已经学会了圆柱体积的计算方法）的容器中，测量出上升部分水的体积，即为原橡皮泥的体积。第一个思路，可以理解为等积变换；第二个思路，则是等量替换。这两个思路，如果是学生通过自主思考、探究而得，然后交流分享，那么就充分体现了"探究型"活动的价值。而如果是教师告知，学生只是做"操作工"的话，那么意义就小了许多。

曾在听《圆的周长》一课时，看到这样一个场景：课中，老师请学生自己想办法测量一个圆的周长。一位学生用的操作工具是线和尺，但他画的圆太大，手中的线太短，不够绕一圈。问题出现以后，一般的想法是，这位学生一定会再画一个小一点的圆来量。然而出乎意料的情况出现了。这位学生没有再画一个圆，而是经过一番思索之后，开始在所画的圆上用尺画上了两条互相垂直的直径，然后把线绕在其中的一段圆弧上，最后量出这段弧的长度再乘以 4，终于得到了这个圆的周长。^① 这样的情景，如果没有给学生自主活动的空间（比如，给定统一的圆，给定统一的操作材料，并且统一测量），想来不太可能出现，这位学生也会因此失去一次主动思考、主动创造的机会。

三是持续的思维跟进。从探究的涵义和特征来看，观察、操作等只是"探究型"活动的外显行为，其更大的功能还在于激发学生独立思考、深度思维。因此，有持续的思维跟进也是"探究型"活动的一个重要特征。在"探究"过程中时常表现为：学生的观察是有目的的，操作是有方向的，交流是有观点碰撞的，还常常伴有归纳与提炼发生，有寻求解释的意愿。

比如以上面的"百分数"学习为例。当学生围绕"已经有了分数了，人们为什么还要用百分数？"这个问题展开探究时，一是需要考虑选择怎样的材料，二是需要分析"分数"与"百分数"的区别（当然也包括联系），三是需要解释一些百分数，比如得知道衣服标签上的"棉占 80%"是什么意思，姚明罚篮的"命中率是 85.5%"是什么意思，等等。也唯有当学生对这些问题了解了，理解了，他也才能够理解"生活中为什么要用百分数"这个问题，也才

---

① 费岭峰.由一次操作活动引起的思考［J］.小学教学改革与实验，2002（21）：3.

能够真正地理解百分数的意义。

综合以上分析，在"探究型"活动中，明确的研究问题是探究的起点，自主的活动空间是探究得以顺利实施的保障，而持续的思维跟进则是探究的灵魂，是实施"探究型"活动的真正目的。

第二节 "探究型"活动的设计与教学要点

作为数学活动之一的"探究型"活动，主要是指在数学学习过程中，通过观察、实验、推理等数学实践活动来理解并掌握数学知识、增强数学技能、发展数学思维、提升数学素养。同时，它也是从数学知识本身所具有的特征出发，构建起的一种引导学生主动进行数学学习的方式。与前文谈到的"经历型"活动和"体验型"活动相比，"探究型"数学活动更注重学生在数学学习过程中思维的介入、发生与发展。

从探究活动的发生与发展来定位小学数学课堂上发生的"探究型"活动，可以分为两类：一类称为"引导—发现"探究型活动，即教师可以从某个问题出发，通过为学生提供一系列事例（有结构的材料），让学生运用归纳推理等方式得到隐含于其中的原理；另一类称为"猜想—验证"探究型活动，即教师组织探究活动，从问题出发，建立明确的假设，然后设计出相应的实验方案，通过实验收集事实与数据（证据）去检验假设是否成立，最终作出判断。这两类"探究型"活动的设计方式，都可以成为小学生尝试进行"探究型"活动的主要方式。现结合具体实例作进一步分析。

一、"引导—发现"探究型活动的设计与教学

发现学习就是探究学习。布鲁纳认为发现学习是最佳的学习知识的方式。[1] 他认为："学生要是自己做出了'发现'，那么他们就'拥有'了自己的

---

① 王羽左. 学习与教学：经典研究的启示［M］. 杭州：浙江文艺出版社，2016：68.

知识，并且这样做能够让学生对自己的学习负责，提高他们的学习动机。"① 在发现学习中，学习者还可以"自己提出问题并寻求问题的答案"②。当然，对于小学生而言的"发现"，需要把握两点：一是对小学生而言的所谓"发现"，"当然不只限于人类尚未知晓的事物的行动，而且还包括用自己的头脑亲身获得知识的一切形式"③，也就是说，不一定是发现未知的东西，新的事物，更多应该是借助知识理解、探究的过程，去体验"发现的过程"；二是对于小学生而言的"发现"，不能要求过高，很多时候是在教师的引导、启发下，学生的合作、互动下发现的，并不一定都是独立发现的过程。"事实上，自主、合作、探究并不是各自孤立的学习方式，它们通常是对一种综合性探索活动的不同侧面的描述。"④ 因此，"引导—发现"探究型活动才是小学生"发现学习"的一种更为普遍的方式。

"引导—发现"探究型活动中的"发现"，体现的是探究活动中学生自主观察、自主实践、自我体悟的过程，"引导"体现的是教师的主导作用，即在探究活动中，教师"教"的功能的发挥，新课程理念下则表现为组织者、参与者以及共同学习推进者的角色定位。"引导—发现"探究型活动结构可以通过以下模型来体现（见图 5-1）。

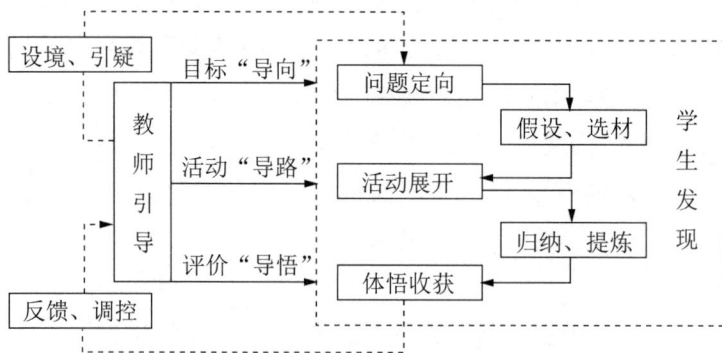

图5-1 "引导—发现"探究型活动模型

① 吴庆麟，胡谊.教育心理学——献给教师的书［M］.上海：华东师范大学出版社，2003：338.
② 陈佑清.教学论新编［M］.北京：人民教育出版社，2010：257.
③ 徐速.小学数学学习心理研究［M］.杭州：浙江大学出版社，2006：61.
④ 叶澜，杨小微.教育学原理［M］.北京：人民教育出版社，2007：203.

从活动模型图中可知，教师主要通过目标"导向"、活动"导路"与评价"导悟"来发挥"引导"作用，其间则有设境、引疑，反馈、调控等具体行为的发生。而学生的"发现"过程，主要在于问题定向、活动展开（也就是发现的展开）与体悟收获，其间需要有假设、选材，归纳、提炼等行为的发生。实际的课堂上，"引导—发现"探究型活动的设计又需要把握以下三个要点。

（一）材料的系列化设计，便于学生观察与类比

"引导—发现"探究型活动中，"发现"是目的，"引导"是手段。既然把发现作为一种学习方式，就需要引导学生有目的发现，科学的发现，让学生在经历发现的过程中，体会到"数学在这里是作为一种'观察的科学'，是借助观察和类比而导致发现的科学"[①]。因此，在"引导—发现"探究活动设计中，对于学习材料的选择与设计，是一项重要的工作。

一般而言，高质量的、有结构的数学规律或数学信息、问题蕴含在系列化的、有结构的数学材料中。比如在《倍的认识》这节内容的学习中，当学生已经经过"'一倍量'不变，'几倍量'变"和"'几倍量'不变，'一倍量'变"等两个层次的学习后，进入到对"倍"本质含义的理解时，如果仅仅以一份材料（如图 5-2 所示），去理解这里的 4 倍，只能就事论事分析，对学生构建"4 倍的模型"是不够的。实践中，我们通过一组材料去帮助学生实现这个目标，效果就不一样了（如图 5-3 所示）。[②]

第一行：★★
第二行：☆☆☆☆☆☆☆☆
问：第二行的☆数是第一行的★数（　　）倍。

图 5-2

---

① 张广祥 . 数学中的问题探究［M］. 上海：华东师范大学出版社，2003：7.
② 费岭峰 . 基于乘法意义的"倍"的认识教学——人教版教材《倍的认识》教学思考与实践［J］. 小学数学，2012（2）：9—13.

练习：圈一圈，想一想，填一填（练习纸上的作业）

（1）第一组： 第一行：★

第二行：☆☆☆☆

问：第二行的☆数是第一行的★数（　　　）倍。

（2）第二组： 第一行：★★

第二行：☆☆☆☆☆☆☆☆

问：第二行的☆数是第一行的★数（　　　）倍。

（3）第三组： 第一行：★★★

第二行：☆☆☆☆☆☆☆☆☆☆☆☆

问：第二行的☆数是第一行的★数（　　　）倍。

图 5-3

完成后，重点引导学生讨论"第一行的个数、第二行的个数都不一样，为什么结果都是'4倍'"。

生：第1题中，第一行1个，第二行得1个1个数，正好是4个1，所以是4倍；第2题，第一行2个，第二行得2个2个数，正好是4个2，所以也是4倍；第3题，第一行3个，第二行得3个3个数，正好是4个3，所以也是4倍。

生：第二行都是4个几。

师：意思是说，在数的时候，第二行总是4个第一行的个数。所以第二行的个数都是第一行个数的4倍。［多媒体演示数的过程，并圈起来，最后提炼出"4倍"的模型（如图5-4所示）。］

第一行：□
第二行：□ □ □ □
图示表示：第二行的4份是第一行1份的4倍。

图 5-4

这一层次研究的是"'一倍量''几倍量'同时变，倍数不变"的问题，其实也是一个帮助学生初步建构"倍"的数学模型的层次。"倍"是什么？"倍"其实是一种量与另一种量的比较关系。"一个量是另一个量的4倍"，并不表示一个量一定是多少，或另一个量一定是几，两个量之间只要存在着"'几倍量'中包含4个'一倍量'"的关系，那么这两个量之间就一定是"4

倍"关系，一定可以用以上模型表示出来。这个"倍"的本质内涵，学生正是通过一组材料的观察、类比来发现与体悟的。

当然这里所说的高质量的、有结构的学习材料，不仅指直接的数学材料，还包括情境性的材料。比如，在《有余数的除法》这节内容的学习中，引导学生发现"余数比除数小"这个规律，是这节内容的学习重点。但在引出对这个问题的讨论时，我们可以不直接从"除数"与"余数"入手，而是从解决问题入手。[①]

[谈话导入活动：有一些花，如果想请你们帮忙每4盆摆一组，摆到最后结果会怎样呢？学生猜测。教师请学生在学习纸上用圈的方法表示出摆花的情况（学生各自手中学习纸上的花的数量是不一样的），并把这个过程用一个算式表示出来。]

[学生自主活动后，组织交流，呈现结果（如图5-5）。]

师：从呈现的结果来看，你们发现了什么？

（此时，学生通过对这一组材料的观察比较，发现：当每4盆摆一组时，如果有多，每次多出来的盆数总是比4盆少。）

$9 \div 4 = 2$（组）……1（盆）
$10 \div 4 = 2$（组）……2（盆）
$11 \div 4 = 2$（组）……3（盆）
$12 \div 4 = 3$（组）
$13 \div 4 = 3$（组）……1（盆）
$14 \div 4 = 3$（组）……2（盆）

图5-5

（进入第二组材料的研究：除数从"4"变成"5"。）

师：刚才我们是每4盆摆一组，摆到最后多出来的盆数总是比4盆少。那如果是每5盆摆一组，摆到最后结果又会怎样呢？

（有学生说一定比5盆少）

师：是不是这样呢？请你们把刚才的这些花，每5盆摆一组，用算式直接表示出来看看吧。

（学生活动后反馈，教师板书成图5-6。）

（学生通过观察比较，又一次发现：每次多的盆数总是比5盆少。因为是算式，去掉了单位，便可以用"余数比除数少"来理解了。）

$9 \div 5 = 1……4$
$10 \div 5 = 2$
$11 \div 5 = 2……1$
$12 \div 5 = 2……2$
$13 \div 5 = 2……3$
$14 \div 5 = 2……4$
……

图5-6

---

① 费岭峰. 数学课堂，要发挥教师的组织引导作用——多次执教《余数和除数的关系》的体会与思考[J]. 教学月刊（小学版），2006（12）：36—38.

师：（再把"5盆"改成"6盆"）直接在除法算式中探讨，除数是6时余数会怎样？

（此时，可组织小结：在计算摆花的问题中，当除数是4时，余数总是比4小；当除数是5时，余数又比5小；除数是6时，如果有余数，余数可能是1、2、3、4或5。）

课中，我们能够清晰地感觉到，因为学生有了对三组材料的观察、比较，发现"余数比除数小"的规律也就比较自然，同时因为是结合情境来"发现"，所以理解"余数比除数小"的道理，也显得容易了许多。

（二）问题的动态生成设计，促使学生反思与交流

发现学习更多是基于情境问题的自主学习，过程中可以根据产生的问题自行想办法解决。因此，在"引导—发现"探究型活动中，动态生成的问题是学生进一步学习的宝贵资源。用好这些问题，对学生进一步理解知识、掌握技能会有很大的帮助。有了这样的理念，就是一些计算方法的学习内容，也可以采用"引导—发现"探究活动，由学生自主学习。比如《两位数加两位数（不进位笔算）》这节内容，我们可以组织这样的过程引导学生学习。[①]

课是从情境开始的。当学生结合情境提出问题，列出算式36+30，并口算得到结果是66之后，教师提醒学生这样的算式还可以用竖式来计算，并请学生尝试计算。结果有17位学生列出了相关的竖式。除了规范写法（如下左一竖式）之外，还有其他三种写法（下右三个竖式）。显然，其他三种不太规范。对于小学二年级的学生来说，"两位数加两位数"的笔算是其第一次接触到的笔算，是一种全新的知识，在没有人告知（或通过其他途径获得）前，不知道也很正常。

$$\begin{array}{r} 36 \\ +30 \\ \hline 66 \end{array} \qquad \begin{array}{r} 3\ 6 \\ +30 \\ \hline 6\ 6 \end{array} \qquad \begin{array}{r} +3\ 6 \\ 3\ 0 \\ \hline 6\ 6 \end{array} \qquad \begin{array}{r} 3\ 6 \\ +3\ 0 \\ \hline 6\ 6 \end{array}$$

教师引导提问。有学生说第2个和第4个算式，没有对齐。教师问：不对

---

① 费岭峰．从"模仿"到"理解"——以《两位数加两位数》为例谈计算方法教学［J］．小学教学改革与实验，2006（46）：3.

齐，会出现什么问题？学生：不好看。确实对于第一次接触加法笔算的学生来说，很难期望他们一下子就知道，对得不整齐很容易造成"相同数位上的数"错乱，计算出错。于是，呈现一组练习，其中有一题为32+6。结果有15位学生不能规范地计算，其中11位学生如下左这样计算，还有4位学生则如下右这样计算。

$$\begin{array}{r} 3\,2 \\ +\ 6 \\ \hline 3\,8 \end{array} \qquad \begin{array}{r} 3\ 2 \\ +6 \\ \hline 9\ 8 \end{array}$$

有学生提出了问题：6和3对齐是不对的。于是，大家聚焦到"6和3分别表示什么？能不能直接加起来？"这一问题的讨论。此时，在计算加法笔算时，"数位需对齐"的道理揭示出来，学生自然就印象深刻得多了。随后，再请学生完成一组练习，其中包括62+7和5+34等习题。学生完成后，发现这次两题全部正确的人数是47人，达到了全班人数的94%。应该说，这个班学生对"两位数加两位数"的计算方法已经掌握，达到了一堂成功的数学课所提出的"量"上的要求。而且从调查的材料来分析，作业中如62+7和5+34这样的习题，形式上虽有变式，要求上也有所提高，但此时因为学生已经理解了"数位必须对齐"的算理，在计算这些习题时，过程更灵活。除了一般的规范方法之外，还有3位学生在计算这两道习题时，特意在5与7两个数的左边，即在对位时的十位上写上了一个"0"，虽然显得有点多余，但却真实地反映了学生的思维过程，说明了学生对"两位数加两位数，相同数位上的数要对齐"这一算法的算理的真正理解。

整个内容的学习中，教师没有提出太多的要求，只是提供了一些材料。学生在自主练习过程中，自主发现了问题，也亲身体验了问题解决的过程，理解了算理，习得了技能。"引导—发现"探究型活动的效果自然体现。

（三）结论的可检性设计，帮助学生建立科学的认知

"探索发现的结论必须通过演绎推理才能证明其正确性，证明的过程有助于发展学生的逻辑思维能力。数学教学中，注重'探索发现'和'演绎证明'的有机结合，有利于实现'增强（学生）发现和提出问题的能力、分析和解决

问题的能力'的课程总目标。"[①] 也有人提出：在数学学习中，"过程正确与结果正确至少同样重要"[②]。我们说，通过探索发现得到某个结论只是"引导—发现"探究活动中的一个环节，唯有完成对结论的检验，确认结论的正确与否，才算完成了整个学习过程。下面结合《三角形的内角和》一课的学习，谈谈探索发现结论的可检性设计。[③]

引导学生"'度量'各个角的度数，然后加起来，从而认识'三角形的内角和是 180 度'"是一种教师比较常用的教学设计。在操作时，由于操作工具及学习材料之间的差异，总会出现"误差"，得不到"180 度"这个结果。比如在一次课堂实践中，教师通过情境创设，引导学生去测量图 5-7 中两个图形的内角和。结果是：第一位学生量得三个角的度数分别是 52 度、38 度和 90度。师生共同计算得：52+38+90=180（度）。

第二位学生量得三个角的度数分别是 67 度、25 度和 91 度，内角和是 183 度。

第三位学生量得三个角的度数分别是 68 度、24 度和 90 度，内角和是 182 度。

图 5-7

很多学生纷纷表示三个角的度数加起来不是 180 度。此时教师有点急了，他亲自出马去量。终于量得三个角的度数分别是 68 度、22 度和 90 度，和是180 度。结果虽然得到了，但仍然有一些学生对这个结果不太服气，在那里小声议论。

"度量"时出现了误差，教师是不是通过亲手操作加以校正就可以了呢？或者告诉学生这是由于操作有"误差"造成的就可以了呢？显然，事情并不那么简单。如果这样做就算得出结论了，那么，还要安排动手操作干什么呢？还不如直接告诉学生"三角形的内角和就是 180 度"来得简单多了。再从更深层次来思考，"度量"是仅仅为了得到 180 度吗？如果是，能得到 180 度吗？显

① 教育部基础教育课程教材专家工作委员会. 义务教育数学课程标准（2011 年版）解读［M］. 北京：北京师范大学出版社，2012：203.

② 罗星凯. 有理的科学知识被无理地"验证"——从理科教学中实验结果与理论的不相符谈起［J］. 人民教育，2007（7）：36—38.

③ 费岭峰，胡娟. 数学学习应突现探究过程的科学性［J］. 教学与管理（小学版），2008（3）：29—31.

然，实际操作中误差始终存在。如果不是，作为一次操作活动，我们又该赋予"度量"怎样的目标定位呢？经过深入思考，我们认为，"度量"作为探究三角形内角和引入环节的操作活动，其价值更应该体现在以下三个方面：首先，"度量"顺应了学生的认知经验，因为在学生的经验中，研究角的度数问题，用量角器"量"是最为常用的方法；其次，"度量"确实可以帮助学生初步感知三角形的内角和大约是 180 度；第三，"度量"因为有误差，可以引导学生对原有的结论产生质疑，促使学生生成进一步研究的欲望，为导出另外的验证方法提供可能。换句话，"度量"是把"量"作为引子，得到一个供后续验证的初步结论，作为问题产生的手段。进行验证同样是这节内容学习过程的重要组成部分。

带着"三角形的内角和到底是不是 180 度"这一问题，学生开始想办法进行验证。常用的验证方法一是"剪拼"，二是"折角"。"剪拼"即为：把一个三角形的三个角撕开后，拼在一起组成一个平角，由此证明："三个内角的度数和是 180 度。""折角"即为：将一个三角形的三个角向内折，拼在一起也可拼成一个平角。相对而言，"剪拼"和"折角"较之度量还是能够给学生以说服力的。对于小学生来说，能够用这样的两种方法进行验证，也不失为一种好的学习过程，能够更科学地认识"三角形的内角和是 180 度"这个结论。当然也可尝试引入"推理论证"，从更具逻辑、更科学的角度去认识这个结论。

我们可以这样来论证：长方形的四个角都是直角，即可知长方形的内角和等于 360 度（这是学生已有的知识经验）。于是，引导学生把一个长方形剪成两个完全一样的直角三角形，得到每个直角三角形的内角和等于 180 度。有了直角三角形的内角和等于 180 度这个结论后，再来验证锐角三角形、钝角三角形的内角和也就有了论证的依据了。在锐角三角形的任意一条边上作高，即可分成两个直角三角形，两个直角三角形的内角和等于 360 度，然后减去两个直角的度数和 180 度，就等于锐角三角形本来的三个内角的和。同理也可以在钝角三角形中进行论证。[①]

推理验证的方式也最具科学性和数学味，它既能有效达成"通过一系列

① 曹飞羽，曹侠，黄文选，等. 小学数学基础理论和教法（第二册）[M]. 北京：人民教育出版社，1984：28.

的实验、操作活动，让学生推理归纳出三角形的内角和是 180 度"这一教学目标，又有利于教师在关注到结论正确的同时，也能顾及学习过程的科学性。

以上谈的是"引导—发现"探究型活动设计时的三个注意点。实际的课堂上，教师的引导还有许多细节需要把握，特别是需要根据学生的学习进程，适时采取合理、合适的方法，给学生的"发现"以帮助或启发，为更好地实现学习目标服务。

典型课示例

《长方形面积》教学实录与简析 [①]

教学实录

环节一：估一估，摆一摆，理解长方形面积的本质内涵

师：前几天我们一起学习了面积和面积单位。这节课继续来学习面积。今天要学习的是长方形的面积（直接板书：长方形面积）。

师：这里有 4 个长方形，请你们判断一下，哪个长方形的面积最大？为了说起来方便一些，老师给它们编上号（指着课前已经摆在黑板上的 4 个长方形，4 个长方形的规格分别是 6 厘米 ×1 厘米，3 厘米 ×2 厘米，4 厘米 ×3 厘米，3 分米 ×2 分米）。

（稍作停顿，请学生思考。反馈交流。）

生：4 号长方形面积最大。

生：我也觉得 4 号图形面积最大。

师：你们是不是都认为 4 号长方形的面积最大？

生：（齐）是！

师：好的。现在老师再告诉你们一个信息，这里有一个长方形的面积是 6 平方分米，你觉得会是哪一个？

---

① 关于"长方形的面积"的教学研究，始于 2008 年，在送教舟山与嘉兴市"领雁工程"研讨活动中作了展示，后又于 2012 年在"北师大教材十年回顾与展望"研讨会上作了展示。《长方形的面积》实录就是以此为蓝本作的记录。采用教材：人教版教材修订版；教学对象：三年级；地点：浙江衢州。

生：4号。

生：我也觉得4号图形的面积是6平方分米。

师：同意是4号的请举手。

（许多同学都举手表示认同）

师：1号为什么不是呢？

生：因为1号很小。

生：因为老师说的是6平方分米，不是6平方厘米。

师：你的意思是6平方分米比这个大多了？

生：嗯。

师：我们还记得1平方分米有多大吗？

生：1平方分米就像成人的一个手掌那么大。

师：同学们学面积单位的时候，已经认识了1平方分米了。而且还记得这么清楚，真棒！老师这里有一个正方形，它的面积就是1平方分米。（展示1平方分米的正方形卡纸，并用这个1平方分米卡纸与1号图形比一下）。你们看1号图形确实比它小多了。那么2号可以吗？

生：小了。

师：3号可能吗？

生：还是小了。

师：只剩下4号了。那么，我们有没有办法来证明4号确实是6平方分米？有什么办法？

生：用尺子量。

师：这是你的办法。还有吗？

生：用小正方形来比较。用小正方形这样一排一排摆下去。

师：她的意思你们能听明白吗？是不是用这样的小正方形（教师手里举着1平方分米的正方形）排下去？我们请她上来摆摆看吧。请你上来吧。她摆的时候，其他小朋友一起来帮她数一数，好吗？

（这位女生上来操作：用1平方分米的正方形摆在黑板上的4号长方形上。下面学生帮着她一起数。确认一共摆了6个，正好摆满。）

师：同学们，这位小朋友摆了之后，我们发现4号长方形里边正好摆了6个1平方分米的正方形，所以我们可以大胆地说，4号长方形的面积是——

生：6 平方分米。

师：因为 4 号长方形里边正好摆了 6 个 1 平方分米的正方形，所以我们说 4 号长方形的面积是 6 平方分米。那接下来，老师想看看哪位小朋友眼力好，上面的三个长方形中，有一个面积是 6 平方厘米。你们猜猜它会是哪一个。为了让你们看得仔细一点，老师已经把这三个长方形印在了发给你们的练习纸上了。请确认好了的同学举手示意一下咯。

［学生独立观察练习纸上的长方形（用时半分钟左右）］

（反馈交流）

生：我觉得是 1 号。

师：还有吗？

生：我认为 2 号也是。

生：我认为是 3 号。

师：还有不同意见吗？

生：我也同意是 3 号。

师：猜的结果有不一样的啦。我们怎么来证明哪个图形的面积是 6 平方厘米，有办法吗？

生：有！

师：有办法，那就先请小朋友在练习纸上试着写写吧。

［学生自主活动，自己选择面积 1 平方厘米的正方形摆（用时 2 分钟左右）。教师巡视，并与个别学生作交流。］

（反馈交流）

生：我是用老师给我们的小正方形摆成的。我的结果是 1 号长方形的面积是 6 平方厘米。

师：结果和她一样的请举手。

（部分学生举手示意）

师：请把你的方法展示给大家看看。

（这位学生上展示台展示操作过程）

师：和她用一样的方法得到的，请举手（学生举手示意）。怎么看出是 6 平方厘米的？

生：这里一共摆了 6 个 1 平方厘米的小正方形。所以面积是 6 平方厘米。

师：有没有不同答案？你觉得是哪一个？

生：我也用你给我们的小正方形量过了。我发现1号和2号都是6平方厘米。

师：你觉得2号也是6平方厘米？你上来摆摆看，你是怎么摆的？

［学生上前在展示台上操作展示（如图5-8所示）］

师：和他一样的举手示意一下哦。

（部分学生举手示意，表示认同。）

图5-8

师：你们现在都认为2号长方形的面积也是——

生：6平方厘米。

师：这1号和2号，两个长方形形状不太一样，它们的面积却是——

生：一样的。

师：因为它们里面都正好可以摆6个1平方厘米的小正方形。所以这两个长方形的面积都是6平方厘米。有些小朋友的眼光真准。刚才哪些同学猜1号是6平方厘米的？

（部分学生举手示意）

师：哪些同学猜了2号也是6平方厘米的？

（也有部分学生举手示意）

师：给自己掌声！

（学生鼓掌）

师：那么这个3号长方形，你们觉得比6平方厘米大，还是小呢？

生：大。

师：是不是明显大了？

生：嗯！

师：那么它的面积到底是多少呢？你们有办法研究出来吗？

生：有！

师：好！这么自信。那就请你们研究一下3号长方形的面积应该是多少。

［学生自主操作（用时2分钟左右）。教师巡视，并与个别学生交流。选择了三位学生上台展示。］

师：三位小朋友都得出了这个长方形的面积是多少？

生：12平方厘米。

（第一位学生先展示）

师：先请你跟大家说说是怎么得出来的。

［第一位学生在展台上展示操作过程：先摆 6 个，小方块不够，就在这里画一条线，再接着摆（如图 5-9 所示）。］

师：你的意思是想把它——

生：摆满。

师：而且通过画线后再摆，用 12 个小正方形正好能摆满？

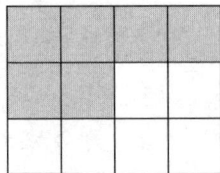

图 5-9

生：摆满了。

师：所以他认为这个长方形的面积是 12 平方厘米。你们同意吗？

生：同意。

师：正好摆 12 个 1 平方厘米的小方块，所以它的面积是 12 平方厘米。这是你的摆法。好！

（第二位学生展示操作过程）

师：请你来介绍一下，是怎么摆的。

生：我是横着摆 4 个，竖着摆 3 个（如图 5-10 所示），然后把它们乘起来。4×3=12 平方厘米。所以我判断它有 12 平方厘米。

师：老师有个疑问。他没摆满怎么就知道了？从图上我们看得出来是 12 平方厘米吗？

生：因为第一排摆了 4 个，旁边又摆了 3 个。每一行都是一模一样的，所以把它乘起来。

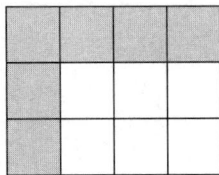

图 5-10

师：谁听明白了？他这是什么意思？

生：就是竖着摆 3 个，上面有 4 列，所以可以摆 12 个。

师：听明白了的请举手示意一下。

（有学生举手表示明白了）

师：虽然没摆满，但可以看出沿着长一行摆了 4 个，沿着宽这样摆 3 个，说明可以摆这样的几行？

生：3 行。

师：3 行就说明，可以摆 3 个 4，所以他算出来了。好的，这样摆也可以。真好！请给他掌声。

（学生鼓掌！）

（第三位学生展示操作过程）

生：我这里摆3个（指沿宽），这里摆4个（指沿长），再把它们乘起来是12，所以我认为它是12平方厘米。

师：其实他想的，和刚才这位同学说的——

生：是一样的。

师：下面的同学，你们得到的结果是多少呢？这个3号长方形的面积确实是12平方厘米。看来通过对这4个长方形面积的研究，我们有办法得到一个长方形的面积了。现在如果有一个长方形，你们会有办法得出它的面积吗？

生：会！

[说明] 作为一节安排在"面积"和"面积单位"之后学习的内容，其本身就有一个目标：巩固对面积的理解。本节内容正是以长方形面积的含义理解为起点，结合对4个长方形面积的探索，进一步体会了求长方形面积，其实就是要算出这个长方形含有多少个面积单位。整个过程中，在教师的"引导"下，学生"发现"得很自然，也很有效果。

环节二：摆一摆，算一算，发现长方形面积计算的实质

师：现在有一条长12厘米的线段，可不可以围成这样一个长方形？（多媒体呈现了一个5厘米×1厘米的长方形）

生：可以。

师：还能不能围成其他形状的长方形？

生：能的。

师：确实是能的。它可以围成这样一个长方形（多媒体呈现4厘米×2厘米的长方形），还可以围成这样一个长方形（多媒体呈现3厘米×3厘米的正方形）。

师：这几个长方形都是用一根长12厘米的线围成的。它们的面积会是怎样的呢？一样大吗？

生：一样。

师：这是他的观点。

生：我也认为是一样的。

生：我也认为一样。

师：那么是不是一样呢？我们有办法研究它吗？你们有什么办法？有了就在纸上写写、画画，试着研究一下吧。实在有困难，请你们把练习纸翻过来，反面老师已经帮你们把图画好了。

[学生再次自主活动（用时3分钟左右）。教师巡视进行个别交流指导，并收集了一些学生的作业。]

（呈现两份作业材料。作业材料一：用小方块摆的；作业材料二：用算式计算出来的。）

师：哪位同学的结果你们看明白了？（停顿10秒）好！先请第一位小朋友来说说是怎样想的。

生：我是这样想的，先把小正方形摆在图形上面，第一个图形共摆了5个小正方形，所以我判断它是5平方厘米。

师：同意她想法的小朋友请举手示意。结果和她一样吗？也是5平方厘米。

（大多数学生举手示意，表示一样。）

师：现在我们来看第二位小朋友的做法，他写的是算式，你们能看懂吗？看懂了的请举手。

（教师数了一下，有六七位学生举手。）

师：这位小朋友好像还没发过言。他看懂了，就请他来介绍一下，看看他的想法是不是跟你（指写算式的那位学生）的一样。

生：旁边（指宽）是1厘米，可以放1平方厘米的小正方形。下面（指长）是5厘米，可以放5个1平方厘米的小正方形。把它们乘起来就是5平方厘米。

师：他说的是不是就是你想的？

生：我也是这么想的。第一个长方形的宽是1厘米，所以它就能放1个小正方形，长是5厘米，所以就能放5个小正方形。这样1×5就等于5，就得到了5平方厘米。

师：你们听懂了吗？他这个1×5表示的意思是1行5个。那么，他的4×2表示的又是什么意思呢？

生：每排能放4个小正方形，每列能放2个。

师：就是每行摆4个，能摆这样的2行。是这样吗？

生：是的。

师：好！我们来理一下，第一个图形，可以摆1行5个，第二个图形是2行4个。咦！老师这里没告诉你小正方形的个数，只告诉你长方形的长和宽。你怎么想的？

生：因为它这里宽2厘米，就是能摆2个1平方厘米的小正方形，长4厘米，就是能摆4个1平方厘米的小正方形。

师：我看到有小朋友在点头，说明他有点明白了。我们来看一看，这里是不是有这样的意思。

（多媒体演示：用1平方厘米的正方形摆。教师边演示边引导学生看图、口述。）

师：看第一个长方形，我们摆了1行5个，第二个长方形，我们看到长是4厘米，就说明1行能摆——

生：4个。

（多媒体演示，正好摆4个。）

师：可以摆这样的几行？

生：2行。

师：你怎么看出2行来的？

生：因为它的宽是2厘米。2厘米就可以摆2行。

师：是不是可以摆2行？（确认）而且不摆满也可以看出来。这里就表示有几个4？

生：2个。

师：2个4可以怎么算？

生：4×2。

师：说明这位小朋友在算的时候，脑海中想到的是摆的图形。你脑海中有这样的图形吗？那么3×3这个图，照这样摆，脑海中是怎样的一幅图？请你们先跟旁边的同学交流一下吧。

［学生交流活动（用时1分钟左右）。教师巡视，并与个别学生交流。］

（反馈交流）

生：这个边长为3厘米的正方形，横着摆3个，竖着摆3个。

师：一行摆几个？摆几行？

生：一行摆 3 个，摆 3 行。

（多媒体展示摆的结果。确认它的面积是 3×3=9 平方厘米。）

师：同学们有没有发现，用同样长 12 厘米的线围成的三个不同形状的长方形，面积原来是不一样的。

（呈现第三份作业材料：算了图形的周长。）

师：这位小朋友的做法，你们看了认为是对的，还是错的？

生：他的单位错了。

生：我也认为写算式的这个人，单位用错了。

生：我觉得他的答案算错了。

师：他在算什么？

生：他在算周长了。

师：你们认为这位同学在算什么？有没有算里面所含的面积单位个数？

生：没有。

师：他用长加宽的和乘 2，是在算长方形的周长，所以不对了啦。

[说明] 长方形面积计算的本质是求图形中所含面积单位的个数。最切合本质的方法是用面积单位去摆满整个图形，然后数出面积单位的个数。当然，一直用这种方法去求图形面积，肯定不是我们最终的想法。如长方形，其面积计算最终需要学生悟到的是用"长 × 宽"来算，这才是最为简洁的求面积方法。本环节的活动，仍然没有直接告知学生算长方形面积的计算公式，而是继续用"引导—发现"的方式，让学生充分感悟过程，最终自主悟得方法。

环节三：用一用，理一理，明晰长方形面积计算公式

师：同学们，通过前面的学习，现在如果老师想请你们算一个长方形的面积，你们觉得可以怎么办？

生：长 × 宽。

师：这是他的办法。还有吗？

生：用小正方形去摆。

师：你们认为哪一种方法简单？

生：长量出来，宽也量出来，再乘起来。

师：你的意思是，用长 × 宽直接算出长方形的面积。（板书：长方形面积＝

长 × 宽）在这三个长方形中，有一个长方形是很特殊的。是哪一个？

生：第3个。

师：正方形是一个特殊的长方形，长叫边长，宽也叫边长，所以正方形的面积，我们就可以用边长 × 边长来计算。（板书：正方形面积＝边长 × 边长）

师：同学们，现在老师请你们算一个长方形的面积，第一步做什么？

生：先量出长和宽，再乘起来。

师：好的！老师在课前给每位小朋友发了一张明信片。如果想知道做这张明信片用了多少面积的纸，你们该怎么办？有什么办法求出这张明信片的面积吗？

生：有。

师：那就开始吧。有困难的可以同桌合作。

［学生活动（用时2分钟左右）。教师巡视，与个别学生交流，给个别学生以指导。］

（反馈交流）

（呈现一组学生的作业：18×10=180平方厘米。）

师：结果一样的请举手。

（大部分学生举手表示同意）

师：说说想法吧。

生：我量出明信片的长是18厘米，宽是10厘米，长18× 宽10就等于180平方厘米。

师：同学们真的很棒哦！会用学到的知识解决问题了。

［说明］这个环节，主要在于梳理与小结。目的是看学生前面的自主发现效果如何。从过程来看，学生通过前面两个环节的学习，对长方形面积计算的内涵和方法还是悟到了，所以也便有了公式的自然总结。另外，从解决问题中也能比较清楚地了解到学生已经理解和掌握了长方形的面积计算方法了。

环节四：拓展应用

师：同学们已经知道长方形面积的计算方法了。那么是不是所有情况下都这样去算长方形的面积呢？我们来看这样一个问题。

（多媒体呈现材料，如图5-11所示。）

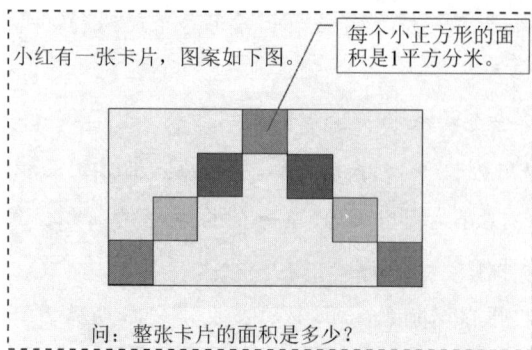

图 5-11

师：能看明白这些信息吗？看懂了的就可以动手试着去解决。

［学生尝试解决问题（用时 1 分钟左右）］

（反馈交流）

生：4×7=28 平方分米。

师：你是怎样想的？

生：竖着能摆 4 个小正方形，横着能摆 7 个小正方形。

师：头脑中和他想的一样的请举手示意一下。

（学生举手示意，表示一样。）

（多媒体演示补充完整用面积单位摆满后的情形）

师：那如果要求出这个图形的周长，你们又会算吗？只是下课时间已经到了，这个问题就留给同学们课后去解决吧。我们来简单小结一下这节课的内容。今天这节课，你们有什么收获？

生：我知道可以用摆小方正方形的方法算长方形的面积。

师：怎么算？

生：先看长可以摆几个小正方形，再看宽可以摆几个小正方形，然后乘一下。

生：我知道了怎么算长方形的面积。用长 × 宽。

师：小朋友们都有收获，真让老师开心。

（结课）

［说明］"破"与"立"始终是发展学生思维的重要过程。因为有了面积计算公式的习得，所以在最后设计一个回归面积单位计算的图形面积的问题，意

在打破思维定势，培养学生根据信息特征，灵活选择解决问题的方法的能力。

简 析

以"引导—发现"探究型活动的特征来分析这节课，在以下两个层面体现得比较充分。

1. 以观察、类比为主要方式，引导学生理解长方形面积的本质内涵，足够感性，也起到了良好的学习效果。

以"面积"的进一步认识为切入口，引导学生在感知"面积大小"与"摆小方块的多少"中理解长方形面积计算方法"长 × 宽"的算理，顺向组织教学活动是引导学生经历发现学习过程的有效策略。事实上，以"面积意义"入手，其优势有二：一是学生刚刚学习了"面积"的意义，对一种特殊的平面图形（长方形）的面积进行认识，借助面积意义这一载体，符合学生的认知规律，有利于学生建构新知；二是作为一种顺向的多层次的学习活动，降低了学习的起点，增加了学习的梯度，不但有利于"发现"，还有利于学生深刻理解算法与算理之间的关系。

2. 以问题解决为载体，引导学生"发现"长方形面积计算的基本方法，任务驱动，体验深刻，学生的思维能力自然得到发展。

通过摆小方块的方式来研究摆的面积单位个数与面积之间的关系，结合"长 × 宽"这一外在的计算形式，理解"长 × 宽"的本质意义，有其可行性。学生可以通过长边、宽边与所摆面积单位的个数之间的对应关系，结合对应思想、几何推理等数学思想方法，自主构建"长 × 宽"这一数学模型。看来，积极沟通直观材料与数学概念之间的联系，是有效促进学生对数学模型的理解的重要策略。

二、"猜想—验证"探究型活动的设计与教学

猜想和验证本就是数学学习过程中不可缺少的重要活动，且两者有着密切的联系。"科学需要通过不断地猜想去逼近真理，需要不断地提出假说，证

伪，再提出假说，再证伪……"① 因为猜想，只是一种猜测、假想，需要通过验证活动去证实结论是否正确；而验证总是以猜想为起点的，是围绕猜想所采取的行动。

数学学习中，"猜想—验证"探究型活动，就是以猜测、假想为起点，通过一定的检验手段，为证实猜想而进行的验证性活动。如果说，前一节中谈到的"引导—发现"探究型活动中学习者可以零经验起步的话，那么，"猜想—验证"探究型活动更多是肯定了学习者已有的经验基础。因为在"猜想—验证"探究活动中的"猜想"，不是一种毫无根据的胡思乱想，它首先是一种数学猜想。作为一种数学猜想，它是指"人的思维在探索数学规律时多方面的联想"②，是对数学学习有了一定经验基础上的思考、质疑、假想，是有经验的生长。而"验证"，则是一个"将经过推理完善的假设运用到实践中，以检验其正确性"③，抑或是说明其错误原因的过程。

另外，从以上分析来看，与"引导—发现"探究型活动从"教师引导"到"学生发现"不同的是，"猜想—验证"探究型活动的"猜想"起点，可以是学生自己给出，也可以是教师启发学生后共同给出，然后"验证"。当然"验证"的过程，同样可以是学生独立进行，也可以师生协同完成。具体活动结构我们可以通过以下模型来体现。

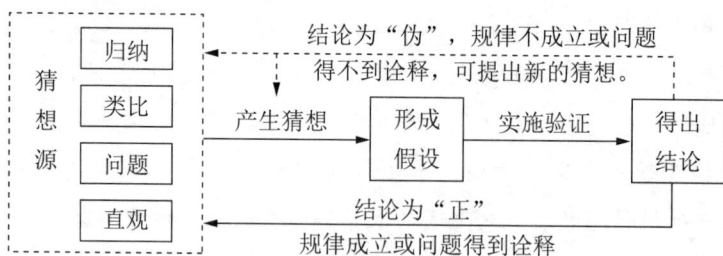

图 5-12 "猜想—验证"探究型活动模型

从模型图中可知，"猜想源"是数学猜想产生的基础，形成假设是猜想的

---

① 黄加卫.浅议"证伪"思想在高中数学教学中的作用［J］.中学数学杂志（高中版），2011（7）：18—22.

② 杨庆余，俞耀明，孔企平.现代数学思想方法［M］.贵阳：贵州人民出版社，1994：83.

③ 陈佑清.教学论新编［M］.北京：人民教育出版社，2010：261.

具体化、逻辑化，然后通过验证得出结论。关于结论的分析，则为"猜想—验证"探究型活动的重要节点。结论为"正"，表明规律成立或问题得到诠释；结论为"伪"，则表明规律不成立或问题得不到诠释，可产生新的猜想，建立新的假设，再次验证。基于以上分析，在教学实践中，具体实施"猜想—验证"探究型活动时，需要把握好以下三个方面的要点。

（一）提供生成猜想的"源"，诱发学生产生猜想

从数学学习的过程来看，数学猜想的产生有多种途径，可"由归纳而产生"，也可"由类比而产生"，还可"由问题而产生"和"由直观而产生"[①]。但不管是哪一种途径，都是在学生有参与、有体验的基础上，对数学概念或规律产生了联想推断的结果。当然，此时的结果还是具有更多的假想成分的。比如在《商的变化规律》这节内容的学习中，学生对"商不变的规律"的猜想可以是这样产生的。[②]

根据情境问题的解答：植树节时学校分配给每班 20 棵树去栽种，你们准备如何合理地进行分配？讨论商定一个方案：平均分配给四个小组，每组栽 5 棵。得到算式：$20 \div 4 = 5$（棵）。

提出要求：请找一些商同样是 5 但被除数与除数不同的算式。并思考：是如何想的？反馈交流，得到如右材料（教师板书作了处理）。引导学生观察比较了这一组材料，学生的猜想由此而产生：

想法一：以乘法口诀表为依据，根据乘除法关系得到算式。

想法二：考虑到被除数、除数的同时变化。

5	1	（其他一些算式）
10	2	$15 \div 3 = 5$
$20 \div 4 = 5$		$25 \div 5 = 5$
40	8	$30 \div 6 = 5$
80	16	$35 \div 7 = 5$
200	40	$45 \div 9 = 5$
……		……

[①] 杨庆余，俞耀明，孔企平．现代数学思想方法［M］.贵阳：贵州人民出版社，1994：83.

[②] 费岭峰．把思维的空间留给学生——《商不变的性质》导入设计比较分析［J］.中小学数学（小学版），2002（3）：40—41.

当然，对于本节内容来说，第一个猜想，似乎与今天的学习关系不大。但第二个猜想，则正好是本节课需要研究的核心问题。于是，课堂上，我们便可围绕第二个猜想重点展开，由学生自己去提出假设，举例验证即可。

类似于这样的猜想引发方式，其实在许多"运算律"学习中经常被老师们使用，可以看成是由"归纳""类比"而产生的猜想。我们再来看一个由"直观"引发猜想的例子。

这是《圆柱的认识》一课中的活动场景①：

（教师以立体图形为话题组织谈话，适时展示圆柱形状的物体。）

师：你们认识这种形状吗？

生：认识。它是圆柱。

师：你们对圆柱有哪些了解？

生：圆柱是圆的。

生：圆柱有两个圆面。……

师：同学们对圆柱已经有了初步的了解。那么，圆柱到底还有哪些特征呢？今天我们作进一步的研究。

（学生自主活动：以一种标准圆柱形状的"饮水杯"为研究对象，四人小组合作观察圆柱的特征。）

（反馈活动结果）

师：你们观察到了什么？它有什么特征？（学生口答，教师有选择地进行板书。）

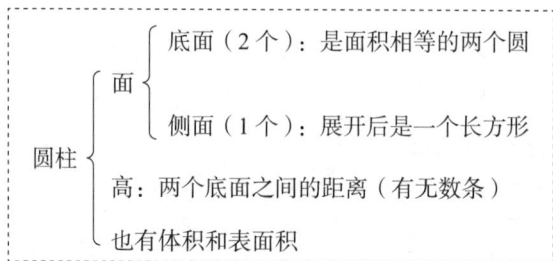

$$
\text{圆柱}\begin{cases}\text{面}\begin{cases}\text{底面（2个）：是面积相等的两个圆}\\\text{侧面（1个）：展开后是一个长方形}\end{cases}\\\text{高：两个底面之间的距离（有无数条）}\\\text{也有体积和表面积}\end{cases}
$$

这是一个直观感知层面的活动，学生的活动方式主要是观察，然后通过

---

① 费岭峰．"圆柱的认识"教学实践与反思［J］．小学数学教师，2003（10）：27—32.

语言表述出观察结果。得到的板书，就是由教师记录下来的学生对"圆柱"进行直观观察之后所作出的猜想，是否正确是需要后续组织活动去验证的。

当然，如同《圆柱的认识》中对圆柱观察后基于特征进行猜想的方式，在许多几何图形的认识中均可采用，甚至在一些图形面积计算中也可以尝试。比如《平行四边形面积计算》这节内容的学习，得出的"邻边相乘"与"底高相乘"都是基于图形观察与经验唤起基础上的数学猜想。

（二）提炼明晰的实验假设，保障验证顺利进行

猜想是"不知其真假"的数学叙述，假设是科学研究上对客观事物的假定的说明。在科学研究中，猜想和假设是两个前后关联的环节。"猜想是学生接触到问题后，在已有知识经验的基础上，结合对客观现实的感性认识依靠直觉而作出的各种假定；假设是在猜想的基础上经过一系列的观察、分析、比较、归纳等逻辑推理及排除掉一些不可能的猜想而得到的较为科学的假设。"[1]猜想时，学生可以提出尽量多的想法，不必考虑因果逻辑关系，可以在一定范围内脱离已知的认知范围，可能不能被证明，思维常常处于"活跃的、非逻辑的、发散的状态"[2]。而假设，需要有对猜想的提炼归并，思维更需要"聚合"。假设，不是对的，就是错的。

验证不是直接针对于猜想进行的，因为猜想有时候还只是一种模糊的认识，可能只是一种直觉引发的联想。验证是针对猜想进行了提炼归并以后所作出的假设进行的。比如上文提到的对于"商不变的规律"的学习，当有了猜想"被除数和除数同时变化，商不变"之后，进行验证时必须得有相应的假设。针对此猜想，事实上，学生提出了以下四个假设：假设一：被除数和除数都加上一个数，商不变；假设二：被除数和除数都减去一个数，商不变；假设三：被除数和除数都乘一个数，商不变；假设四：被除数和除数都除以一个数，商不变。

有了相关的假设，接下来验证环节的实践就显得容易多了。对于小学生而言，最好的验证便是"举例验证"。比如以"被除数和除数都加一个数，商

---

① 李强.培养学生猜想与假设能力的教学策略［J］.物理教学探讨，2009（7）：67—70.
② 同上。

不变"这个假设为例，学生是这样举例的^①：

算式：18÷6=3   算式：20÷4=4
验证：   验证：

（18+1）÷（6+1）=2……5   （20+1）÷（4+1）=4……1

（18+2）÷（6+2）=2……4   （20+2）÷（4+2）=3……4

（18+3）÷（6+3）=2……3   （20+3）÷（4+3）=3……2

结论：被除数和除数同时加上同一个数，商变了。

　　结果发现，这个假设不成立。被除数和除数同时加一个数，商是变的。那么"被除数和除数同时乘一个数，商不变"这个假设是否成立呢？学生的举例验证是这样进行的：

24÷6=4	24÷6=4	24÷6=4	54÷9=6
↓×2 ↓×2	↓×3 ↓×3	↓×4 ↓×4	↓×2 ↓×2
48÷12=4	72÷18=4	96÷24=4	108÷18=6

　　通过举例发现，这个结论是正确的。当然，后续需要教师提醒关于"0"的问题，作为对验证过程的补充，即能够让学生确认"被除数和除数同时乘一个数（0除外），商不变"这个假设是成立的。

　　在实际的课堂上，有时候猜想与假设其实是一致的，比如《圆柱的认识》这节内容中，学生提出的"圆柱的两个底面是面积相等的两个圆"和"圆柱的侧面展开后是一个长方形"。这个时候，学生便可以从猜想出发去验证。但有些时候，猜想与假设不一定一致，比如"商不变的规律"的猜想与假设，就属于这一情况。于是，课堂上经常会发生这样的现象：学生虽然对某个内容有了猜想，但他却没有办法验证。这其实与他没有将猜想转化成假设，或者没有将猜想转化成合理的假设（假设本身就不成立）有关。

　　比如《长方形的面积》一课中，要研究长方形的面积如何计算。在课前进

---

① 吴卫东，邱向理．小学数学典型课示例——历史视角下的研究［M］．长春：东北师范大
　学出版社，2005：174—188．

行了一次调查（调查内容：你会计算长方形的面积吗？会的请试着计算下面长方形的面积，并写出计算过程。提供的长方形没标信息，实际长为5厘米、宽为4厘米。全班44人），了解到了这样的情况（如下表）[①]：

会用"长 × 宽"计算，并能理解	4人	占9%
会用"长 × 宽"计算，不知道为什么要这样算	15人	占34.1%
用计算周长的方法来计算	15人	占34.1%
不会算（无从着手，连长、宽的长度都没有量）	10人	占22.7%

从调查结果可知，在同样没有教师的帮助下，如果让学生对计算长方形的面积提出猜想，排除连"长"和"宽"的长度都没有量的学生，其他学生的猜想起点可能是一致的，都会认为与长方形的"长"和"宽"有关。但他们的假设却表现出来两种情况：一种假设为，长 × 宽就是这个长方形的面积，这样的学生占全班学生人数的43.1%，显然这种假设是合理的；一种假设为，与长方形周长的算法一样，即（长 + 宽）×2，这样的学生占全班学生人数的34.1%，事实上，这种假设本身就不成立，因为这显然是计算长方形的周长的方法（不排除有学生"实在没有想法，就随便写点算了"的因素在）。当然，再加上没有想法的22.7%的学生，将会有超过半数的学生，没法提出合理的假设，如果完全放手由学生来完成验证任务的话，接下来的验证活动中将有超过半数的学生会碰到困难。如果此类情况在课堂上发生的话，便需要教师作出适时的引导，以使学生能够有比较合理的假设，使后续的验证活动顺利进行。

课中，教师可以作这样的引导：长方形的面积与哪些信息有关呢？（长和宽）这是一种引导猜想。当学生说到与长方形的"长"和"宽"有关时，便可追问：有怎样的关系呢？这个问题其实质便是在启发学生提出研究的假设。唯有提出较为明确的研究假设，后续验证活动才有顺利实施的基础。

（三）经历真实的验证过程，深度分析所获结论

验证就是依据假设进行实践，以检验其正确性。对于小学生而言，验证

[①] 费岭峰．回归：面积计算公式探索的基本策略——《长方形面积的计算》一课的教学研究 [J].小学教学研究（教学版），2012（9）：35—37.

的方式最常用的是举例子。比如前面"商不变的规律"内容的学习中，采用的验证便是举例。又比如在"运算律"内容的学习中，当学生初步感知相关性质时，便请学生继续举例说明。

如《乘法分配律》一课的学习，我们可以这样来组织[①]：

创设情境：学校购买春装校服，每件上衣30元，每条裤子25元。买这样的4套校服，一共要多少元？学生尝试解决问题时，有两种不同的方法（如下）：

方法一：$(30+25)×4$　　　　方法二：$30×4+25×4$
$　　　=55×4$　　　　　　　　　　$=55×4$
$　　　=220（元）$　　　　　　　　$=220（元）$

通过交流，师生共同探讨后得到这样一个等式：$(30+25)×4=30×4+25×4$。再借助购买6套校服和购买桌椅的问题，继续讨论后，再次得到两个等式：$(30+25)×6=30×6+25×6$ 和 $(100+60)×6=100×6+60×6$。于是，通过归纳，形成猜想，提炼假设：两个数的和乘一个数，用这两个数分别乘这个数再相加，结果相等。

有了假设，接下来便是验证的过程：在刚才的问题中我们找到了三组等式，是不是有这样特点的两个算式，都相等呢？你再写几个看看。学生举例验证。

至此，学生能够举出例子，说明他们对于乘法分配律的感知初步完成。但验证并没有结束。举例验证采用的是不完全归纳法，其本质属于"合情推理"或"似真推理"。一般仍然需要引导学生用演绎推理去验证，帮助学生理解乘法分配律的本质内涵。

当学生举例后，追问：这组算式相等，你是怎么知道的？学生可能会从三个层面加以说明：一是从计算结果判断，两个算式是相等的，这是显而易见的；二是有学生可能会借助刚才的问题情境去解释相等；三是回归乘法的意义，用"几个几加几个几等于几个几"来说明。也唯有上升到乘法意义的角度

––––––––––––––

① 人民教育出版社课程教材研究所，小学数学课程教材研究开发中心.义务教育教科书教师教学用书数学（四年级下册）[M].北京：人民教育出版社，2014：64—66.

来解释乘法分配律，我们认为才是从本质上验证了规律的成立，真正理解了乘法分配律的内涵。这样的过程，也是对结论深度分析的体现。因为此时得出乘法分配律的定义——"两个数的和与一个数相乘，等于每一个加数分别与这个数相乘，再把所得的积加起来"，学生的学习过程就显得既扎实，又厚实了。

综上所述，在"猜想—验证"探究型活动的实施中，引发学生"猜想"是起点，是基础，归并提炼出"假设"是"猜想—验证"探究型活动不可或缺的重要环节，而"验证"环节既是数学学习实践活动的落实，又是学生归纳思维、演绎思维等逻辑思维能力培养的重要环节。

典型课示例

《连除简便计算》教学实录与简析 ①

~~~~ 教学实录 ~~~~

环节一：结合实际问题解决，初步感知连除中的规律

师：我们学习数学知识可以解决一些问题。请小朋友们看这个问题。

（多媒体呈现一些动画形象：皮卡丘、《神奇宝贝》中的人物。学生有点小兴奋。）

师：看来小朋友们对动画片很感兴趣。这个问题就跟动画片有关，请小朋友看屏幕。

（大屏幕呈现第一个问题：王老师将80张《神奇宝贝》的卡片平均分给4个组，每个组有5人。平均每人分到多少张？）

师：看明白问题了，就请你们在自己的本子上试着解决这个问题吧。

〔学生自主活动解决问题（用时1分半左右）。教师巡视，并请两位学生上

---

① 对于"连除简便计算"的研究，始于2007年。当年4月在嘉兴市"南湖之春"上第一次展示，后以此为蓝本拍摄了浙江省"农远工程"录像课，荣获中国教育学会小学数学教学专业委员会举办的第五届全国小学数学优化课堂教学录像课评比一等奖。并于2012年在浙江小学数学十年改革获奖课例展示会上展示。此实录即以此为蓝本所作。采用教材：人教版教材实验版；教学对象：四年级；地点：浙江杭州。

前板演。]

[第一位学生的解题过程：80÷4÷5=20÷5=4（张）。第二位学生的解题过程：80÷（4×5）=80÷20=4（张）]

师：我们请这位小朋友（指第一位学生）解释一下。

生：把80张《神奇宝贝》的卡片，先分给4组，然后每组中再分给5位小朋友。

师：和这位小朋友一样解决的请举手（部分学生举手示意）。这里第一步解决的是一个什么问题？

生：（齐）每个组分到几张？

师：每个组得到几张卡片，然后是第二步，再来解决——

生：每人得到几张。

师：能解决这个问题吗？

生：（齐）能！

师：结果是——

生：4张。

师：这位小朋友（指第二位学生）的方法不一样，你能解释一吗？

生：首先算出一共有几个人，4×5就是4个组一共有20人。然后80÷20，算出每个小朋友分到4张。

师：同意吗？

生：（齐）同意！

师：这样的顺序，同样能解决这个问题。而且我们发现结果也等于4。在解决这个问题的过程中，这一个算式（指80÷4÷5）和这一个算式［指80÷（4×5）］结果相等。那我们可以用等号连起来。［板书：80÷4÷5=80÷（4×5）］

师：同学们很棒！解决了第一个问题。像这样的问题生活中其实还有很多。

（大屏幕呈现第二个问题：春节里，小明爸爸花600元买了2盒礼酒，每盒装3瓶。平均每瓶礼酒多少元？）

师：看明白了，就请你们列出算式。不必计算哦。

[学生自主活动列式（用时半分钟左右）]

师：好了，我们现在请同学来说说看。

生：$600 \div 2 \div 3$。

师：和这位小朋友一样的请举手示意一下。

（部分学生举手示意）

师：还有不一样的吗？

生：$600 \div (2 \times 3)$。

师：两种不一样的算法，是不是都能解决这个问题？

生：（齐）是！

师：你是怎样想的？（指着第一个算式）

生：先算每盒礼酒要多少元，再算每瓶要多少元。

师：如果把 600 元看成这样一个长方形（屏幕显示一个长方形），除以 2 就是先算每盒多少元（多媒体动画演示将长方形平均分成 2 份）。除以 3 表示的是——

生：每瓶要多少元。

师：就是再把每盒平均分成 3 份（多媒体动画演示每份再平均分成 3 份的过程），最后算出每瓶多少元。是不是能解决这个问题？

生：是的。

师：确实是的。第二个算式谁来解释一下？

生：先算出一共有几瓶礼酒。然后再用 600 元除以一共有几瓶酒，算出每瓶多少元。

师：是这样的道理吗？

（多媒体演示将长方形一次平均分成 6 份的过程）

生：是的。

师：是不是可以解决这个问题？

生：是的

师：同样的，这样两种方法都能解决这个问题。而且我们发现结果都是——

生：一样的。都是 100 元。

师：我们同样可以用等号将这两个算式连起来。

[板书：$600 \div 2 \div 3 = 600 \div (2 \times 3)$]

[说明] 以解决问题引入，让学生在解决问题的过程中，发现一个数连续

除以两个数，与用这个数去除以这两个数的积是相等的，初步感知连除运算的规律。同时，也让学生体验了判断这两个算式相等的依据是结果相等，能解决同一个问题，体会判断相等需要一定的依据。

环节二：以算式为载体进行探索，引导从数学层面理解连除运算中的规律

师：在解决问题中，我们发现这样的一组一组的两个算式可以相等。那么，计算中有没有这样的现象？你们能不能写出一组这样相等的算式？试试看。

[学生自主写算式（用时1分半钟左右）。教师巡视，与个别学生交流，并指名两位学生上前板演。第一位学生写了 $400 \div 2 \div 2$ 和 $400 \div (2 \times 2)$。第二位学生写了 $900 \div 3 \div 1 = 900 \div (3 \times 1)$。]

（反馈交流）

师：上面的小朋友写好了，我们一起来看。这位小朋友写了这样两个算式（指第一位学生）。你自己先说说看，相等吗？

生：相等的。

师：这样两个算式，为什么就相等了呢？你是怎么来判断的？

生：因为 $400 \div 2 = 200$，$200 \div 2 = 100$；400除以2乘2的积，结果也等于100。

师：这两个算式的结果都是100，所以可以相等。

（讨论第二位学生写的材料）

师：这位同学没算就写了个等式。这个等式成立吗？

生：（齐）成立。

师：理由。

生：因为900先除以3等于300，300除以1还是等于300；900除以3乘1的积，也是等于300。

师：这两个算式的结果都等于300，同样可以用等号连起来。很好！那你们写的算式是不是也都相等呢？

生：（齐）是的。

师：是不是只要有这样的特点的算式都是相等的呢？（停顿一会儿，给学生一定的思考时间。）你们写了，老师也来写一个。

[教师板书算式：$100 \div 4 \div 7$ 和 $100 \div (4 \times 7)$]

师：老师写的这两个算式相等吗？（在这两个算式中间写上了一个"？"）

（静静地等待。有学生在摇头，有学生在点头。）

师：同意相等的举手。

师：（数着举手学生的人数）1 位小朋友。哦！有两位了，3 位，4 位，5 位。

师：同意不相等的请举手。

（大部分学生举手认为不相等）

师：还有同学没举手，看来还没判断好。请同意不相等的同学说说理由。

生：因为 $100 \div 4 \div 7$ 是除不尽的，然后 $100 \div (4 \times 7)$ 也是除不尽的。

师：他说除不尽。这是什么意思啊？是不是说从结果来判断，你们有困难了，是吗？

生：是的。

师：我也请一位刚才说相等的同学来说说理由。看他是怎么想的？刚才哪位小朋友说相等的，请示意一下哦。好，你来。

生：因为 $100 \div 4 \div 7$ 就等于 $100 \div 28$。

师：明明是 $100 \div 4 \div 7$，怎么就等于 $100 \div 28$ 呢？

生：就是 $4 \times 7 = 28$。

师：明明是 $100 \div 4 \div 7$，怎么就等于 $100 \div (4 \times 7)$ 呢？有谁要反驳？有没有？

（看来分析这个问题，学生确实有点困难了。）

师：从小朋友迷茫的眼中老师看出来，你们现在碰到困难了。从结果来判断确定不行。那我们有没有其他办法呢？（停顿一会儿），给你们点暗示好吗？要不要提醒？

生：（齐）要！

（教师用多媒体出示了一个长方形图）

师：如果把这个长方形看成 100，你想想看 $100 \div 4 \div 7$ 怎么来表示？$100 \div (4 \times 7)$ 又可以怎么来表示？你们会表示吗？可以同桌交流，也可以自己试着表示一下。

［学生自主活动（用时 1 分钟左右）。教师巡视，并与个别学生作交流。后指名一位学生上前板演。］

师：请你边画边告诉大家是怎样想的，好吗？

生：先表示 $100 \div 4 \div 7$（学生画一个长方形）。横着分成 4 份（在长方形里横着平均分成 4 份）。

师：你解释一下，这是什么意思？

生：先平均分成 4 份。

师：她说先平均分成 4 份是什么意思？谁明白她的想法了？

生：100 平均分成 4 份，就是 $100 \div 4$。

师：$100 \div 4$，就是像这位小朋友一样把长方形平均分成 4 份。同意吗？

生：（齐）同意。

生：（展示的学生接着说）再每一份平均分成 7 份（在图中竖着画，每一份又平均分成了 7 份）。

师：能看明白吗？

生：（齐）能！

师：谢谢这位小朋友。她刚才画的过程，谁能再来解释一下，她想做什么？

生：$100 \div 4$ 就是把 100 平均分成 4 份，再除以 7，就是把每份再平均分成 7 份。

师：是这样吗？

生：（齐）是的。

（此时，教师借助多媒体将 $100 \div 4 \div 7$ 的两次平均分的过程，完整地在屏幕上展示一遍。）

师：我觉得要给这位小朋友——

（学生不由自主地鼓掌）

师：太厉害了！用一个分长方形的过程，就把这个算式表示出来了。真棒！事实上这个算式在做一件什么事情？

生：画图。

生：把 100 平均分成 4 份，再平均分成 7 份。

师：实际上就是把 100 平均分成了——

生：（齐）28 份。

（多媒体呈现结论：$100 \div 4 \div 7$，其实是把 100 平均分成了 28 份，求每份是多少。）

师：那第二个算式，用同样的一个长方形来表示的话，你们怎么表示？

有困难的话，先同桌交流一下吧。

（学生交流后，再反馈。）

师：你想怎么做？

生：把长方形当作100，先画4条横线，再把每份平均分成7份，就是平均分成28份。

师：就是把这个同样的长方形平均分成几份？

生：28份。

师：他说这个长方形同样要分成28份。而且这28份是怎么分的呢？（停顿）4×7，就是一下子知道，要把100平均分成——

生：28份。

师：真棒！原来这个算式在做同样一件事情，把100——

生：平均分成28份。

生：把100平均分成28份。

师：哇！这两个算式其实都在做一件事情——

生：（齐）把100平均分成28份。

（多媒体出示结论：把100平均分成28份，求每份是多少。）

师：那现在同意这两个算式相等的同学请举手。

（几乎全班学生都举手表示同意）

师：现在这么多人了。为什么你们同意相等了？

生：把那个图画出来，100÷4÷7是把100平均分成28份，100÷（4×7）也是把100平均分成28份。

生：把图画出来，都是把100平均分成28份。

师：开始你们不同意的原因，是没有看到结果。现在有没有算出结果？

生：没有。

师：你们只要明白这个算式所表示的意思就好极了。其实，这两个算式都在做一件什么事情？

生：（齐）把100平均分成28份。

师：所以我们可以很自信地说，这两个算式是——

生：（齐）相等的。

师：需要计算出结果吗？

生：（齐）不用。

师：现在我们可以把"？"擦掉，写上"="。

[说明] 这是本节课的核心环节，重点在于引导学生理解连除规律的内涵。在这个过程中，从第一环节起，积累了感性经验，然后有了初步的归纳，形成猜想和假设：有这样特点的一组算式相等。并引导学生用了两个层次进行验证：一是自己举例验证，确认规律存在；二是教师举例，请学生验证，因为材料的特殊性，探究碰到了困难，后来在教师的提示下，采用数形结合的方式进行解释，规律同样存在。本环节中，"猜想—验证"的特点相当清晰，对促进学生理解规律内涵也相当有效。

环节三：引导总结，归纳规律内容，形成理性认识

[回到前面的几组算式，指着第一组：$80÷4÷5=80÷（4×5）$。]

师：这一组算式，现在不从结果来看，它们都在做一件什么事情？

生：都是把 80 平均分成 20 份。

师：同意吗？

生：同意。

师：你们刚才写的算式，都在做什么事？请与你的同桌交流一下吧。

（学生交流，口头表述。）

师：同学们，这就是我们今天讲的"连除中的规律"。

（板书课题：连除中的规律）

师：现在请你们用一句话，或者用一些符号或字母，表示出这个规律。你们行吗？试试看吧。（停顿一会儿）谁来，你们觉得可以怎么来说这个规律？

生：把图形平均分成 28 份，结果是多少。

师：你讲的还是这两个算式。有谁能比他讲得更有水平些？

生：就是一个数除以两个数，等于那个数除以这两个数的积。

师：他说清楚了吗？（停顿）他说得相当清楚，请给他掌声。

（学生鼓掌）

师：他说的意思是，一个数连续除以两个数，可以除以这两个数的积。真好！还有不一样说法的吗？

生：可以是 $a÷b÷c=a÷（b×c）$。

（教师顺势把这个字母式写在前面分析的几个算式的上面，并引导讨论。）

师：这位同学写的算式可以吗？

生：可以。

师：这个算式是不是表示了这里所有的算式？

生：是的。

师：这 a 可以表示 80，可以表示 600，还可以表示你们刚才写的所有的被除数。你们同意吗？

生：（齐）同意。

师：a 可以表示任何数。那么这个 b 呢？ b 可以表示——

生：任何数。

生：任何除数。

师：任何数都可以吗？

生：除数不能比被除数大。

师：这是你的观点。

生：而且 b 不能是 0。

师：除数能不能是 0 ？

生：（齐）不能。

师：对的，b 是不能为 0 的数。那么 c 呢？

生：也不能是 0。

师：是的，除数是不能为 0 的。这里的 b 和 c 应该是除了 0 以外的任何数。刚才那位同学说，除数不能比被除数大。你们同意吗？

[学生有点疑惑，教师顺势板书一组算式：$3 \div 4 \div 5$ 和 $3 \div (4 \times 5)$。]

师：$3 \div 4 \div 5$ 可不可以等于 $3 \div (4 \times 5)$？

（有学生有点疑惑，大部分学生认为可以。）

师：为什么？它们都在做一件什么事？

生：（齐）把 3 平均分成 20 份。

师：对啊！只不过我们还不会算小数除以大数罢了，道理其实是一样的。

[说明] 这其实是一个小结梳理，归纳规律的环节。当然，由于前面的环节相当扎实，这里的许多材料都是现场生成的学习资源。比如字母表示规律，比如被除数比除数小的现象，等等，教师抓住生成的资源，为学生深刻理解规

律提供了帮助。

环节四：应用规律解决计算中的问题，体验规律运用的灵活性，发展数学素养

师：同学们，通过刚才的学习，我们知道了在连除运算中是有一个规律的。掌握了规律当然是用来解决一些问题的。我们现在就来解决一些问题。

（多媒体呈现喜羊羊的图片，学生又有点小兴奋。）

师：喜羊羊一起跟我们闯关。

智慧闯关第一关：比比谁的眼睛亮。

$400 \div 10 \div 4$，下面哪几个算式与它相等？

师：（说明要求）过会儿老师会在屏幕上呈现 4 个算式，每个算式在屏幕上停留 3 秒。你们要看一看与屏幕上的算式是否相等。只需要写下编号。明白了吗？准备好了，我们就开始。（停顿）准备好了吗？

生：（齐）准备好啦！

[屏幕上依次出现 4 个算式：① $400 \div (10 \times 4)$；② $400 \div 4 \div 10$；③ $400 \div (10+4)$；④ $400 \div (4 \times 10)$。]

师：4 个都过去了，有答案了吗？

生：（齐）有！

师：谁来回答？

生：①和③。

生：①、②、④。

师：①、②、④的请举手。

（大部分学生举手示意，认同。）

师：这么多小朋友啊。

（教师将算式呈现出来，并标明①、②、④是对的。组织讨论：你们看了是不是这样的？）

师：③为什么不是？

生：③是 10+4，别的都是 4×10。

师：她说的是什么意思？

生：第一个算式里 10×4=40，第 3 个算式里 10+4=14。相当于第一个是

$400 \div 40$，第三个是 $400 \div 14$。

师：你们的意思，①、②、④这三个算式，和原来那个算式都在做什么事？

生：都在把 400 平均分成 40 份。

师：都在做一件事情，结果当然是一样的。但是①和④我一下子就看出来了，②我怎么看不出来？

生：只是把两个除数的位置换了一下，没什么不同的。

师：这也就是说，先平均分成 10 份，再平均分成 4 份，与先平均分成 4 份，再平均分成 10 份，结果是一样的吗？

生：是一样的。

师：真棒！好多同学的眼睛是雪亮的。第一关过。还有一关呢。请看大屏幕。

智慧闯关第二关：比比谁的算法巧。

$280 \div 8 \div 5$ $130 \div 5 \div 13$ $336 \div 24$

师：看谁算得既对又快。开始吧。

[学生自主活动，计算式题（用时 1 分钟左右）。教师巡视。]

（反馈交流）

（1）第一题。

生：把 $280 \div 8 \div 5$ 变成 $280 \div (8 \times 5)$。

师：结果。

生：等于 7。

师：结果等于 7 的同学请举手。（屏幕上呈现计算过程）和他想法一样吗？你们为什么觉得这样算起来简单？

生：$8 \times 5 = 40$，$280 \div 40$ 更简单，直接得到 7。

师：这样算比较简单。那为什么可以这样算呢？

生：因为都是把 280 平均分成 40 份。

师：真好！能用上今天学的规律了。给他掌声。

（学生鼓掌）

（2）第二题。

师：那第二题呢？

生：我把算式变成 $130 \div (5 \times 13)$。

师：结果？

生：还没算出来。

师：有没有同学已经算出来了？你们是怎么算的？

生：$130 \div 13 \div 5$。

师：有和这种想法一样的同学吗？你们觉得这样算要——

生：简单。

师：怎么想的？

生：130 是 13 的倍数，$130 \div 13 = 10$，$10 \div 5 = 2$。

师：是不是这样算比刚才那位同学的算法简单多了？可以口算了。那为什么就可以这样算了呢？

生：都是把 130 平均分成 65 份。

（3）第三题。

师：最后一题，有直接口算出结果的吗？

生：先看一下，$24 \times 10 = 240$，$336 - 240 = 96$，$96 \div 4 = 4$。

师：结果——

生：14。

师：有不一样算法的吗？

生：把 24 分成 4×6，$336 \div 4 \div 6 = 14$。

（教师板书：$336 \div 24 = 336 \div 4 \div 6$）

师：还有不一样的吗？

生：336 先除以 3，再除以 8。

师：可以吗？

生：可以。

师：为什么这两个算式都可以？

生：（齐）都在把 336 平均分成 24 份。

师：而且我们发现这样分之后，算起来比较简单。看来同学学得真棒！不仅学会了规律，而且还能灵活运用规律了。

[说明] 以上两个练习，一是体会连除性质的推广，二是把"连除性质"的应用，安排在"除法运算"背景中，扩大了计算的背景，打破了纯粹的技能训练，把数学意识培养放到了更为重要的位置上来。

环节五：课堂总结延伸

师：回顾一下，这节课我们学习了什么？

生：连除中的规律。

师：这个规律是怎样的？

生：$a \div b \div c = a \div (b \times c)$。

师：用一个算式就行。

生：连续除以两个数，等于除以这两个数的积。

师：真好！留个问题，请大家带回去完成吧。

（呈现问题：$1008 \div 126$。要求：这题是除数为三位数的除法，你能用今天学过的知识来解答这道题目吗？）

（结课）

简析

本节课是以"猜想—验证"探究型活动为核心环节组织学生学习的，很好地体现了学生自主学习与感悟，思维发展与提升的效果。

1. 规律理解的过程是学生构建"知识链"的过程。

在外在形式上，"$a \div b \div c$"与"$a \div (b \times c)$""$a \div c \div b$"等算式存在着明显的不同。然而，当我们把"$a \div b \div c$"与"$a \div (b \times c)$""$a \div c \div b$"等算式的意义归结到除法"平均分"的意义上，并结合多媒体直观演示"连续除以两个数，即是把一个数连续平均分；而除以两个数的积，即是把一个数一次平均分"的过程后，学生清晰把握了"连除性质"的本质。正是在这样一个学习过程中，学生沟通了知识间的联系，建构起了完整的"知识链"，使其原有知识结构中模模糊糊的经验发展成为"科学的结论"。

2. 规律验证的过程也是学生数学思维提升的过程。

突出数学学习过程的思考性，让学生在学习过程中思维始终处于活跃的状态，这是一节成功数学课的重要标准。本节课，从规律的猜想、假设到规律的验证、本质意义的理解，再到规律意义的完善，三个层次始终具有比较浓重的探究意味，很好地促进了学生的思维发展。

第一层次：当学生结合问题情景，知道了"$80 \div 4 \div 5$ 与 $80 \div (4 \times 5)$ 是

因为解决了同一个问题，并且结果相等，所以两个算式相等"时，教师要求学生进一步思考："这到底与我们以前学过的知识有怎样的联系？"这就促使学生的思维从关注当前学习材料进入到数学系统中去思考，寻找新知建构的固着点。这是学生从具体思维上升到抽象思维的过渡，也是引导学生进行数学思考的基础。

第二层次：当教师提出"有这样特点的算式就一定相等"的假设后，以两个算式 $100÷4÷7$ 与 $100÷（4×7）$ 是否相等进行质疑、讨论，引导学生进一步思考"除法性质"的普适性时，学生的思维再次产生了冲突。当学生确认这两个算式也相等时，已经跳出了用计算来证明的水平，其数学思考的水平比第一层次已经有所提高。而这才真正达到了上位的思考。

第三层次：在练习应用中，有学生把 $130÷5÷13$ 的计算过程改成了 $130÷13÷5$ 的顺序来计算，教师再次质疑：为什么可以这样算？很多学生能以除法"平均分"来解释算理，这正反映了本节课教师引导学生从除法"平均分"意义来理解"连除性质"的过程为学生所内化，学生的思维已经从被动走向了自觉。这样的学习过程是我们真正期望的。

第六章

"创生型"活动的设计与教学

前面用三章阐述了体现《课程标准》"过程目标"的"经历型""体验型"与"探究型"活动的内涵与特征，并结合实例针对三类活动的设计与教学要点谈了一些具体的操作策略，本章则继续以这些内容为基本要点谈相对具有综合性特征的数学活动——"创生型"活动。

第一节 "创生型"活动的内涵与特征

　　创生，即"创造产生，生而成长"。创造一种存在形式，并赋予它意义，这就是创生。如果没有意义，创生便不成立。将"创生"一词引入数学活动，更多是针对新课程理念下的小学数学课堂教学独特气质而言的。

　　新课程理念下的课堂教学观已经发生了很大的变化："强调书本世界与生活世界的联系与沟通；将对话视为一种新的教学精神，打破教学各要素的封闭与对立状态，建构起开放的、生成的、充满生命力的对话式教学体系；强调要确立教学中的真实主体，给学生以真实性任务，从而引起真实的智力活动，……"①。对教学过程的展开，不受限于教学预案，倡导"主动创新的取向"，实践"动态生成"的课堂，把课堂生成的"非预期现象"视为课程资源，"采取欢迎的态度"。②小学数学作为新课程理念下的一门主打学科，以上思想对其都有指导作用。小学数学学科的课程开发者、教学指导者以及实施者，也都十分关注"学为中心"理念的体现，特别强调来自学生的课堂生成资源。

　　"自《课程标准》（实验稿）颁布以来的课程实施过程中，由于许多教师努力实践'将学习的主动权交给学生'的课程理念，使得学生真正成为学习的主人，……使得我们的数学课堂里出现了许多'生成性资源'。"③这些"生成性资源"又往往对现时现地的学生深入学习有着重要的价值，所以如何用好这些资源值得一线教师去实践与研究。同样，在《浙江省小学数学学科教学建议30条》等一些地方性课程实施指导性文件中，对课堂生成也十分关注。比如

---

① 叶澜，杨小微.教育学原理［M］.北京：人民教育出版社，2007：191—197.

② 同上。

③ 教育部，基础教育课程教材专家工作委员会.义务教育数学课程标准（2011年版）解读［M］.北京：北京师范大学出版社，2012：329.

第 9 条，"问题的设计要关注思考性和挑战性，有利于课堂生成，有利于展现学生获取知识的思维过程"；第 16 条，"要善于筛选和有效利用课堂生成资源，尤其重视典型错误资源的捕捉与利用"。①

"创生型"活动正是基于新课程理念提出的数学学习要突出创造性及生成性特点而提出的。所谓"创生型"活动，即通过活动产生新的学习资源，学生借助新的学习资源深入学习的活动。它具有侧重于借助学生自身的经验，以学生自主参与活动，并能产生出有价值的、可供进一步学习的材料和资源的特点。其意义在于引导学生主动参与尝试活动，并能充分利用生成的学习资源进行有效学习。"创生型"活动在实施过程中要把握两个核心要点：

一要有"创"与"生"的显性特征。"创"即创造行动，"生"即生成生长。"创生型"数学活动中，必定有"创"的机会和"生"的成果。一般而言，"创"的机会有两条路径可得：一是教师给学生创设，二是学生自己设计。在现阶段的小学数学课堂学习中，"创"的机会更多是由教师创设的。比如第三章第二节中提到了特级教师朱国荣老师在执教《分数的意义》一课时，"用 9 个 O"作为学习材料，由学生自主表示出 1/4，然后以学生的作品引导学生展开学习，这便是一个典型的创生型活动，这里不再作展开。这里想介绍他在《数字编码》一课中的创生型活动设计，同样体现了"创"与"生"的意义。②

这次朱老师没有直接提供材料，而是创设了一个情境：教师报成绩，学生记录。第一次记录时，教师提供给每位学生的成绩登记表，只有姓名，没有学号。教师连续报了两三个后，学生就来不及记了，因为找起来不方便。第二次记录时，教师请学生取出信封里的另一张编有学号的成绩登记表，且既报学号，又报姓名，学生记起来就比较方便了。接着进入到第二个环节，给一位满分的学生编码。当然是设置了认知冲突后，让学生体会到编码的必要性后进行的。于是，学生尝试进行编码，生成了"4 种不同的编码：36、528、3621、30621"。随后结合这几个生成的编码讨论交流，体会编码的基本要求，形成数字编码的方法经验。整个活动有"创"有"生"，学生充分感受了编码的必要

① 斯苗儿，俞正强."浙江省中小学学科教学建议"案例解读（小学数学）[M].杭州：浙江教育出版社，2014：275—276.
② 朱国荣.让教学更具生长的力量——《数字编码》教学实践与思考 [J].小学数学教育，2014（Z2）：141—143.

性，同时也习得了编码的基本技能。

二要有生成资源的充分利用。这体现了数学"创生型"活动的真正意义。"生而成长"的"长"应该有两层内涵：一是资源的充分利用；二是指用生成资源，为学生的数学学习服务，促进学生数学素养的发展。当然，"生"的成果，也可以理解为两类，一类是显性成果，即做法（或作业材料）；还有一类是隐性成果，即想法（思考过程）。课堂实践中，教师需要考虑，如何将这些成果用好。

比如《搭配中的数学问题》一课中，课始教师给学生提供了一个"创"的机会，由学生自主尝试研究饮料和点心的"搭配"方式。学生也确实呈现了不同的"生"的成果①：

有学生是用文字来写的：蛋糕和豆浆、蛋糕和牛奶、油条和豆浆、油条和牛奶、饼干和豆浆、饼干和牛奶。

有学生则是用图形表示的，且方法也不太相同（如下图所示）。

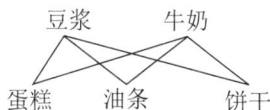
图6-1

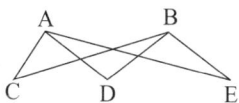
图6-2

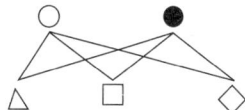
图6-3

反馈中，如果教师只注重了"搭配"结果的反馈，忽视引导学生对呈现的不同方法的讨论，那么就会降低这组生成材料的应用价值。事实上，这组材料不仅对认识结果有用，也是引导学生体验符号化表示的简洁性的极佳材料。如能充分用好，让学生除了展示关于如何搭配的想法之外，再谈谈是怎样想到用"符号"或"字母"来表示的，引导学生比较不同表示方法的优劣，体会到用简洁的符号表示，既清楚，又简单，不仅对学生的符号意识培养极其有用，而且也正是发展学生数学素养的重要过程。

---

① 费岭峰.把握时机，适时渗透符号意识——由"搭配中的数学问题"引发的思考［J］.新教师，2015（11）：47—49.

第二节 "创生型"活动的设计与教学要点

以新课程理念来看，"创生型"活动是新课程理念指导下的数学课堂不可缺少的实践方式。"创生型"活动一种是以生成课堂新学习资源为目标的有效的教学策略。"生成性资源"又是新课程理念下课堂实践的重要课程资源。它相对于其他类型的资源而言，除了具有"非设计""开放"等特点外，还具有"指向性强——往往与当前正在进行的教学主题有关，针对性强——资源中所包含的需要讨论的问题往往针对某些特定学生，学生关注——由于是教学过程中实时提出的，而且通常是学生提出或教师针对学生的表现而提出的，因此为相应学生所关注"[1]。因此，"创生型"活动在一线教师中有着广泛的实践基础，不仅在新知学习时经常被采用，而且在知识复习建构的学习活动中也时常会被采用。以下就从"新知学习建构"和"知识复习整理"两种不同内容学习的角度，来谈"创生型"活动的设计与教学。

一、新知学习建构"创生型"活动设计与教学

从课时安排来看，在小学数学学科内容中，超过六成的课是新授课。所谓新授课，即传授新知识、新技能的课，从"学为中心"的角度来定义新授课，可以称之为新知学习建构课。这一类课中，有新的知识点要学习建构，围绕新知学习展开活动是基本要求。与传统的新授课相比，新知学习建构课更加突出对学生原有经验（包括生活经验和知识经验）的尊重，突出学生的自主学

---

① 中华人民共和国教育部，基础教育课程教材专家工作委员会. 义务教育数学课程标准（2011 年版）解读［M］. 北京：北京师范大学出版社，2012：329.

习实践和知识的自我完善建构。因此，新知学习建构"创生型"活动应该成为新课程理念下的新知学习建构课堂的重要实践形式。

在新课程理念指导下的小学数学课堂中，新知学习建构"创生型"活动一般由这些环节构成：由蕴含新知结构的学习材料引发，学习材料的形式可以是某个情境，也可以是某个问题，当然也只是一些有一定结构的、信息量又相对比较丰富的材料；接下来该由学生结合学习材料与相关任务要求，启动自己的学习经验，"创造"尝试学习成果；然后进入到生成性资源的交流与分享，完成知识的同化或认知的顺应；最终完善或形成新的数学认知。具体可以用以下模型图来表示：

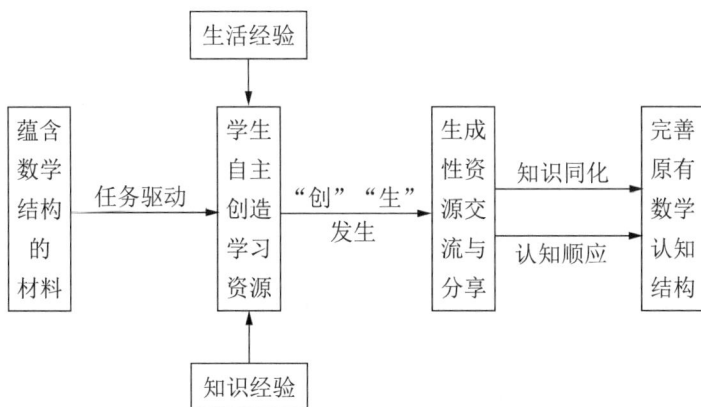

图6-4 小学生新知学习建构"创生型"活动模型

从新知学习建构"创生型"活动的结构来看，原始材料只是起点，但特别注明了需要蕴含数学结构的材料，然后由任务驱动来推动学生自主创造学习资源。随着"创"与"生"的发生，需要有生成性资源的交流与分享。而交流分享的过程，也是学生进一步完善对知识的理解，促使认知结构发生变化，甚至形成新的认知结构的关键过程。因此，在实践数学"创生型"活动时，需要把握三个关键点：

（一）数学新知蕴含于初始材料中，并设计有针对性的学习任务，激发学生尝试探索的意愿

从教师讲授、学生被动接受到学生自主探究、自主发现、自主建构，这不仅是理念的变化，更需要有策略上的改革，包括内容设计、材料选择以及呈现方式。在新知学习建构"创生型"活动中，作为学生自主创造学习资源的"源头"，学习材料的选择与呈现是很重要的一个环节。它不但要蕴含数学新知的内容，还要有能够触发学生完成尝试学习任务的冲突的功能。因此，在设计这一学习材料时，一般需要考虑材料的趣味性与结构性，且以"情境—问题"的方式来呈现。

我们来看特级教师朱德江老师设计的《小数点搬家》一课的课始情境材料[①]：出示主题图，引出"小数点搬家"的故事。蚂蚁在森林里开了一家快餐店，刚开业时，他的快餐0.01元一份，很多动物都来用餐，生意好极了，可是，过了几天，蚂蚁算一下账，发现没什么利润，还亏了一点。他想这样可不行。这时候小数点说话了："只要我搬搬家就行了。"你们知道小数点怎么搬家的吗？动画呈现小数点的移动过程，把0.01变成了0.1。小数点搬家后，来餐厅用餐的小动物尽管少一些，但还是开始有利润了。蚂蚁很高兴，小数点也很开心，小数点又说："搬家搬对了，那我再搬一次吧！"动画呈现小数点再次移动的过程，把0.1变成了1。这次搬家后，小动物们都不来吃快餐了。

以童话故事的方式，呈现学习材料：0.01、0.1和1之间的动态变化过程。随之提出了问题：小数点"搬家"之后，什么发生了变化？请学生针对这个问题自主研究，生成学生尝试学习的成果。以"童话故事"引出学习任务的方式，在一线的数学课堂上还是比较常用的。

当然，更多的课堂上，则是以生活实际情境为引入材料，引发学生的探索欲望。我们来看特级教师黄爱华老师在《圆的认识》一课中问题引出学习任务的情境材料。[②]课始，教师与学生围绕"生活中很多物体的表面是圆形"这个话题展开谈话，接着呈现一张图片：马路上的一个窨井（上面有井盖）。提出问题：为什么井盖都做成圆形的？随后，黄老师告诉学生：这是某年微软公司招收员工时的一个题目，很多应试者说出了不同的答案，综合起来有这么一些：（1）不会掉下去；（2）方便运输；（3）美观；（4）受力均匀；（5）节省材料等。到此时，学生其实已经很有兴趣了。于是，老师提出要求：你们认同他们

① 朱德江. 知其然，也知其所以然——《小数点搬家》教学案例与反思［J］. 小学教学（数学版），2011（7-8）：22—25.

② 费岭峰. 以"大问题"为导向的数学课堂教学策略——以黄爱华《圆的认识》教学为例［J］. 小学教学设计（数学版），2013（11）：4—6.

的看法吗？今天我们在数学课上研究这个问题，你们又有什么想法呢？一位学生答："圆无数条直径是一样长的，如果是正方形或长方形，对角线比它的边长要长。"当然，此处不止于问题解决，目的在于引发学生思考"圆"的特征。于是教师提出了学习任务：如果让你们写关于直径的特点，你们能写出第二个、第三个观点吗？请开始吧。学生进入到自主思考"圆"的特征活动中。

这样的方式也很有针对性，让学生围绕"核心问题"展开自主尝试探索，形成初步的学习成果。当然，教学实践中，因为有些内容学生在以前的学习中已经有了相当的经验，便可以直截了当地提出学习任务，由学生根据任务要求去完成相关内容的尝试探索。比如《9的乘法口诀》这节内容，课始不必再讲过多的话语[①]：我们已经学过了好多的乘法口诀，比如"7的乘法口诀"有哪几句？（请学生齐说一遍）"8的乘法口诀"呢？（同样齐说一遍）提出问题：前面学习了这么多的乘法口诀，还会有哪些乘法口诀？（生答9的乘法口诀）教师再说：9的乘法口诀是怎样的呢？你们会自己编吗？请试试看吧。

这样的开头，既快捷，又任务明确地引导学生去自主尝试。后续只要用好生成的学习材料引导学生进行分享交流就可以了。

（二）放手让学生自主"创造"学习成果，倡导思维过程可视化，便于交流分享时展示

有了前期的任务驱动，接下来主要由学生自主尝试，自主探索。这个过程中，教师其实也有很多事情要做。比如引导学生多角度地分析思考问题，想办法展示自己的思维过程，有时候还可组织学生小范围交流讨论。因为是新知学习建构，在没有教师提供更多的解决问题，或者思考分析问题的方法、策略的情况下，学生则可以基于生活经验或者已有的知识经验展示"创造""生成"学习的成果。

比如上面说到的黄爱华老师《圆的认识》的教学中，在完全放手让学生自主去探索之前，教师已经作了引领，归纳了第一位学生的回答，并板书在黑板上。后续又在学生的自主研究时，通过巡视，适时地给学生以帮助。最终产

---

① 费岭峰 . "编"中"理"，"用"中"构"——"9的乘法口诀"教学设计与思考 [J]. 教学月刊小学版（数学），2015（7-8）：48—50.

生了丰富的探索成果：（1）直径的长度都一样；（2）是半径的2倍；（3）直径是直的；（4）直径的中心点是圆心；（5）都绕着一个点；（6）把圆分成了两个面积一样的半圆；（7）直径是圆里最长的线段；（8）2点都连着圆的边长上；（9）直径就是对称轴；（10）每条直径都经过圆心；（11）通过圆心在两端圆周上。学生的观点加上教师的观点共12个，有生活经验的启发，也有数学学习经验的体现，比较全面地反映了学生的原有认知水平。

关于生成材料的呈现，许多老师喜欢用对话式，以口头回答的方式让学生说教师板书，有时甚至将教师自己认为重要的，或者核心的几个点板书出来。黄老师在处理这些学生自主探索的成果时，却没有这样做，而是让学生先将自己的思考成果写在练习纸上，形成文字之后，再板书到黑板上去，且不是由一位学生完成，是学生看了以后自己上去逐渐补充完整的。事实上，虽然写的都是文字，但这个从零散到整体的过程，就是一个思维可视化的过程，是学生对圆中直径乃至对圆的特征，从零散到整体的认识过程。

当然，思维可视化的过程，更多时候会采用数形结合、几何直观等方式来展示、表达思维过程。比如前面谈到的一些运算教学的例子（见第三章第二节典型课例《分数除以整数》），当学生在解释 $\frac{3}{4} \div 2$ 和 $\frac{3}{4} \times \frac{1}{2}$ 是否一样时，便用了画图的方法，展示了自己的思考过程，而且教师在交流中也引导学生再次根据图形来解释，让这种思维过程展示得更加清晰和充分。

学生边用手指圈边解释说：$\frac{3}{4}$ 就是这一块（如图6-5所示），$\frac{3}{4} \times \frac{1}{2}$ 就是这一块（如图6-6所示）。

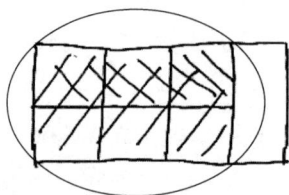

图6-5

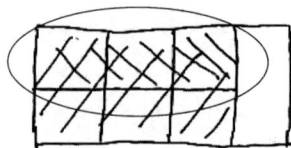

图6-6

课堂上，学生如果"创造"了这样生动的学习资源，那么将能保障后续的讨论更加深刻，也更有深度。

（三）选择具有代表性的"创生"资源，采用多维度的分享交流，促进学生完善认知结构

在新知学习建构"创生型"活动中，关于生成性资源的选择与利用，也是一件很有技术的事情。因为在"创生型"活动中，学生自主创造的资源可能是正确的，也可能是错误的；可能是完善的，更可能是不完善的，但这些资源都有它的利用价值。比如错误的资源，可以成为抓住学生思维障碍处进行突破、引导学生去理解把握知识的关键；不完善的资源可以反映出学生思维过程的不足，是引导其完善的过程，也是发展其思维能力的过程。而正确和完善的资源，正好作为完善学生思维，培养学生思维逻辑性的材料。

比如在学习《异分母分数加减法》这节内容时，当课堂生成"$\frac{1}{2}+\frac{1}{3}=\frac{2}{5}$"这种算法时，我们可以从这样两个层面的活动组织学生讨论[①]：首先，引导学生结合已有的经验，判断"$\frac{1}{2}+\frac{1}{3}=\frac{2}{5}$"是对还是错？这个问题不难解决。因为学生已经具备分数大小比较的学习基础。$\frac{1}{2}$和$\frac{2}{5}$相比，很容易知道：$\frac{1}{2}>\frac{2}{5}$，现在$\frac{1}{2}$再加上$\frac{1}{3}$，应该比$\frac{2}{5}$更大。因此，$\frac{1}{2}+\frac{1}{3}$结果不可能等于$\frac{2}{5}$。接下来重点探讨"$\frac{1}{2}+\frac{1}{3}$为什么不等于$\frac{2}{5}$"，这也是引导学生深刻理解分数加减法算理的关键。同分母分数加减法的计算方法"分子相加减，分母不变"，其算理是分数单位的个数相加减。如$\frac{2}{7}+\frac{3}{7}=\frac{5}{7}$，其算理是指 2 个$\frac{1}{7}$加上 3 个$\frac{1}{7}$等于 5 个$\frac{1}{7}$，所以计算时用"2+3"算出 5 个$\frac{1}{7}$也即是$\frac{5}{7}$（如图 6-7 所示）。

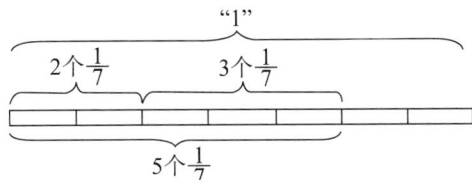

图 6-7

[①] 费岭峰 . 深究错误原因，培养"证伪"意识［J］. 小学教学（数学版），2014（9）：50—51.

再看 $\frac{1}{2}+\frac{1}{3}$，算式表示的意思是 1 个 $\frac{1}{2}$ 加上 1 个 $\frac{1}{3}$。如果用分数单位的个数相加，得 1+1=2，但因为分数单位不同，这里的"2"既不能表示成 2 个 $\frac{1}{2}$，也不能表示成 2 个 $\frac{1}{3}$，需要我们想办法找到一个统一的单位，才能将单位的个数加起来。那么怎样才能找到一个统一的分数单位呢？前面学过的通分便是解决这个问题的好办法。先通分统一分数单位，将异分母分数转化为同分母分数，然后通过分数单位个数的累加得到结果。外显的具体算法即为：先通分，再加减（即分子相加减，分母不变）。这样的过程，正是借助了"错误"资源的讨论，逐渐探索出了正确的算法，并理解了相应的算理。

再比如《找规律》这样的内容，一般不太会出现错误资源，当学生根据课始游戏中的图形排列规律结合自己的理解尝试"创造"出了学习材料后，又该如何来引导学生分享交流呢？一般选择这些内容来讨论交流（如图 6-8 所示）。

图 6-8

第一组呈现，直接与画的学生交流：请你们介绍一下，你们画的图形的排列规律是怎样的？第二组与第一组用同样方法处理，可视为巩固。因为这两组是学生比较熟悉的，也是有着相当经验的。而且通过交流后，可以初步得出"图形重复排列规律"的特点。

第三组呈现后，出现了 4 个图形一组，超过了学生接触到的一般数量。于是可以这样引发学生去讨论：这位同学是这样画的，你们觉得他画得有规律吗？引导学生体验：重复排列规律与重复组图形的个数无关，与图形的排序有关。当然，第四组是一次再体验。无非重复组的图形个数变成了 6 个，观察起来难度大一点而已。

当学生有了这样的体验水平时，可组织学生讨论错例，或者不完善的例子（如图 6-9 所示）。

图 6-9

此例还不够完善（因为重复排列规律需要至少重复 3 次），这个要求对于一年级学生来说当然还不知道，需要教师加以引导。如果出现了学生画错的材料，就可以作为修改材料，要求可以是这样的：你们都说这位同学画错了，那么怎样改一下就变得有规律了？

在课堂上，当学生的"创生"资源都能够有层次、有针对性地用好时，学生的学习水平也将会得到很大的提高。

综上所述，对于新知学习建构"创生型"活动的实践，需要把握好活动起始阶段的学习材料提供，充分给学生以时间和空间去尝试探索生成丰富的学习资源，然后引导学生分享交流，从而促进学生数学学习的深度和效度。

典型课示例

《认识钟表》教学实录与简析①

教学实录

环节一：生活材料引入，画出钟面，初步感知钟面的基本结构

[呈现一张钟面的图片（见图 6-10）]

师：这是什么？

生：（齐）这是一个钟。

师：钟是用来干什么的？

生：看时间。

图 6-10

[教师通过多媒体逐一呈现钟表的图片（见图 6-11），请学生观赏。最终在一张幻灯片上汇总了 5 个钟面图。]

图 6-11

---

① 对"认识钟表"的研究，始于对低年级"先试后导"的实践研究。本课为在区教研员"下水教研"周中所上的展示课。采用教材：人教版课标修订教材；教学对象：一年级；地点：浙江嘉兴。

师：钟面上都有哪些东西？你们能画一个可以用来看时间的钟面吗？

［学生独立活动（用时 2 分钟左右）。教师巡视，与个别学生交流，并选择典型作业。］

［说明］对钟面的感知学生是有一定的生活经验的。以观察欣赏形状各异的钟面引入，有激趣的作用。然后要求学生画一个钟面，目的是了解学生对钟面上的基本结构感知的状况，为后续学习引导作准备。同时也希望从学生的"创生"中，产生有价值的学习资源，为后续分享交流提供材料。

环节二：有层次地组织分享交流，进一步体会钟面的结构，认识时针、分针的作用

（1）展示第一位学生的作业材料（图 6-12），交流对话。

师：这个钟面画得漂亮吗？

生：（齐）漂亮。

师：能用来看时间吗？

生：（齐）能！

师：为什么？（指名答）

生：他画了数字，还有针。

生：他画了数字，还画了时针和分针。还有格子。

图 6-12

师：请你上来指给大家看看，他画了哪几个数？还有时针和分针分别在哪里？

（这位学生在实物投影上指出数字）

师：请小朋友们一起跟着她数一数。

（师生共同数，从 1 数到 12。）

师：时针和分针又分别在哪里？

（这位学生指着对着 12 的那根稍微长一点的针，说是分针；指着那根对着 6 的短一点的针，说是时针。）

师：你们同意吗？

生：（齐）同意。

师：我们来看看，前面看到的钟面上是不是也有这些东西呢？

（看大屏幕上的 5 个钟面，确认都有这样的一些东西。）

师：这位小朋友画的钟面确实是能够看时间的，而且还画得这么漂亮，请给他掌声。

（全班学生鼓掌）

（2）展示第二位学生的作业材料（图6-13），交流对话。

师：这位小朋友画的钟面能看时间吗？

生：（齐）能！

师：谁来说明理由？

生：他也画了数字，还有时针和分针。

师：确实是的，这个钟面上有时针和分针，还有12个数。也给这位小朋友掌声。

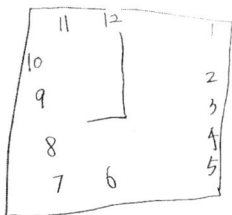
图 6-13

（学生鼓掌）

（3）讨论第三位学生的作业材料（如6-14），交流对话。

师：这位小朋友画的呢？

（有的学生说能，有的学生说不能。请说不能的学生说明理由。）

生：他没画时针和分针。

（请说能的学生确认：能还是不能？说能的学生几乎没了。）

师：这个钟面上虽然有数字，但缺少了时针和分针，就没法看时间了。那么小朋友们说说看：一个能够看时间的钟面上，要有什么东西呢？请大家先同桌说说吧。

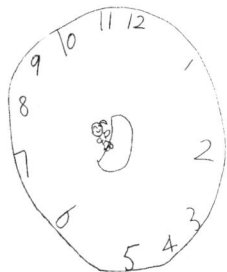
图 6-14

（学生同桌交流。反馈。）

生：要有时针和分针，还要有数字。

生：要有12个数字。

师：是的，一个能够看时间的钟面上，要有时针和分针，有时候还会有3根的。（有学生说知道，那叫秒针。）还要有一些数字。

[说明] 结合学生自己画的作品，讨论钟面的构成，是对生成资源的利用，这使得学生的学习更贴近实际，讨论的兴趣也比较浓。同时，以"错误"资源来完善学生的认识，效果也比较好。这一环节，比较好地体现了"创生型"活动的学习特点。

环节三：认读钟面时刻，比较归纳，形成整时认读的初步经验

（1）初次认读，体会要点。

师：在有时针和分针的钟面上，你们会看时间吗？好，那就请你们试着认认下面的钟面现在表示的是几时。（呈现一个4时的钟面，如图6-15所示。）

（学生观察后交流）

生：这是4时。

师：你怎么看的？

生：短的针指着4，长的针指着12，就是4时。

师：短的针就是——

生：时针。

师：长的针是——

生：分针。

师：那你能再说一遍吗？

生：时针指着4，分针指着12，就是4时。

图6-15

（结合学生的回答，板书：时针指着4，分针指着12，是4时。）

师：你们会记下这个时间吗？试试看吧。

[学生尝试记录（用时半分钟左右）。反馈交流：有学生写成4时，有学生写作4:00。教师引导比较，说明：4时可写作4:00。并组织全体学生读一读这个时间。（读作：4时）]

（2）再次认读，巩固方法。

（呈现学生的作品）

图6-16

师：第一幅图是刚才我们看过的画得很漂亮的钟面，第二幅画是另外一位小朋友画的钟面。你们知道这两个钟面上表示的时间吗？请写在纸上吧。

［学生自主作业（用时半分钟左右）。教师巡视，个别交流。］

（反馈交流）

生：第一个钟面是6时，第二个钟面是3时。

生：第一个钟面是6:00，第二钟面是3:00。

师：与他们两位小朋友一样的请举手示意一下哦。

（好多学生举手表示一样）

（交流想法）

师：你们是怎么看出来的？

生：第一个钟面时针指着6，分针指着12，所以是6时；第二个钟面时针指着3，分针指着12，是3时。

师：你们是这样想的吗？

生：（齐）是的！

师：那这位小朋友（指另外一位学生），你是怎么想的呢？

生：我和他想的一样。

师：你说说看。

生：第一个钟面分针指在12上，时针指在6上，所以是6:00。第二个钟面分针指在12上，时针指在3上，所以是3:00。

师：同学们听明白了吗？你们的想法和这位小朋友的想法是——

生：一样的。

师：那谁来说说看，我们该怎么来看钟面上的时间？（指名答）

生：我看时针指着6，分针指着12，就是6时。

生：我也可以先看分针指着12，时针指着6，就是6时。

师：小朋友，看一个整点的时间，我们主要是看时针还是看分针呢？

（有的说看时针，有的说看分针。教师组织学生再来看刚才两个钟面上呈现的时间，引导比较：小朋友们看一下，这两个钟面上的针，哪根针指的数字是一样的？哪根针指的数字是不一样的？看明白了，同桌先交流一下。）

［学生自主观察，与同桌交流（用时1分钟左右）。教师巡视，并参与个别交流。］

（反馈交流）

生：我觉得它们的分针都指在12上，而时针指得不一样。

生：我知道了，时针指在哪个数字上，就是几时。

生：我也知道了，分针指在12上不动的，看时针就好了。

师：同学们真的很棒啦！这个规律也被你们发现了。其实看整时的时候，只要看时针就可以了。因为分针总是指在12上的。

[说明] 对整时的认读，学生间的差异还是比较大的。教学中，充分利用已会的学生的经验，交流认读方法，发挥这一部分学生的优势。同时，将整时认读与电子记录整合在一起教学，同步推进，强化了时间学习的整体性，也为后续从电子计时想象钟面计时作准备。

环节四：根据电子计时，想象钟面，建立多种经验的联接网络

师：同学们对钟面上的时间已经很会看了。真棒！其实在生活中，有时候我们的钟是这样的（呈现图6-17）。这个钟面上显示的时间是几时？

生：（齐）7时。

师：请你们想象一下，在一般的钟面上，7时的时针和分针又分别是怎样的位置呢？你们能在学具钟面上拨出这个时间吗？如果有困难，可以与同桌商量一下再拨哦。

[学生自主活动（用时1分钟左右）。教师巡视指导。]

（展示交流）

图 6-17

生：我是这样拨的，时针对着7，分针对着12。

师：请同桌相互观察一下，你的同桌也是这样拨的吗？

（学生同桌互相检查。发现个别同学拨得不准，或时针偏了，或分针偏了。）

师：（引导小结）7时，时针应该指着7，分针指着12。

[呈现一个特殊时间（见图6-18），对话交流。]

师：这是几时？

生：12时。

师：请你们想象一下，12时的时候，时针和分针是怎样的呢？你们能在钟面上画出时针和分针的位置吗？

图 6-18

[学生自主活动，画12时的时针和分针的位置（用时1分钟左右）。教师巡视，发现典型材料。]

（反馈交流）

（呈现第一组材料：时针和分针平行画着，都指着 12。讨论：画对了吗？）

生：画对了，都指着 12。

生：不对，应该是重合的。

师：那你是怎么画的？

（学生展示自己的作业：两根针重合在一起，一段画得粗一点。）

师：这位同学画对了吗？

生：（齐）画对了！

师：确实是这样的，请小朋友自己在学具钟面上拨一个 12 时，看一看两根针是不是重合的。

（学生操作活动，确认 12 时的时候，时针和分针是重合的。）

[说明] 由电子计时想象钟面计时中时针和分针的位置关系，不仅是学生认读时间技能巩固的重要过程，也是学生空间想象能力培养的过程，是学习目标扩展的典型体现。

环节五：讲述"小明一天"的故事，初步建立 24 时时间观

师：小朋友们真棒，通过刚才的学习，我们认识了钟表，知道了钟面的结构（板书：认识钟表），而且还能够认识整时了。现在我们来看一看，有一位小朋友叫小明，一天中都在做些什么呢？请同学们打开课本，完成课本"做一做"（如图 6-19 所示）。

图 6-19

[学生自主作业（用时2分钟左右）。教师巡视作个别指导。完成后反馈交流，呈现结果，请其他同学校对。]

（讨论：小明9时在做什么？）

生：一个9时在读书；一个9时在睡觉。

师：怎么两个9时不一样啊？

生：一个是上午的9时，一个是晚上的9时。

师：像这样的时间还有吗？

生：上午有10时，晚上也有10时。

生：早上有8时，晚上也有8时。

师：原来啊，在钟面上，只有12个小时，而生活中却有24个小时呢。想一下：中午11时，时针和分针分别在什么位置？你一般在做什么事情？晚上11时，时针和分针分别在什么位置？你一般又在做什么事情？

生：11时，时针指着11，分针肯定指着12。

生：中午11时，我在上第三节课。晚上11时，我已经睡觉了。

[说明] 结合故事中的具体场景，认读不同时间，借助具体事件建立时间表象，积累多元信息的支撑经验，有利于学生在更广阔的层面上认识时间，形成时间观念。同时，在故事中唤起学生对一天24时的感知，为后续学习作铺垫。

环节六：游戏表演时间，引入结课，进一步体会时针和分针的关系

师：今天这节课，小朋友们已经认识了钟面，知道了钟面上有时针和分针，还认识了整时。接下来我们做个游戏吧！

游戏：我能做！

（在屏幕上呈现一个没有时针和分针的钟面图，以让学生能够在游戏时想象时针和分针的位置。）

师：（说明要求）老师说一个时间，请你们用双手表示出时针和分针的位置。

师：准备好了没有？

生：（齐）准备好了！

师：8时。

（学生做动作。有学生右手指着8的位置，左手指着头顶；有学生则左手

指着头顶，右手指着8的位置。）

师：3时。

（学生做动作。有学生右手指着3的位置，左手指着头顶；有学生则左手指着头顶，右手指着3的位置。）

师：9时。

［学生做动作。有学生右手指着9的位置，左手指着头顶；有学生则左手指着头顶，右手指着9的位置。还有学生直接把右手换个方向（或把左手换个方向）。］

师：你们怎么这么快？

生：9和3只是方向变一下就可以了！

师：哈！你们真的很棒啦！你们在表演整时的时候，一只手总是指着头顶，12的位置，换的只是另外一只手，是不是这样的啊？

生：（齐）是的。

师：为什么这样做就可以了？

生：整时的时候，分针总是指着12的。

师：是这样的。看来这节课小朋友们学得都很棒。

（结课）

［说明］游戏表演时间，目的有二：一是让课的结尾变得有趣些，轻松些，学生会带着快乐的情绪出教室；二是再次体会时针和分针的位置，对认识整时有较大的帮助。

简 析

《认识钟表》是一节常识性内容。将常识性内容放入数学学科来教学，如何上出数学味，是一线数学教师必须要思考的问题。以上的设计与教学，从两个方面实现了这一目标。

1. 以"画"促思，引导学生在观察生成资源中抓住事物的本质。

钟表是孩子在日常生活中经常接触到的计时工具。但由于生活中的钟表形状各异，款式多样，孩子往往对钟表的外形比较关注，而忽略钟表表面的基本构成。因此，如何引导学生，将学生对计时工具——钟表外形多样化的兴趣，转移到本质同一性的研究上来，是本节课导入环节的基本目标。课中，组织学生看了一些形状各异的钟表后，要求学生"画一个可以用来计时间的钟面"，生成有价值的学习资源，有效解决这个问题。从学生的作品来看，有较多的学生虽然画了一些漂亮的花纹，但还是能够画出钟面上的基本元素的。这些材料的生成，既为教师了解学生的学习起点提供了帮助，也为后续进行讨论学习提供了丰富的学习资源。交流时，教师又从不同的层次引导学生逐步完善认识，有效地丰富了学生对钟面的认识经验。不可否认，在画的过程中，有些学生也只是仅仅停留在模仿的层面，并不知道各种元素在记录时间中的作用。通过讨论，使学生进一步明确了时针、分针和数，是钟面上的三种基本要素。这些经验的激活，为接下来认读整时教学提供了必要的认知保证。

2. 想象钟面，不但帮助学生建立起良好的经验连接点，同时也丰富了学生对整时的认读经验。

对于本节内容来说，认识整时，认读整时，是教学重点。然而，认识整时并不仅仅局限于读、写。如果能在整时的认读过程中，激发学生的数学思维，引发学生的数学思考，积累起多通道认识时间的经验，则会大大提升整时认读的学习价值。而结合电子计时想象钟面，利用某个时刻钟面上时针、分针特定的位置关系，与图形建立起联系，将有效地扩展学习目标，提升时间认读的数学思维含量，使学习过程更具数学味。这在本课关于12:00的时针和分针位置关系的讨论中得到了很好的体现。

二、知识复习整理"创生型"活动设计与教学

对数学知识的复习整理，是数学学习必不可少的环节，也是小学生数学学习的重要组成部分。从课时安排来看，以人教版教材为例，小学数学关于复习课的课时安排每册教材（除六年级下册外）都在 8 节左右。而关于知识的复习整理，当然不仅限于复习课，有些练习课中同样有相关的知识复习整理活动。所谓复习，就是指对记忆的强化和巩固；所谓整理，则是指对内容杂乱或层次不清的材料进行条理化、系统化的加工。数学知识的复习整理，即是对分散学习的数学知识内容，在回忆的基础上，进行条理化和系统化的加工，以巩固和强化对知识的理解，形成条理化、系统化的数学认知结构。

提出知识复习整理"创生型"活动，其意义在于基于新课程理念对传统知识复习整理活动进行改革与创新。传统知识复习整理更多以回忆旧知，梳理知识结构，提升技能为主。新课程理念下的知识复习整理，其内涵更为丰富，除了梳理知识结构与提升技能之外，还承载了发展数学思维，形成数学活动经验的目的。因此，新课程理念下的知识复习整理中，要有对学生原有经验（这里主要指知识技能经验和思维活动经验）的尊重，要突出学生的自主学习实践和知识结构的自我完善。知识复习整理"创生型"活动同样需要成为新课程理念下的知识复习整理活动的重要组成部分。

那么，与新知学习建构"创生型"活动相比，新课程理念下的知识复习整理"创生型"活动的结构又是怎样的呢？它的区别又在哪里呢？我们先看知识复习整理"创生型"活动的结构模型（如图6-20所示）。

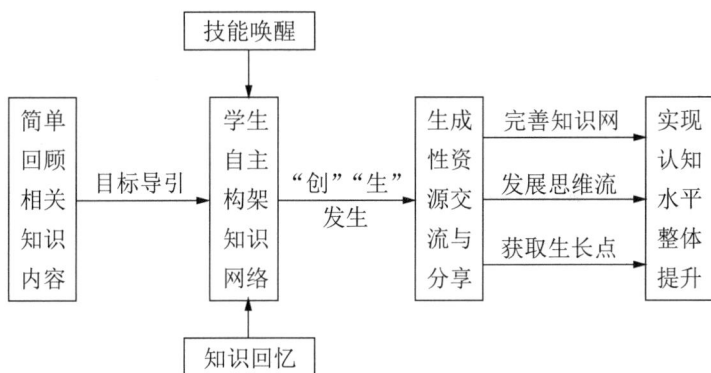

图 6-20　小学生知识复习整理"创生型"活动模型

从活动模型可知，在新课程理念指导下的知识复习整理"创生型"活动的基本流程与新知学习建构"创生型"活动相同，线性推进。其构成要素，体现了知识复习整理的有关特点，比如有回顾，有梳理等。与新知学习建构"创生型"活动相比，最主要的区别在于：从"创生"的发生起点来看，知识复习整理"创生型"活动以"目标导引"为策略。这是因为复习是基于相关知识内容的，课始便可知需要梳理的是什么知识内容，学生从活动开始便可以明确梳理的目标。而且这一意图在学生自主尝试中也有体现，这个环节强调由学生借助"知识回忆"和"技能唤醒"来完成"自主构架知识网络"。在"交流分享"中，则不再是知识同化或认知顺应，而是需要学生有三个维度的变化：一是完善知识网，因为是知识复习，需要有从原来零散的知识点，变成知识网络的过程；二是发展思维流，同样因为是复习，不仅要有知识技能的提升，更需要在思维能力上有所变化，在思维水平上有所提升；三是获取生长点，这也是新课程理念下知识复习整理与传统复习整理定位上的最大不同，新课程理念下的复习不止于旧知的梳理，更要体现生长空间，可能会有新的知识元素蕴含在复习活动中，当然包括知识结构上的抑或思维要求上的。通过对知识复习整理"创生型"活动模型的解读，发现在实施知识复习整理"创生型"活动时，需要把握两个关键点：

（一）"理""练"合理设计，灵活"创生"学习资源，让知识复习整理更有针对性

对数学知识的复习与整理，是知识复习整理"创生型"活动的基本内容之一。知识复习的根本功能是回顾与梳理、沟通与生长。但由于知识内容的差异，很多时候所采用的复习整理方式是不完全相同的。比如对概念知识的复习，更多以"理"的方式，在"理"的基础上进行一些训练；而对于一些运算内容的复习，则更多以"练"的方式，在"练"的过程中顺带着梳理与沟通。以学生自主"创生"活动为形式的知识复习，同样有着这种特点。

1. 概念知识复习，创生"理"的成果，以完善知识网络与建构系统知识为目标。因为概念知识的复习整理，重点在于沟通知识点，建构知识链，形成知识网，所以重点在于引导学生去创生"理"的成果，并以"理"的成果交流为重点，实现知识的条理化、系统化。"理"的方式可以有以下两种：

（1）知识再现式梳理。即是指学生明确梳理任务后，自主回忆相关知识内容，自主架构呈现方式的梳理过程。比如学习《平行四边形和梯形》这节内容后，需要作一个复习整理。这节内容主要以图形的认识为主，突出图形之间的关系，所以属于概念梳理课。一般就以先"理"后"练"、突出"理"的方式组织相应的数学活动。当提出"对四边形进行整理"的任务后，学生便通过自主尝试，以自己的理解梳理整个单元的内容，并且采用自己能想到的方式加以呈现。①

---

① 方剑英 . 在整理中深化，在复习中提升——例谈复习课教学的有效方法［J］. 教学月刊小学版（数学），2011（11）：51—53.

整理一：

图　形	特　点	其他有关知识
正方形	两组对边分别平行，四条边都相等，四个角都是直角	正方形是特殊的长方形，内角和360度
长方形	两组对边分别平行，对边相等，四个角都是直角	长方形是特殊的平行四边形，内角和360度
平行四边形	两组对边分别平行，对边相等，对角相等	平行四边形容易变形，内角和360度
梯　形	只有一组对边平行	等腰梯形是对称图形，有一条对称轴，内角和360度

整理二：

图　　形	四边相等	两组对边分别相等	只有一组对边平行	两组对边分别平行	有四个直角	是对称图形
正方形	√	√		√	√	√
长方形		√		√	√	√
平行四边形		√				
梯　形			√			

整理三：

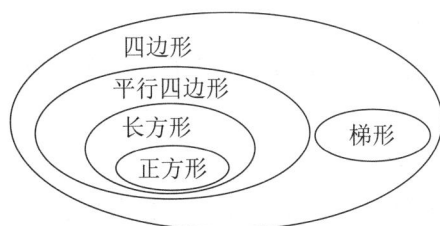

图 6-21

　　显然，这三种生成的材料，体现了学生不同层次的"理"的水平，或者说思维水平。方式一，简单的图形概念列举，逐一把四个图形的特征罗列出来，这是最基本的思维层次，体现的是知识的再现；方式二，虽然同样以表格的形式呈现，但思维水平有了提升，已经不是简单的罗列，而是按几个版块从角的大小、边的长短、平行与否等来进行归纳整理，看到了四种图形之间本质的联系与区别，也知道了要从这样几个方面入手理解图形的特征，已上升到方法的层面；方式三，以集合图的形式表达，把四种图形放置于四边形的大范围中，看清了四边形的全貌，又描绘了四种图形之间特殊的关系与区别，反映的是知识网络。正因为有了体现不同思维水平的学习资源呈现，所以后续的交流讨论变得更为有价值，有意义。这个活动充分体现了概念知识复习整理"理"的特点。

（2）问题启发式梳理。即通过一系列"问题"，引导学生回顾知识，梳理知识点之间的联系。比如，有一位老师在学习完"因数与倍数"单元后设计了一个围绕问题，以自己的学号为研究素材的知识复习整理活动，也颇具特色。我们知道，"因数与倍数"单元的内容以概念理解为主，包括因数和倍数的认识，2、3、5的倍数的特征，合数和质数的认识等。其中因数和倍数的认识是所有后续知识学习的基础，也是属于比较抽象的内容。那么如何将抽象的知识形象化，让学生更易于理解和整理呢？寻找生活素材，从问题出发引发学生自主思考，是一条相对有效的途径。这位教师设计了以下几个问题，引发学生自主梳理相关概念。

问题一：学生根据表格回顾，其中一个任务是想想我的座位号是什么数。初步回顾奇数、偶数、质数、合数的概念。

问题二：我的座位号既是什么数，又是什么数？体会一个自然数可能有几种身份。

问题三：我的座位号是几的什么数？回忆因数、倍数的概念，体会自然数之间的关系。

围绕学生的学号设计的三个问题，基本将本单元的知识勾连起来了。这样的设计不失为一种既可以调动学生学习兴趣，同时也能够让学生对进一步学习的抽象概念产生一种亲切感和探究欲的比较好的办法。学生自主研究后，将生成的典型素材进行汇总整理，作深入分析，同样起到事半功倍的效果。

2.技能知识复习，创生"练"的成果，以熟练方法技能与提升思维水平为目标。数学技能的唤醒与训练，同样是知识复习整理"创生型"活动的重点内容。由于技能知识有着操作层面的要求，所以一定的练习训练必不可少。只是新课程理念下的技能训练与传统的技能训练有了一定的区别，不再以大量的习题组织机械训练，而是以理解基础上的适量训练为主。技能知识的复习整理，同样需要树立这样的理念。实践中，可以引导学生去创生"练"的成果，并且以"练"的成果来开展练习经验的分享，在技能提升的同时发展数学思维。实践中，可用以下三种方式组织学生进行以"练"带"理"的活动。

（1）"练"中"思"。即练习中有思考、有思维发生。比如当学生学习了"有余数的除法"单元内容后，特级教师朱国荣老师在复习课中设计了这样一个练习：先比较，再解决。[①]呈现两个问题，请学生尝试解决。问题一：有 37 颗纽扣，每件衣服要钉 5 颗，可以钉几件衣服？问题二：有 37 千克油，每个油桶能装 5 千克，至少需要几个油桶？先看题思考，再动笔完成。交流过程中，引导学生去思考有了余数之后什么时候需要"去尾"，什么时候需要"进一"，从而引导学生在应用中对"有余数的除法"的学习价值有切实的体验，形成活动经验。

（2）"练"中"构"。即练习中建构知识间的联系。比如在人教版课程标准实验教科书三年级上册总复习中的一道习题：用两个长是 6 厘米，宽是 3 厘米的长方形分别拼成一个正方形和一个长方形（如图 6-22 所示），它们的周长分别是多少厘米？它属于"四边形"单元的复习内容。

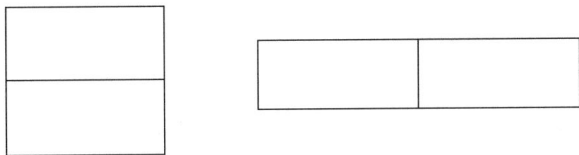

图 6-22

作为一道在复习课中运用的习题，且具有一定的综合性，其意义肯定不止于让学生解答这道题就可以了。事实上，这样的习题，便可以作为复习课中引导学生通过"练"中"构"来实现发展学生数学思维目标的支点。可以引导学生以"正方形转化为长方形"和"长方形转化为正方形"两个活动，对变换过程中，图形周长的变化进行研究，由学生通过尝试研究（可动手操作）生成

---

① 费岭峰.在练习中提升数学思维——朱国荣《有余数的除法复习》数学注新赏析［J］.江西教育，2012（9）：39—40。

相关的学习资源。显然，这两个层面的活动，是基本训练的拓展，突出了周长意义的理解，强化了长方形、正方形周长计算的方法，是该习题设计体现"练"中"构"的价值所在。学生正是通过这样的活动，既完成了基本技能的训练，又发展了数学思维。

（3）"练"中"纠"。即练习中纠正错误，增强学习能力。复习课中也有练习。有练习必然会有错误产生。错误当然也是一种生成性的课程资源，但如何把它作为一种帮助学生进一步理解知识、梳理知识的生成性资源，却需要思考与研究。

这是《长度单位复习》课中的一组练习，教师以"在（   ）里填上合适的长度单位"为要求，依次呈现了7个生活问题。

1. 火车每小时行驶 200 (   )。

2. 一本《新华字典》厚 3 (   )。

3. 一块橡皮长约 30 (   )。

4. 课桌高 8 (   )。

5. 苏通大桥的跨江部分长约 8 (   )。

6. 小兔身长大约 4 (   )，尾巴长大约 6 (   )。

7. 小东身高 125 (   )，他每分钟步行 65 (   )。

学生独立完成后反馈交流。期间出现了两个讨论点：

一是关于《新华字典》的厚度，有学生填的是"3厘米"，一位学生认为应该是"3分米"。教师组织大家讨论，并请学生比画，最后确认应该是"3厘米"。

二是关于兔子尾巴的长度，有学生填了"6厘米"，将近有四分之一的学生填了"6毫米"。教师再次组织学生讨论，最后确认应该是"6厘米"。

这其实是一组比较普通，但对学生建立长度单位的"量感"积累经验有价值的练习。这组习题思考解决的是日常生活问题。在出现错误答案时，教师并没有直接让学生说出正确答案，而是建议学生通过比画等方式，进行修正。比如，关于兔子尾巴的长度问题，典型地反映了学生生活经验不足的问题。这就需要教师提供一定的直观支撑，可以是实物，如果实物不允许，那么呈现相关的图片进行比较也可。

（二）分享交流体现层次，合理把握学习进程，有效促进学生思维能力的发展

我们知道，分享交流是新知学习建构"创生型"活动中一个重要的环节，同样也是知识复习整理"创生型"活动中重要的环节。这个环节既是学生"创生"资源的展示环节，同时也是学生借助交流互动进一步完善知识理解过程和提升数学思维能力的契机。当然，因为学习目标的不同，新知学习建构"创生型"活动中的分享交流与知识复习整理"创生型"活动中的分享交流还是有一定的区别的。如果说在新知学习建构时，分享交流更多以促进知识理解为重点目标的话，那么在知识复习整理时，分享交流更需要在知识条理化和系统化层面上得到进一步的完善，思维能力上得到更好的发展。实践时，需要把握两个关键点。

1. 注意引导学生有层次地交流，关注不同层面学生的思维发展。知识复习整理"创生型"活动中的分享交流，同样需要有基础性与发展性的体现。既需要重视学生思维的拓展与提升，也需要有基础性的经验分享。比如上文提到的"长方形和正方形的周长"问题，课中教师便组织了这样两个层次的交流①：

层次一，基本训练。组织学生回顾四边形单元的基本内容，然后计算正方形和长方形的周长。学生独立完成交流算法与想法，回顾基本的周长计算方法。

层次二，引入核心内容的活动环节。一是"正方形转化为长方形"：由学生自主研究，当把一个正方形剪成两个长方形时，周长发生什么变化？把两个长方形拼成一个长方形时，周长又发生了什么变化？二是"长方形转化为正方形"，在一个长方形中能找出一个最大的正方形吗？想一想这个正方形的周长会是多少？为什么？

第一层次的交流，关注学生基础知识的掌握状况。因为这是图形周长计算的基本训练，既可以帮助学生回忆相关的周长计算基本方法，也可以比较清楚地了解学生掌握周长计算方法的整体情况。第二层次的交流，重点在于引导学生关注"变"与"不变"。在图形的转换过程中，"什么变了？""什么没变？"

---

① 费岭峰，胡慧良.习题重构，提升复习教学的"质"[J].云南教育（小学教师），2014（3）：16—17.

引导学生从直观层面上体验图形变化的过程，在思维层面体会把握关键要素解决问题的过程。显然，有层次的交流，既可以照顾后进生的思维能力，又可以提升优等生的思维发展水平。

2. 注意引导学生有结构地梳理，重视学生的数学认识从感性走向理性。分享交流的目的之一，是完善认知，优化方法。有效的分享交流，不但使思维从感性走向理性，也有利于促进知识结构的形成。比如前面提到的朱国荣老师在《有余数的除法复习》中，当学生完成了两个问题的解答后，有了生成的资源，于是组织对话交流。

反馈第一个问题。生：37÷5=7（件）……2（颗），所以可以钉7件衣服。师：你是怎么想的？生：37颗纽扣钉了5件衣服后，还剩2颗纽扣，不能再钉了。所以可以钉7件。

反馈第二个问题。生：37÷5=7（个）……2（千克），所以至少需要7个油桶。有学生提出反对意见：还有2千克放哪里呢？师：那你是怎样算的？生：37÷5=7（个）……2（千克），7+1=8（个），所以至少需要8个油桶。

此时，追问两个问题，都是用37÷5=7……2这个算式来解决的，为什么第一道商7不加1，第二道商7要加上1呢？生：第一道剩下的2颗纽扣不能再钉了，第二道剩下的2千克油，得再用一个桶才能装完。

师：在生活中，像这样算出来的商再加上1的现象还是比较多的，你们能举个例子吗？

生：一个铅笔盒只能放8支笔。现在有33支笔要放在这样的铅笔盒内，至少要几个铅笔盒？

师：怎样算？

生：33÷8=4（个）……1（支），4+1=5（个）。

生：一辆汽车可坐5人，现在有37人，至少需要多少辆这样的汽车？

师：又怎样算？

生：37÷5=7（辆）……2（人），7+1=8（辆）。

"去尾"和"进一"在生活事件处理中是一种客观存在。如何与"有余数的除法"这一数学知识联系起来，除了纯粹的解答，有些学生还是比较难以体会到的。通过以上教师引导学生对两个典型问题的解答过程的分享交流，将两类生活问题上升到数学模型的思考上来，显然对发展学生的数学思考能力是有帮助的。当学生在说明"钉纽扣问题"的结果是"7件"时说"还剩2颗纽扣，不能再钉了"，在说明"装油问题"的结果从"7个"变换成"8个"时提出"还有2千克放哪里呢"这个问题，当学生能够举出生活中其他具有同样特点的事例时，学生对问题的本质已经了然于胸。而这也正是学生思维发展过程中，全面考虑问题意识与分析问题能力培养极佳的历练过程。

典型课示例

《三位数乘两位数复习》教学实录与简析 [①]

教学实录

环节一：口算练习——以练带理，渗透积的变化规律复习

（课始，教师说明任务。）

师：同学们前几节课已经学习了"三位数乘两位数"的乘法，这节课我们来复习一下这个单元的内容。老师先写几道题目，请大家口算得出结果。咱们比一比，看谁算得又对又快。老师出示的题目会在屏幕上停留3秒钟，马上会消失，所以请你们一定看清楚了。你们只要写答案就行。准备好了吗？

生：（齐）准备好了！

[通过多媒体逐题呈现以下口算题（每题停留3秒钟），学生直接写下每题的答案。]

$13 \times 6 =$	$35 \times 2 =$	$170 \times 5 =$
$130 \times 6 =$	$350 \times 2 =$	$17 \times 50 =$
$1300 \times 6 =$	$350 \times 20 =$	$170 \times 50 =$

（几道题目全部出示后，又重新将所有题目呈现在屏幕上。）

师：如果让你们检查结果对不对，你们认为检查哪几题是最关键的？又

---

① 《三位数乘两位数复习》是计算练习与复习教学研究的第一次尝试，始于2012年。自本节内容后，又对一些口算、分数计算进行了深入研究。本课是市级名师教学展示活动的实录。采用教材：人教版课标修订教材；教学对象：四年级；地点：浙江海宁。

是怎样想的？

生：我只要检查最上面 3 题的答案，下面几题只要与第一题比较就可以了。

师：谁听懂他的意思了？

生：他的意思是，比如检查了 13×6=78 之后，130×6 只要在 78 后面增加一个 0，变成 780，1300×6 只要在 78 后面增加两个 0，变成 7800。这样就可以了。

师：你（指第一位发言的学生）是这个意思吗？

生：嗯，是的。

师：这里其实你想到了什么规律？

生：乘法中一个因数不变，另一个因数扩大 10 倍，它的积也扩大 10 倍；另一个因数扩大 100 倍，它的积也扩大 100 倍。

师：你想到了积的变化规律。真棒！第二列的 3 道题，是不是也可以这样来检查呢？

生：是的。

师：谁来说说看，这里又有什么规律？

生：35×2=70，那么 350×2=700，350×20=7000。

师：第 3 列呢？

生：170×5=850，17×50=850，170×50=8500。

师：这里第一题和第二题，两个因数不一样，答案怎么会一样呢？

生：以第一题为标准，第二题的一个因数缩小 10 倍，另一个因数扩大 10 倍，积应该是不变的，所以是相等的。

师：这是积不变的规律吧？

生：是的。

师：同学们很厉害，可以用学到的知识来分析和解决问题了。其实啊，这个积的变化规律在以后的计算中用处也是很大的哦。好，现在我们校对一下，结果都正确的，请举手示意一下哦！给自己打颗☆。

（屏幕上直接出示所有答案，请学生自己校对完成。）

[说明] 积的变与不变规律，是这个单元中的重要性质。复习中，并不是死板地让学生去记忆规律，而是通过一组习题的计算与检查，让学生自然运用规律，并在交流中巩固理解。这其实也是借助生成资源进行学习的重要策略。

环节二：估中带练，在复习数量关系的基础上，渗透估算意识的培养，运算法则的复习

师：同学们，计算是为了解决问题。现在屏幕上有两个问题，你们能试着解决吗？

（多媒体呈现两个问题）

问题1：王老师家到盐官镇观潮台大约有6500米。那天，王老师准备骑自行车去观潮台看潮。如果他骑车的速度是198米/分。请问，从家到观潮台他骑31分能到达吗？

问题2：向阳小学四年级师生共204人，准备包车去海宁看潮。与旅行社谈妥的价格是39元/人。请问，带队老师带8000元钱去付账够吗？

［请学生看题思考，然后独立完成两个问题（用时2分钟左右）。教师巡视，与个别学生作交流。］

（反馈交流）

（1）先交流第一个问题。

师：我们先来交流第一个问题，谁来介绍一下，你是怎么解决这个问题的？

生：我是用的估算。

师：哪些同学也是用的估算？

（一部分学生举手示意也是用的估算；还有一部分学生没有举手，估计没用估算。）

师：那我们来听听他是怎么估的。好，现在请你介绍一下，你是怎样估算的？

生：我把198米/分，估成200米/分，31分估成30分，200×30=6000米。6000米比6500米要少，所以王老师从家到观潮台骑31分钟不能到达。

师：你们听明白他是怎么估算的了吗？

生：他把198估成200，把31估成30，算出6000与6500比。

师：这样一个因数估大，一个因数估小，可以吗？

生：可以。

师：能解决这个问题吗？

生：能！

师：同样用估算的同学，方法有与他不一样的吗？

生：我是这样估的。把 198 估成 200，31 就不变，乘一下发现 6200 还是比 6500 少，所以王老师用 31 分肯定来不及。

师：对于这个问题，他这样估算，可以吗？

生：可以。

师：还有不同估法的吗？（学生不再回应）没有了，那我们来了解一下，没用估算的同学是怎么解决这个问题的？谁来介绍一下。

生：我是算的。用 198×31，结果是 6138 米。比 6500 米少，所以来不及。

师：你用精确计算，也得出结论，王老师想用 31 分骑车到观潮台，用这个速度肯定是来不及的。真好！同学们，这个问题不管你们是用估算，还是用精确计算，在算的时候，都用到了哪个数量关系？

生：速度 × 时间 = 路程。

师：是的，可以根据路程 = 时间 × 速度的关系来算路程，再与实际总路程比较，就行了。同学们，老师想问一下，在解答"从家到观潮台他骑 31 分能到达吗？"这样的不需要太精确答案的问题时，你们喜欢用什么方法？

生：估算。

师：为什么？

生：因为只要大约算一下就行了。

师：好的。有不同意见吗？

生：我喜欢精确计算，不容易错。

师：也有道理。

（2）再交流第二个问题。

师：现在我们来看第二个问题。你们又是怎样来解答的？这个问题用估算解决的同学请举手示意一下。

（有部分学生举手示意）

师：老师也先请用估算的同学来回答吧。来，请你来说说，你是怎么估算的？

生：我把 39 估成 40，把 204 估成 200，40×200=8000，与 8000 比，正好相等。所以老师带 8000 元钱去付账是够的。

师：他这样估，是把一个因数估大，另一个因数估小。和他一样估的请举手。

（一部分学生举手示意也是这样估的）

师：有不同估法的吗？

生：我认为是不够的。因为我是这样估的，把 39 估成 40，204 不变，40×204=8160，数字比 8000 大，所以不够。

师：他用的也是估算，估出来的结果是不够。那到底是够，还是不够？

（有学生说够，还有学生说不够。）

师：有没有办法确认一下，到底是够还是不够？

生：有。

师：怎么办？

生：精确计算一下就行了。

师：这样吧，我们一起算一下。

（全体学生精确计算，请一位学生上前板演笔算过程：204×39=7956。教师引导学生先检查笔算过程，并穿插算理交流，再对结果作出判断，确认结果正确无误。）

师：这里的 204×9 结果表示的是——

生：1836 个 1。

师：那 204×3 结果表示的是——

生：612 个 10。

师：很好，结果正确吗？

生：正确。

师：这下我们可以确认了，带 8000 元钱付账是够的。

[说明] 估算是运算学习的组成部分，所以在复习梳理中，将估算也纳入进来，以培养学生的估算意识。但本单元的重点是三位数乘两位数的计算，所以在讨论中，仍然需要将算法与算理作为一个内容进行回顾梳理。当然，学习过程中，算理与算法的复习不是程式化进行的，而是将其作为问题解决的内容来处理：因为估算解决产生了歧义，所以可以借助精确计算来确认，此时让学生进行笔算练习，既自然，又到位，一举两得。

环节三：趣中熟练，练中带思，加强计算技能训练

师：同学们，刚才我们用估算和精确计算解决了两个实际问题。现在我们来玩一个计算游戏，好吗？

生：（齐）好！

师：请看清游戏要求。

（多媒体出示游戏要求：请用 0、1、2、3、4 五张数字卡片组成三位数乘两位数的乘法算式。第一个要求，任意写一个算式，并算出结果。）

师：看清要求了，就可以动手了。

［学生自主写算式，并计算结果（用时 1 分钟左右）。教师指名 3 位学生上前板演。］

（反馈交流）

生 A 的算式：$120×34=4080$；生 B 的算式：$102×43=4386$；生 C 的算式：$430×12=5160$。

（请下面的学生对板演学生的作业进行批改。教师结合 $102×43$ 这一题的笔算过程，指名学生说说算理。）

师：$102×3=306$，这 306 表示的意思是——

生：306 个 1。

师：那 $102×4=408$，这 408 表示的意思是——

生：408 个 10，所以是 4080。

师：真好！下面的同学请同桌相互检查一下，看看同桌有没有算错。如果有算错了的，请他改正过来哦。

（学生相互检查）

师：同学们已经完成了第一个要求，接下来要求提高了哦，请看——

（屏幕上出现第二个任务要求：写一个乘积比刚才的算式要大的算式。）

［学生自主写算式，并计算结果（用时 1 分钟左右）。教师巡视，了解情况。］

（反馈交流）

师：谁先来介绍一下，你又写了哪一个算式？交流时，先说原来写的那个算式，再告诉大家后来又写了哪个算式。

生：我开始写的算式是 $201×43=8643$，后来又写了 $301×42$。

师：你先等等。同学们，他后来写的这个算式，积会比原来那个大吗？

（学生观察以后作出判断：比原来大。）

师：你怎么判断的？

生：估算一下就可以了。原来那个算式可以看成是 $200 \times 40 = 8000$，后来写的那个可以看成是 $300 \times 40 = 12000$。肯定是大的。

师：你自己算出来的结果是多少？

生：12642。

师：真棒，写出了比原来算式结果大的算式了。还有谁愿意来介绍？

生：我开始写的算式是 120×43，后来又写了 210×43。

师：他写对了吗？

生：（齐）肯定对了。

师：怎么看的？

生：43 没变，120 变成了 210，积肯定大了。

师：确实是这样的。那就请同桌交流一下，看看同桌是不是写对了。

（学生同桌相互交流检查）

生：我的同桌写不出来。

师：他原来写了哪一个算式？

生：410×32，积等于 13120。

师：大家一起帮他想想，哪一个算式的乘积比它大。

[学生讨论研究（用时 1 分钟左右）。教师巡视，参与学生讨论。]

师：有谁找到了？

生：我觉得这是积最大的算式了。

师：理由。

生：用这 5 个数字，我写了 420×31，结果比它小。

师：同学们，大家一起算算看，420×31，积是多少？

[学生一起计算，请一位学生上前板演（如下左所示）。]

$$
\begin{array}{r}
420 \\
\times\ \ 31 \\
\hline
420 \\
1260 \\
\hline
13020
\end{array}
\qquad
\begin{array}{r}
420 \\
\times\ \ 31 \\
\hline
42 \\
126 \\
\hline
13020
\end{array}
$$

［又请一位用简写的方式来算的学生板演（如上右所示）］

（反馈交流）

师：两位小朋友的结果是一样的，都是13020。他们的过程好像有点不一样。和这位同学（指左边算式）一样的举手。和这位同学（指右边算式）一样的举手。

师：你喜欢哪种算法？

生：我喜欢第二种。

师：说说想法。

生：这样写简单一些。

师：是这样的，在算因数末尾有0的乘法时，我们可以这样来算，比较简便一些。现在我们发现420×31的积是13020，比13120小。确认用这5个数字组成三位数乘两位数，写不出比这个算式乘积再大的算式了。其实啊，这也是我们游戏的最后一个要求——

（多媒体呈现第三个要求：能不能写出乘积最大的算式）

师：同学们已经解决了。用这5个数字，不重复使用。写出的积最大的算式是——

生：410×32。

［说明］这个环节其实是一个技能训练的环节，以游戏的方式无非是增加趣味性。进行计算训练的习题都是由学生自主创生的，也体现了"创生型"活动的典型特点。另外，以游戏的形式，引导学生在进行技能训练的同时，体现了"练"中"思"，"练"中"构"，"练"中"纠"的特色。

环节四：文化延伸，进一步体会笔算本质

师：同学们，计算其实也挺好玩的吧，里面还是有很多奥妙的呢。今天我们回顾了三位数乘两位数的一些知识。我们现在的笔算乘法是这样来写的，你们知道古代的人是怎样进行笔算乘法的吗？

（多媒体呈现：500多年前，意大利的一本算术书中讲述了一种"格子乘法"，后来传入中国，在明朝的《算法统宗》中被称为"铺地锦"。）

式	$3×4=12$	$32×4=128$	$32×45=1440$	$432×45=$
格	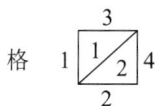	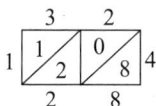	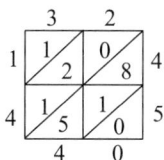	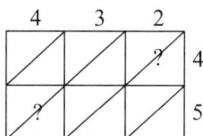

师：这就是"铺地锦"。你们先看一下，能不能看懂？

（学生观察，学习。）

师：看懂了的同学，请告诉大家那两个"？"的地方填什么？

生：上面那里填0、8，下面那里填2、0。

师：理由。

生：看左边的算式，那里的 $2×4=8$，就在右上角那里填了0、8，所以这里也是0、8；下面那里是 $4×5=20$，所以填2、0。

师：你们听明白他是怎么想的了吗？同意的请举手。

（大部分学生都表示同意）

师：既然看懂了，那就请大家试着计算一下 $432×45$。填在练习纸上。

［学生自主完成（用时1分钟左右）。因时间关系，学生完成后，直接在大屏幕上呈现答案，请学生校对。大部分学生还是能够看懂，并填正确的。］

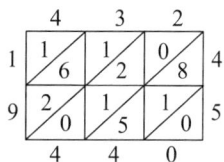

师：同学们，数学真的很奇妙！原来看起来那么枯燥的计算，其实也是蛮有趣啦。

（结课）

［说明］本环节主要是引导学生关注数学文化，以激发对数学学习的兴趣。其实古人的许多研究都是很值得我们去学习和思考的。

简 析

作为一节运算知识的复习整理课，以知识复习整理"创生型"活动的角度来分析，主要体现出两大特色。

1.活动目标的定位，以"练"为主，"理"蕴含在"练"中。

"三位数乘两位数"是一个典型的运算单元。整个单元的知识点包括"三位数乘两位数"的算法、算理，积的变与不变的规律，还有新课程理念下"运算"教学特别强调的估算等。这些知识内容的理解与掌握，需要通过一定的梳理，特别是对算法与算理的沟通，积的变与不变的规律等内容，必要的整理是需要的。但在这节内容的复习中，没有进行程式化的梳理，而是将"理"蕴含在相应的练习中，使"理"自然而有针对性地完成了。比如"规律"的复习，通过检查是否正确，唤起回忆，从而达到"理"的目的；再比如算法与算理的沟通，估算方法的讨论等，同样通过检验、确认等方式，增强学生对相关知识的理解。

2.技能训练的过程，实现于问题解决与资源生成中。

"创生型"活动中的训练，与传统的基本技能训练，最大的区别在于，训练不再以机械的方式，为"练"而"练"，而是更多整合在问题的解决中，游戏的玩乐中。以上活动中，第二环节，关于估算方法技能训练，很好地借助了两个问题，引导学生回顾了估算的方法，并且也将估算与精确计算的关系处理融于其中，学生体会比较深刻。第三大环节，则是将计算的训练整合在游戏中，让学生充分感受数学游戏快乐的同时，不由自主地进行了多道的三位数乘两位数的习题计算。且过程中的练习材料，基本由学生自主创生，训练目标的达成实现在游戏中。

参考文献

［1］田慧生，李臣之，潘洪健.活动教育引论［M］.北京：教育科学出版社，2000.

［2］王红，吴颖民.放慢知识的脚步，回到核心基础［J］.人民教育，2015（7）.

［3］［美］杜威.民主主义与教育［M］.王承绪，译.北京：人民教育出版社，1990.

［4］［瑞士］皮亚杰.皮亚杰教育论著选［M］.卢濬，选译.北京：人民教育出版社，1990.

［5］中华人民共和国教育部.义务教育数学课程标准（2011年版）［S］.北京：北京师范大学出版社，2012.

［6］郑毓信.数学教师的三项基本功［M］.南京：江苏教育出版社，2011.

［7］教育部基础教育课程教材专家工作委员会.义务教育数学课程标准（2011年版）解读［M］.北京：北京师范大学出版社，2012.

［8］郑毓信.国际视角下的小学数学教育［M］.北京：人民教育出版社，2004.

［9］史宁中.注重"过程"中的教育——《义务教育数学课程标准》修订的若干思考［J］.人民教育，2012（7）.

［10］张奠宙，竺仕芬，林永伟."基本数学经验"的界定与分类［J］.数学通报，2008（5）.

［11］王羽左.学习与教学——经典研究的启示［M］.杭州：浙江文艺出版社，2016.

［12］朱国荣.先后有别——对一次教学反馈的思考［J］.小学数学教师，2005（6）.

［13］杨莉娟.活动教学浅论［J］.教育科学研究，1999（4）.

［14］郑金洲.基于新课程的课堂教学改革［M］.福州：福建教育出版社，2003.

［15］傅道春.新课程中课堂行为的变化［M］.北京：首都师范大学出版社，2002.

［16］黄建泓.小学数学课程标准比较研究［M］.上海：华东师范大学出版社，2001.

［17］吴庆麟，胡谊.教育心理学——献给教师的书［M］.上海：华东师范大学出版社，2003.

［18］孔企平.小学儿童如何学数学［M］.上海：华东师范大学出版社，2001.

［19］史宁中.基本概念与运算法则［M］.北京：高等教育出版社，2013.

［20］费岭峰.新版课标视域下"问题解决"的定位与教学设计思考——以人教版《义务教育教科书·数学》的使用为例［J］.课程·教材·教法，2015（2）.

［21］刘娟娟.从"应用题"到"解决问题"——小学数学解决问题的教育价值与教学研究［J］.南京晓庄学院学报，2009（2）.

［22］马进.高中生数学解题后反思情况调查研究［J］.中国数学教育（高中版），2011（3）.

［23］唐彩斌.问题解决与小学数学教学——张奠宙教授访谈录［J］.小学教学（数学版），2008（1）.

［24］陈佑清.不同素质发展中的直接经验与间接经验的关系［J］.上海教育科研，2002（11）.

［25］吴卫东，邱向理.小学数学典型课示例——历史视角下的研究［M］.长春：东北师范大学出版社，2005.

［26］张华.课程与教学论［M］.上海：上海教育出版社，2000.

［27］迟维东.逻辑方法与创新思维［M］.北京：中央编译出版社，2005.

［28］陈佑清.教学论新编［M］.北京：人民教育出版社，2010.

［29］徐速.小学数学学习心理研究［M］.杭州：浙江大学出版社，2006.

［30］叶澜，杨小微.教育学原理［M］.北京：人民教育出版社，2007.

［31］张广祥.数学中的问题探究［M］.上海：华东师范大学出版社，2003.

［32］罗星凯.有理的科学知识被无理地"验证"——从理科教学中实验结果与理论的不相等谈起［J］.人民教育，2007（7）.

［33］曹飞羽，曹侠，黄文选，等.小学数学基础理论和教法（第二册）［M］.北京：人民教育出版社，1984.

［34］黄加卫.浅议"证伪"思想在高中数学教学中的作用［J］.中学数学杂志（高中版），2011（7）.

［35］杨庆余，俞耀明，孔企平.现代数学思想方法［M］.贵阳：贵州人民出版社，1994.

［36］李强.培养学生猜想与假设能力的教学策略［J］.物理教学探讨，2009（3）.

［37］斯苗儿，俞正强."浙江省中小学学科教学建议"案例解读（小学数学）［M］.杭州：浙江教育出版社，2014.

课例来源

（按引用先后顺序排列）

[1] 人民教育出版社课程教材研究所，小学数学课程教材研究开发中心．义务教育教科书教师教学用书数学一年级下册［M］．北京：人民教育出版社，2012：133．

[2] "螺旋上升"的价值实现于教学目标的准确定位——"小数概念"教学的实践与思考［J］．教学与管理（小学版），2010（5）：43—45．

[3] 回归本源，为学生的数学理解找到支点——《连除的简便计算》教学实践与思考［J］．小学数学教师，2007（7-8）：56—63．

[4] 教学生"不会"的——一年级学生"加法"认识基础调查及教学实践思考［J］．江西教育（B版），2012（8）：15—18．

[5] 《长方形面积的计算》教学设计与分析［J］．教学与管理（小学版），2009（12）：55—57．

[6] 常识性内容如何上出数学味——《年、月、日》教学与思考［J］．小学教学设计（数学版），2013（2）：6—7．

[7] 费岭峰，胡慧良．基于数学思考的"猜"才有教学价值——对《四边形的认识》教学片断的思考与改进［J］．小学教学研究（教学版），2014（1）：38—39．

[8] 先试后导，依学施教——《找规律》教学思考与实践［J］．小学教学设计（数学版），2015（5）：8—9．

[9] 把握时机，适时渗透符号意识——由《搭配中的数学问题引发的思考》［J］．新教师，2015（11）：47—49．

[10] "商的近似值"教学谈［J］．中小学数学（小学版），2003（3）：33—35．

[11] 探寻"转化"背后的教学价值——谈化归思想在"平面图形的面积计算"教学中的价值及实现策略［J］．小学数学教育，2013（1-2）：62—64．

[12] 经历与体验［J］．小学教学研究，2003（11）：24．

[13] 学生"先学"后的课堂上，教师该做些什么——对基于"课前先学"模式下的教

师课堂角色定位再思考［J］. 小学教学研究（教学版），2016（5）：7—9.

［14］在练习中提升数学思维——朱国荣《有余数的除法复习》教学片断赏析［J］. 江西教育（B版），2012（9）：39—40.

［15］"编"中"理"，"用"中"构"——《9的乘法口诀》教学设计与思考［J］. 教学月刊小学版（数学），2015（7-8）：48—50.

［16］突破"经验"，关注"实证"——以《角的初步认识》为例谈基于教学调查的课堂教学实践与思考［J］. 中小学数学（小学版），2014（9）：12—13.

［17］《认识钟表》教学设计［J］. 教学与管理（小学版），2014（8）：54—55.

［18］费岭峰，胡慧良. 概念建构：一个表象建立和丰富的过程——"三角形的高"教学引发的思考［J］. 教学与管理（小学版），2012（5）：35—37.

［19］费岭峰，胡慧良. 量角器："认读"，还是"解读"——由《角的度量》教学算片断引发的思考［J］. 小学数学教师，2015（6）：57—59.

［20］朱德江，费岭峰. 知其然，也知其所以然——《小数点搬家》教学案例［J］. 小学教学（数学版），2013（1）：31—34.

［21］费岭峰，胡慧良. 凸显学习过程的生长性［J］. 教学与管理（小学版），2013（20）：36—38.

［22］"形式"探究同样有思考的价值——对除法"竖式"教学的思考［J］. 中小学数学（小学版），2012（3）：10—11.

［23］运算法则需要"立体"建构——由《分数乘分数》教学引发的思考［J］. 小学教学设计（数学版），2012（23）：4—6.

［24］螺旋上升：让教学更符合学习规律——以《与0有关的乘法》一课的教学为例［J］. 小学教学研究（教学版），2013（10）：4—6.

［25］学生的学习是否真的发生——"射线的认识"教学实践与反思［J］. 中小学数学（小学版），2005（1）：54—56.

［26］量感：计量单位教学的重要内容——以《毫米的认识》教学为例［J］. 小学教学设计（数学版），2014（8）：4—5.

［27］吴卫东，邱向理. 小学数学典型课示例——历史视角下的研究［M］. 长春：东北师范大学出版社，2005：174—188.

［28］遵循认知规律 巧设学习路径——《秒的认识》教学片段赏析［J］. 云南教育（小学教师），2014（9）：30—31.

［29］费岭峰，胡慧良. 学生是怎样建构数学模型的——听《认识东南西北》一课引发的思考［J］. 云南教育（小学教师），2012（11）：14—15.

［30］在意的是"数学思考"——《四边形的认识》教学解读与思考［J］. 小学数学教师，2011（7-8）：120—128.

［31］三角形面积计算公式推导有没有基本方法？［J］.小学数学教师，2012（7-8）：24—28.

［32］忽视"证伪"教学的原因及对策——基于小学数学课堂教学实践的思考［J］.课程·教材·教法，2012（12）：55—59.

［33］借助几何直观　理解本质内涵——《连除简便计算》教学设计与实践思考［J］.云南教育（小学教师），2013（11）：29—30.

［34］由一次操作活动引起的思考［J］.小学教学改革与实验，2002（21）：3.

［35］基于乘法意义的"倍"的认识教学——人教版教材《倍的认识》教学思考与实践［J］.小学数学，2012（2）：9—13.

［36］数学课堂，要发挥教师的组织引导作用——多次执教《余数和除数的关系》的体会与思考［J］.教学月刊（小学版），2006（12）：36—38.

［37］从"模仿"到"理解"——以《两位数加两位数》为例谈计算方法教学［J］.小学教学改革与实验，2006（46）：3.

［38］费岭峰，胡娟.数学学习应突现探究过程的科学性［J］.教学与管理（小学版），2008（3）：29—31.

［39］把思维的空间留给学生——《商不变的性质》导入设计比较分析［J］.中小学数学（小学版），2002（3）：40—41.

［40］"圆柱的认识"教学实践与反思［J］.小学数学教师，2003（10）：27—32.

［41］回归：面积计算公式探索的基本策略——《长方形面积的计算》一课的教学研究［J］.小学教学研究（教学版），2012（9）：35—37.

［42］人民教育出版社课程教材研究所，小学数学课程教材研究开发中心.义务教育教科书教师教学用书数学四年级下册［M］.北京：人民教育出版社，2014：64—66.

［43］朱国荣.让教学更具生长的力量——《数字编码》教学实践与思考［J］.小学数学教育，2014（Z2）：141—143.

［44］以"大问题"为导向的数学课堂教学策略——以黄爱华《圆的认识》教学为例［J］.小学教学设计（数学版），2013（11）：4—6.

［45］深究错误原因，培养"证伪"意识［J］.小学教学（数学版），2014（9）：50—51.

［46］方剑英.在整理中深化，在复习中提升——例谈复习课教学的有效方法［J］.教学月刊小学版（数学），2011（11）：51—53.

［47］费岭峰，胡慧良.习题重构，提升复习教学的"质"［J］.云南教育（小学教师），2014（3）：16—17.

（备注：以上所引课例除注明作者的之外，其余均为本书作者独立撰写。）

后记 一本迟到的书

终于完稿了!

可以说,这是一本迟到的书。因为早就有整理"活动教学"成果的想法了。而且书的提纲也早在三年前拟好,却迟迟没有动笔。一来因为疏懒,二来也确实决心不够,总是在找借口,认为没有集中的时间去静下心来完成它。

这个假期总算下了决心一定要完成。于是,"闭关一月",静心写作。终于比计划提前4天,完成了初稿。

不过,在写作的过程中,也突然有种感觉,这三年的等待似乎还是值得的。因为经过这几年的历练,在不知不觉中我对教育又有了新的感悟和理解。这几年来,教育改革如火如荼,构建"学为中心"的课堂,培养学生的"核心素养",实施"绿色"的教育质量综合评价等理念已经成为了新一轮教改的核心理念,"先学后教""翻转课堂""预习导学""绿色评价"等丰富多样的教学方式成为了推进教改的排头兵。小学数学课堂教学改革,也从新课程开始的讲究热闹的课堂,走向了更注重学生数学学习能力和数学思维发展等素养提升的"静思"的课堂。这些理念对我重新审视"数学活动"与"活动教学"起到了重要的作用,关于"经历型""体验型""探究型"与"创生型"活动的理解,也有了更为丰富的理论支持。

当然,在这三年中,我自己也实践了许多的课,比如《认识钟表》《周长的认识》《分数除以整数》,比如《轴对称再认识》《用面积知识解决问题》等等。这些课的展示研究,不仅丰富了我的实践体验,同时也让我对"数学活动"与"活动教学"的理解更加深入,感受更加深刻,认识更加清晰。许多的课例也成了本书中各类活动的"典型"课例。

因此，这三年的等待，很是值得！

当然，本书的完稿，也是一个长期实践、思考与研究的结果。因为关于"数学活动"的教学研究，始于 2003 年左右。相关研究的课题曾被立项为市级课题、省级规划课题乃至省级重点课题，研究成果也曾获得省市级奖。但我觉得，这更是一个关于数学课堂教学、对学生数学学习进行思考研究的成果。因为书中不仅有对"数学活动"与"活动教学"的研究与实践，更有我对小学数学课堂教学的思考与理解。而这也正是我在序——《追寻"课"里风景》中所表达的意思，对于课堂教学的研究，是我始终不变的追求。

当然，能有如今的成果，也离不开师长、同事、伙伴们的帮助和支持。借此机会表达自己的真诚谢意！

感谢我的导师蔡海根老师一路的培养，把一个在农村学校工作的青涩少年带上了一条专业发展之路，使其能够不断前行，一路收获。

感谢邱正平和胡慧良老师，两位经验丰富的小学数学教学专家，在我初涉教坛的时间里，给了我足够多的帮助和提携。

感谢朱国荣和朱德江两位省特级教师，在我教育教学研究与实践的道路上，两位亦师亦友的领导时常给予我指导与帮助。特别是在课堂教学实践上，经常给予我专门的指点，提出宝贵的建议，让我的体现"数学活动"与"活动教学"理念的课堂更加顺应新课程发展的方向，体现时代教育的特色。

还要感谢曾经的同事和课题研究过程中的伙伴，是你们的积极参与和投入，让我的研究得以有扎实的实践作支撑，深入的思考作底蕴。你们的许多课例曾给我很大的启发，你们的许多建议也让我受益匪浅。

当然，还得感谢在我上课时出现在我课堂上的学生，是你们的学习引发了我的思考，给了我研究的动力，也为我提供了足够多的分析素材。

其实要感谢的人还有很多，比如家人，比如领导。当然，我知道，话多说也无益，唯有怀抱一颗感恩的心和秉持一种实践教育探索的精神继续前行，为新时代的教育尽一点绵薄之力，才能回报给过我帮助和支持的所有人。

2016 年 8 月 15 日深夜于静心斋

图书在版编目（CIP）数据

课堂的魅力：小学数学活动设计与教学／费岭峰著 .—上海：华东师范大学出版社，2017

ISBN 978 - 7 - 5675 - 6384 - 1

Ⅰ.①课 ... Ⅱ.①费 ... Ⅲ.①小学数学课—课堂教学—教学研究

Ⅳ.① G623.502

中国版本图书馆 CIP 数据核字（2017）第 071345 号

大夏书系 · 数学教学培训用书

课堂的魅力

——小学数学活动设计与教学

著　　者	费岭峰
策划编辑	朱永通
审读编辑	任媛媛
封面设计	百丰艺术

出版发行　华东师范大学出版社
社　　址　上海市中山北路 3663 号　邮编　200062
网　　址　www.ecnupress.com.cn
电　　话　021－60821666　行政传真　021－62572105
客服电话　021－62865537
邮购电话　021－62869887　地址　上海市中山北路 3663 号华东师范大学校内先锋路口
网　　店　http://hdsdcbs.tmall.com

印 刷 者　北京密兴印刷有限公司
开　　本　700×1000　16 开
插　　页　1
印　　张　17
字　　数　265 千字
版　　次　2017 年 7 月第一版
印　　次　2022 年 1 月第四次
印　　数　12 101-14 100
书　　号　ISBN 978－7－5675－6384－1/G · 10303
定　　价　39.80 元

出 版 人　王 焰

（如发现本版图书有印订质量问题，请寄回本社市场部调换或电话 021-62865537 联系）